高等院校电子商务专业系列规划教材

网络广告学

（第4版）

Network Advertising

杨立钒　主　编
杨坚争　李学迁　副主编

电子工业出版社
Publishing House of Electronics Industry
北京·BEIJING

未经许可，不得以任何方式复制或抄袭本书之部分或全部内容。
版权所有，侵权必究。

图书在版编目（CIP）数据

网络广告学 / 杨立钒主编. —4版. —北京：电子工业出版社，2016.2
高等院校电子商务专业系列规划教材
ISBN 978-7-121-28019-1

Ⅰ. ①网… Ⅱ. ①杨… Ⅲ. ①互联网络－广告学－高等学校－教材 Ⅳ. ①F713.8

中国版本图书馆 CIP 数据核字(2016)第 003099 号

责任编辑：袁桂春
印　　刷：北京七彩京通数码快印有限公司
装　　订：北京七彩京通数码快印有限公司
出版发行：电子工业出版社
　　　　　北京市海淀区万寿路 173 信箱　　邮编 100036
开　　本：787×1092　1/16　印张：15.75　字数：403 千字
版　　次：2002 年 5 月第 1 版
　　　　　2016 年 2 月第 4 版
印　　次：2022 年 5 月第 14 次印刷
定　　价：39.00 元

凡所购买电子工业出版社图书有缺损问题，请向购买书店调换。若书店售缺，请与本社发行部联系，联系及邮购电话：(010) 88254888，88258888。
质量投诉请发邮件至 zlts@phei.com.cn，盗版侵权举报请发邮件至 dbqq@phei.com.cn。
本书咨询联系方式：(010) 88254199，sjb@phei.com.cn。

第 4 版前言

2015 年,在国家"互联网+"行动计划的推动下,国务院连续发布《关于大力发展电子商务加快培育经济新动力的意见》《关于促进跨境电子商务健康快速发展的指导意见》《关于促进农村电子商务加快发展的指导意见》《快递条例(征求意见稿)》等重要文件,中国电子商务进入快速发展的新阶段。电子商务的迅猛发展,不仅创造了新的消费需求,引发了新的投资热潮,开辟了就业增收新渠道,为大众创业、万众创新提供了新空间,而且电子商务正加速与制造业融合,推动服务业转型升级,催生新兴业态,成为提供公共产品、公共服务的新力量,成为经济发展新的原动力。

中国传媒大学、中国社科文献出版社发布的《全球传媒发展报告(2015)》显示,2015 年全球广告投入预计达到 5 696.5 亿美元,其中数字广告增幅高达 18.0%,为 1 701.7 亿美元,占整个广告市场总额的 29.9%。移动互联网广告已成为数字广告市场的主要推动力,2014 年的增幅达到 122.30%,占数字广告总额的 29.4%。伴随着中国电子商务和全球数字广告的快速增长,我国网络广告也步入发展的快车道。2014 年,中国国内网络广告市场规模达到 1 540 亿元,同比增长 40.0%,移动广告市场规模达到 296.9 亿元,同比增长 1 倍,增长率达到 122.1%,搜索关键字广告为份额占比最大的广告类型;垂直搜索广告、品牌图形广告市场份额、视频贴片广告也保持了高速增长的态势。在网络广告市场的核心企业中,百度、腾讯、搜狐、奇虎 360、爱奇艺 PPS、去哪儿、58 同城、乐视网、网易都保持了与整体网络广告市场相当或以上的增速。

2015 年 4 月,《中华人民共和国广告法》正式发布,国家工商行政管理总局的《互联网广告监督管理暂行办法(征求意见稿)》也开始征求意见。在上述大背景下,本书启动了第 4 版的修订工作。对比第 2 版、第 3 版,本书在下列方面进行了较大修订。

首先,在第 1 章中,对于网络广告的定义进行了重新探讨。从狭义的角度看,网络广告是指通过各类互联网网站、电子邮箱,以及自媒体、论坛、即时通信工具、软件等互联网媒介资源,以文字、图片、音频、视频及其他形式发布的各种商业性展示、链接、邮件、付费搜索结果等广告。从广义的角度看,凡符合广告的法定特征,即符合依附性、目的性、商业性特点的网络信息都可界定为网络广告。

其次,在第 3、4、6 章中,对网络经济发展新形势下网络广告策划、设计、推广的新方法做了介绍并更新了案例。

最后,根据《中华人民共和国广告法》、国家工商行政管理总局《互联网广告监督管理暂行办法（征求意见稿）》对第 8 章中的网络广告组织管理、内容管理、网络广告中的若干法律问题进行了主要内容的改写，使网络管理能够符合我国广告法律和网络广告监管的要求。

此次修订，杨立钒、周杨承担了第 1~5 章的修订工作，李学迁承担了第 6、7 章的修订工作，杨坚争承担了第 8 章的修订工作，徐璐、尹诗、艾维娜、周坚男、齐鹏程承担了附录和参考文献的修订工作，以及本书的校对和幻灯片制作工作。杨立钒对全书进行了统稿。

修订过程中参阅了大量国内外网络资料和研究著作，在此，谨向资料的提供者和著作的作者表示真诚的感谢。

本书出版得到香港杏范教育基金会、上海理工大学电子商务发展研究院、上海市一流学科（S1201YLXK）、上海理工大学国际商务专业学位研究生实践基地建设项目、国家社科基金重大项目（13&ZD178）的资助。本书在出版过程中，得到上海理工大学管理学院的支持，在此表示衷心的感谢。

主　编

2015 年 11 月 22 日

E-mail：cnyanglifan@163.com

第 3 版前言（摘要）

  当我决定撰写本书第 3 版时，时间已经跨入 21 世纪第二个十年。伴随着电子商务的飞速发展，网络广告的规模稳步扩大，每年都保持了两位数的增长。

  今天，正在完成第 3 版前言时，传来了进入中国市场 5 年的全球最大家电零售商百思买（Best Buy）宣布关闭在中国内地 9 家门店的消息。亏损、水土不服是新闻界分析百思买这一结果的原因，但更深刻的原因恐怕还需要从互联网上寻找。经济全球化使全世界形成了一个统一的大市场，而互联网技术的广泛应用，又使这个市场演变为两个截然不同的分市场：实体市场和互联网市场。在时间、外部环境确定的情况下，市场销售总量是一个定值。作为家电销售的网络巨头，京东商城 2010 年销售额突破 100 亿元人民币，新蛋、当当，甚至淘宝、拍拍也都在蚕食家电销售的市场，而留在实体市场上的市场份额被永乐、苏宁、国美拼命瓜分。在如此激烈的竞争中，百思买的退出也在情理之中。同样，虚拟市场的广告交易直接冲击着传统市场的广告交易。为适应世界市场的新变化，我们必须深刻认识网络广告在企业营销活动中的地位和作用，以一种新的思维方式设计企业的广告营销活动，否则，我们在虚拟世界市场的竞争中也会败下阵来。

主　编

2011 年 2 月 22 日

E-mail：cnyangjz@163.com

第2版前言（摘要）

  2006年，网络广告的发展让我们惊讶不已。2005年，全球互联网上的广告支出已达到147亿美元，中国互联网广告市场规模也达到32.29亿元人民币，同比增长59.83%。2006年上半年，中国互联网广告市场规模超过20亿元人民币。

  互联网广告作为互联网主要的商业模式之一，已经成为支撑互联网业发展的主要收益来源。2006年，我国几个大的门户网站的广告收入都达到了历史最好水平。以2006年第三季度为例，新浪网广告营业收入达3 270万美元，较去年同期增长42%，超过公司先前3 100万～3 200万美元的预期；搜狐网品牌广告收入达到创纪录的2 100万美元，较去年同期增长35%；网易在线广告服务收入达8 340万元人民币（约1 050万美元），较上一季度的6 880万元人民币（约860万美元）增长21.2%，较去年同期的7 340万元人民币（约910万美元）增长13.6%。

  伴随着互联网技术的发展，网络广告的形式也朝着多样化的方向发展。新的网络广告形式——网络窄告、视频广告、游戏广告、关键词广告等——层出不穷。广告页面的设计越来越精美，广告涉及的领域也越来越广。

主　编

2007年3月10日

E-mail：cnyangjz@163.com

第1版前言（摘要）

进入21世纪，越来越多的人开始意识到互联网所具有的媒体功能，"第四媒体"频繁出现在日常生活当中。作为媒体，经营广告是必然的事情。虽然目前网络广告所占的市场份额还比较小，但互联网的发展速度让传统媒体不敢有丝毫忽视，因为它的发展速度已经远远超过了其他几类媒体。今天，世界互联网用户已超过3.5亿人次。其中，在中国的互联网用户中，有16.5%的用户经常浏览网络广告，48.3%的用户有时浏览网络广告。可见，互联网确实已经成为继报刊、广播、电视之外的第四大广告媒体，拥有了一定数量的广告受众。

网络广告是一种很有潜力的广告形式，它具有传统媒体广告所无法比拟的优势。由于互联网的全球性，使互联网上发布的广告也是全球性的，而且传播速度快，发布和接收基本上同步。在大多数情况下，消费者可以自主地选择自己感兴趣的网络广告信息。网络广告可以选用按钮广告、旗帜广告、全屏广告等不同尺寸，可以采用平面、动画和三维立体技术，可以采用在线收看、试用、调查等表现形式。网络广告利用先进的计算机技术，集各种传统媒体形式之精华，从而达到传统媒体无法实现的效果。

2001年，无论对于IT行业，还是对于网络经济来说，都是经历严峻考验的一年。美国纳斯达克指数的大幅度下跌，数量众多的电子商务网站的倒闭，世界经济的衰退，都给IT行业和网络经济的发展造成了极大的困难。然而，这一切都未能阻止代表世界新技术发展方向的互联网的发展。

从世界整体情况看，网络经济并没有停止其发展的脚步。美国"9·11"恐怖袭击事件发生后，恐怖袭击和炭疽病毒的传播使整个社会普遍缺乏安全感。人们发现，通过网络进行商业活动具有特殊的安全性和快捷性。最新的研究结果表明，全球网上零售市场在快速增长。2001年，英国除去旅游业和门票销售业以外的网上零售市场攀升了142%，达到了32.6亿英镑。虽然这一数额还只是英国所有零售企业销售额的1.5%，但在过去一年间网上购物者的人数却达到820万，较去年增加了1倍。这意味着每六个成年人当中就有一人有过网上购物的经历。

面对网络经济和网络广告发展中遇到的困难，我们应当有一个清醒的认识：同任何新生事物一样，网络经济和网络广告的成长不可避免地都要经历曲折的过程；目前所遇到的困难只是暂时的，随着网络经济的不断推进，网络广告的优势将会逐渐显现出来。在一个受众主导广告的时代，如何利用先进的媒体资源使广大的受众以最方便的方式、最快捷的速度接受产品或服务的信息，已成为企业广告投放的一个核心问题。而网络广告涉及范围广、传播速度快、整体费用低，且具有互动风格的广告模式将是解决该问题的最佳方案。互联网超出常规的发展，必然会引起国内外企业对网络媒体的重视和对网络受众的兴趣，进而必将导致网络广告的大量投放。2001年，著名的搜狐网站全年营业收入总额达到历史最高水平1 300万美元，比2000年增长117%。其中网络广告收入大幅上升了58%，从2000年的580万美元增长到2001年的920万美元，对总收入的贡献达到71%。[①]越来越多的企业，包括许多著名的大公司，如Dell、三星、TCL、娃哈哈，都开始选用网络广告的宣传形式。可以大胆地预见，随着互联网的高速发展和网络经济状况的不断改善，网络广告也必将得到较快的发展，成长为21世纪高效、经济的广告形式之一。

我国的网络经济刚刚起步，网络广告还存在着许多不成熟的地方：人们对网络广告没有一个全面的了解；社会上缺乏专业的网络广告公司和网络广告策划、创意人才；网络广告的制作和使用知识有待普及；网络广告的管理工作需要迅速开展。研究并解决这些问题，已经成为发展网络广告的迫切任务。

主　编

2002年2月10日

E-mail：cnyangjz@163.com

[①] 务实发展步步为赢. 搜狐2001财政年度报告. http://it.sohu.com/32/87/it_article15968732.shtml.

目 录

第1章	网络广告概述	1
	1.1 互联网——网络广告新媒体	1
	1.2 网络广告的崛起	21
	1.3 网络广告的发展趋势	23
	思 考 题	28

第2章	网络广告的一般原理	29
	2.1 网络广告在信息社会中的功能	29
	2.2 网络广告的传播对象	33
	2.3 网络广告的基本原则	34
	2.4 网络广告的价格水平	35
	思 考 题	42

第3章	网络广告策划	43
	3.1 网络广告策划的基本出发点	43
	3.2 网络广告策略	49
	3.3 网络广告费用预算	64
	思 考 题	74

第4章	网络广告设计	75
	4.1 网络广告的设计思路	75
	4.2 网络广告的创意	77
	4.3 网络广告设计的基本要求	80
	4.4 网络广告的导向方式	81
	4.5 网络广告的表现手法	86
	思 考 题	90

第5章 网络广告制作 ... 91

5.1 网络广告制作流程 ... 91
5.2 网络广告构思 ... 91
5.3 网络广告文案的撰写 ... 95
5.4 网络广告的图形与图像 ... 104
5.5 网络广告平面画面的制作 ... 109
5.6 网络广告动画画面的制作 ... 123
5.7 网络广告立体画面的制作 ... 133
5.8 富媒体网络广告的制作 ... 135
思 考 题 ... 139

第6章 网络广告推广 ... 140

6.1 网络广告的站点发布 ... 140
6.2 网络广告投放的类型与网站 ... 148
6.3 网络广告的直接投放 ... 153
6.4 通过广告代理商投放网络广告 ... 159
6.5 通过网络广告联盟投放广告 ... 161
6.6 许可电子邮件营销 ... 166
思 考 题 ... 173

第7章 网络广告效果评估 ... 174

7.1 网络广告效果评估的意义 ... 174
7.2 网络广告效果评估的特点与标准 ... 178
7.3 网络广告效果评估的原则与方法 ... 182
7.4 网络广告受众的口碑评估 ... 193
思 考 题 ... 198

第8章 网络广告管理 ... 199

8.1 网络广告管理的难点 ... 199
8.2 网络广告组织管理 ... 200
8.3 网络广告内容管理 ... 204
8.4 网络广告中的若干法律问题 ... 205
思 考 题 ... 216

附录A 中华人民共和国广告法 ... 217
附录B 互联网广告监督管理暂行办法 ... 228
附录C 中国互动网络广告行业自律守则 ... 233
附录D 中国网络营销（广告）效果评估准则 ... 235
附录E 上海市大众传播媒介和行业广告信用评价办法 ... 238

参考文献 ... 241

第1章
网络广告概述

进入21世纪第二个十年以来,世界和中国经济的增长都面临巨大的调整压力。中国电子商务却以自己的高速成长成为各个行业中引人注目的焦点。2014年中国全社会电子商务交易额达到16.39万亿元,同比增长59.4%。[1]电子商务在各行业的应用不断取得突破,成为改革开放、转型发展的排头兵。

在互联网的各项应用中,网络商务类应用继续保持高速发展态势。2014年中国网络购物用户规模达到36 142万人,同比增长19.7%,网民使用率已经突破50%,达到55.7%;网上支付用户规模达到30 431万人,网民使用率达到46.9%,增长率达到17.0%;网络团购用户规模达到17 267万人,网民使用率达到26.6%,增长率达到22.7%;网络旅行预订规模达到22 173万人,网民使用率达到34.2%,增长率22.7%。[2]

当前,人们对互联网的使用程度正在加深,人们越来越依赖互联网,在互联网平台上的停留时间也越来越长。作为网络营销的一种强有力的促销手段,网络广告迅速崛起并得到快速发展,网络广告市场的竞争越来越激烈。随着技术日新月异,网络广告日益展现出其特有的魅力与广阔的前景。

▶▶ 1.1 互联网——网络广告新媒体

由于互联网把计算机与最新的通信、数码技术结合起来,使得各种信息在传播范围、传播速度、通信容量及信息交互方法等方面都取得了前所未有的突破。如此卓越的功能使得互联网理所当然地成为现代广告的新兴媒体,被社会各界广泛运用。在1998年5月的联合国新闻委员会年会上,互联网被正式宣布为继报刊、广播、电视三大传统媒体之后的第四大传播媒体。

---

[1] 国家统计局. 2014年全社会电子商务交易额突破16万亿[EB/OL]. (2015-08-03) [2015-11-20]. http://www.stats.gov.cn/tjsj/zxfb/201508/t20150803_1224544.html.
[2] 中国互联网络信息中心. 第35次中国互联网络发展状况统计报告[R/OL]. (2015-02-03) [2015-04-20]. http://www.cnnic.net.cn/hlwfzyj/hlwxzbg/201502/P020150203551802054676.pdf.

1.1.1 互联网

从资源共享的角度来看，计算机网络是以能够互相共享资源的方式连接起来的，并且各自具备独立功能的计算机系统集合。根据计算机通信分布距离的长短，网络可以分为局域网（Local Area Network，LAN）和广域网（Wide Area Network，WAN）。局域网指的是在一个较小的地理范围内的各种计算机网络设备互连在一起的通信网络。它可以包含一个或多个子网，通常物理设备之间的距离在几千米范围之内，如一个学校内部的校内网。这种局域网由多台计算机组成，各个用户拥有各自的地址，并被规定了使用权限。局域网为用户提供了方便、廉价、可靠的计算机通信方法，其最大优点就是实现了资源共享——各台计算机之间可以共享打印机、硬盘等资源，大大提高了经济性。

然而，在日常生活中，我们所进行的信息获取、通信交流及网上购物等活动，需要在遍布全国乃至全球的各个分支机构间建立数据通信联系。这就要求将跨国、跨地区的计算机和局域网连接起来，这就是网络的远程连接，这样连接形成的网络叫作广域网。广域网距离远，速度相对比较慢，它需要调制解调器帮助其支持双向通信。调制器主要用于信号发送，解调器则用于帮助信号接收。如果再增加拨号功能，用户就可以通过电话线与远端计算机连接，实现数据交换。

互联网是一种典型的广域网，它是由多个网络通过网关互联，在功能和逻辑上组成的一个大型网络。同时它并不单单是传统意义上的计算机网络，而是由计算机硬件、计算机软件、计算机网络、综合信息资源和广大用户及系统人员构成的极大规模的全球广域信息服务网络系统。

互联网起源于20世纪60年代末，1993年向公众开放。互联网的前身是美国国防部为军事需要而建立起来的一个局部区域网络，后来扩大到了一些大学、科研院所和政府部门，随后联入的局部区域网络越来越多，逐步演变为一个面向社会的开放式计算机信息网络。

截至2014年年底，世界互联网用户总人数达到29.37亿人，普及率达到40.6%。[1]我国网民规模达到6.49亿人，全年共计新增网民3 117万人[2]。自互联网投入公众试用后，它的发展速度超过了以前的所有技术。

从互联网提供的服务来说，主要包括以下几个方面。

（1）信息通信。包括 E-mail（电子邮件）、NetMeeting（网络会议）、BBS（网络交谈）、NetPhone（网络电话）、NetFax（网络传真）、Blog（博客）等。

（2）资料浏览。通过特殊软件在互联网上浏览各个用户放置在互联网上的网页，网页包含的信息形式很广泛，文字、图片、声音、颜色等信息都可以通过网页制作技术加工成供人阅读的网页，而且还可以把动画、影像等放置在网页上。

（3）远程控制。利用电话通信线路，从相距很远的一台计算机上操纵另一台计算机，实现远程控制。

（4）数据传送。将各种信息数据通过互联网向用户计算机传送或用户计算机将数据传送到互联网上面。

---

[1] 国际电信联盟. Key ICT indicators for developed and developing countries and the world （totals and penetration rates）[EB/OL]（2015-05-17）[2015-07-24]. http://www.itu.int/en/ITU-D/Statistics/Documents/facts/ICTFactsFigures2015.pdf.
[2] 中国互联网络信息中心. 第35次中国互联网络发展状况统计报告[R/OL]（2015-02-03）[2015-04-20]. http://www.cnnic.net.cn/hlwfzyj/hlwxzbg/201502/P020150203551802054676.pdf.

1.1.2 互联网的传播优点

1. 传播技术先进

互联网技术是各种最新信息技术的综合体。如果没有高速运转的芯片,没有迅速扩展的带宽,没有成熟的数字压缩技术和存储、检索技术,便没有互联网。在计算机网络中,目前使用的"这一代"网络是以IPv4为基础的互联网,而正在崛起的下一代网络(Next Generation Network,NGN)是以IPv6为基础的互联网。下一代网络带宽能力的极大提高,不仅能够与现有网络互联互通,容纳各种形式的信息,而且能够在统一的管理平台下,实现音频、视频、数据信号的传输和管理,提供各种宽带应用和传统电信业务,融合了互联网、电信网和有线电视网,真正实现了宽带窄带一体化、有线无线一体化、有源无源一体化、传输接入一体化。

2. 传播功能强大

互联网不仅融合了以往各种大众传媒的优势,能以文字、图像、声音同时发送信息,而且具备了各种大众传播所不具备的特点,如跨时空、可检索、超文本、交互性等。过去,人们只能读报纸,听广播,看电视,而在计算机面前,人们既可以读,也可以听,还可以看。对特别感兴趣的信息,点击鼠标,就可以下载、录音、录像,还可以进行存储、整理、复制和剪裁,并可以自由地调用和发送,使传统传媒带来的传播距离感大大减小。互联网突破了以往大众传媒单向传播的模式,能使信息传播具有双向传播的特性。网民可以上网交流,通过网络论坛和网上调查,当即发表意见和看法;另外,当今十分流行的博客、微博和微信也为网民提供了广阔的交流空间。交互性是互联网最显著的特性之一。

3. 传播效率高

互联网使信息传播具有高速、高质、超量、多样化、超时空、超文本的特征,既可同步传输,也可异步传输,这是传统传媒无法比拟的。因此,互联网无疑成了重大新闻的第一发布者。而其容量大、超文本的优势,也是报纸、电台、电视台望尘莫及的。网民还可以通过网上大量的超文本链接,对阅读的进程方向和结果进行选择,也可从网上存储的、浩如烟海的信息中,根据自己的要求,随意查询,从而彻底改变了传统的阅读方式。

4. 传播机制灵活

互联网突破了大众传媒使受众被动接收信息的局限,实现了受众驱动式传播,网民将在信息传播系统中逐渐占主导地位。网络、多媒体必须千方百计围绕网民的需求转,互联网给予了网民前所未有的主动权。今天,我们仍处在网络发展的早期,技术的完善、普及与高度发展尚需要时间,但可以预见的是,网络革命比电气化革命的影响将更为深远,再经过20~30年的时间,当网络伴随一代新人成长起来,社会的生产方式、生活方式,人们的学习方式、交往方式也将随之发生彻底的变革。

由于互联网具有强大的功能及其可能提供巨大的潜在客户群,通过它开展网络广告便成为自然而然、顺理成章的事情了。如果商家想进一步提高产品或服务的知名度和美誉度,使自身企业形象深深根植于消费者心目中,在未来更为激烈的商战中立于不败之地,尽快抢占互联网网络广告阵地不失为明智之举。

1.1.3 网络广告的概念

1. 网络广告的技术定义

从技术层面考察，网络广告是指以数字代码为载体，采用先进的电子多媒体技术设计制作，通过互联网广泛传播，具有良好的交互功能的广告形式。

常在网上漫游的网民都会注意到，绝大多数的网页中都有各种各样的图标，有的是静态的，更多的是动态的文字或图片。有的位置是固定的，像放电影似地交替显现；有的是漂移的，没有确定的位置。这些图标有各种形状，设计和制作都很精致，色彩鲜亮，富有强烈的视觉吸引力，常常会诱使浏览者把鼠标放在上面去点击。当浏览者有意或无意地点击后，这些图标会引导浏览者去浏览一个新的网页。此时，设置图标的人就达到了宣传网址和广告信息的目的。这就是网络广告，其英文说法为 Network Advertisement。

网络广告是充分利用网页制作中超文本链接功能而形成的。由于网络广告本身就含有经过浓缩的广告语句，同时静态或动态的精美别致的图形又非常吸引人，只要浏览者看一眼，哪怕是短短的几秒钟，就已经产生广告作用了。而点击它则是广告行为得以成功完成的标志。

实践证明，网络广告是宣传网站和产品最有效的方法之一。与报刊、广播、电视等传统媒体上的商业性宣传相比，网络广告宣传不仅更加廉价、快捷，而且覆盖面更广、针对性更强。可以预见的是，随着电子商务的广泛推行、电子支付货币的广泛使用、网络交易安全性的提高，以及上网人口的增加，网络广告将有更加广泛的发展空间。

2. 网络广告的法律定义

从法律角度看，网络广告目前有狭义和广义之分。

北京市工商行政管理局 2001 年 4 月颁布的《北京市网络广告管理暂行办法》第二条规定："本办法所称网络广告，是指互联网信息服务提供者通过互联网在网站或网页上以旗帜、按钮、文字链接、电子邮件等形式发布的广告。"[①] 该办法作为我国第一个全面规范网络广告活动的规范性文件，对保护消费者、经营者合法权益，对电子商务的立法执法，都具有极为重要的现实意义和探索意义。该办法所界定的网络广告属于狭义的定义，仅仅将以旗帜、按钮、文字链接、电子邮件等形式发布的广告归属于网络广告。《浙江省网络广告登记管理暂行办法》也采用了类似的定义。

狭义的网络广告定义，有利于对经营性的网络广告制作者进行管理。

广义的网络广告是根据广告法定特征做出的。

《中华人民共和国广告法》（2015 年）（以下简称《广告法》）没有对广告做出明确的定义。该法第二条规定："在中华人民共和国境内，商品经营者或者服务提供者通过一定媒介和形式直接或者间接地介绍自己所推销的商品或者服务的商业广告活动，适用本法。"[②] 但根据这一规定，可以归纳出广告的三个法定特征：

（1）依附性，即"通过一定媒介和形式"。

（2）目的性，即"介绍自己所推销的商品或者服务"。

---

① 北京市工商行政管理局. 北京市网络广告管理暂行办法[EB/OL]（2001-04-10）[2015-04-20]. http://www.china.com.cn/zhuanti 2005/txt/2002-09/02/content_5197629.htm.
② 全国人大常委会. 中华人民共和国广告法[EB/OL]（2015-04-24）[2015-10-20]. http://www.gov.cn/xinwen/2015-04/25/ content_2852914.htm.

（3）商业性，即"商业广告活动"。

在网站或网页上以旗帜、按钮、文字链接、电子邮件等形式发布的广告自然具备上述特征。但由于互联网本身具有媒体性质，网上大量其他涉及商品或服务的信息，同样也符合法定的广告特征。

例如，专门发布商品信息的网上商城网页内容。这些网页所介绍的并非网站自己的商品，而是网站收取了各种形式的信息发布费，为其他企业发布商业信息。通过互联网这一媒介，网站直接宣传了这些企业的商品，提供了具有商业目的的信息。也就是说，它们可以归为《广告法》规定的范畴。

再如，企业在自建网站上对自己商品或服务的介绍。这种自我介绍同样也是"通过一定媒介和形式"介绍"商品和服务"，具有"商业"目的，只不过其制作和发布都由商品服务提供者自己完成。所以，这种网络信息也符合《广告法》的规定，应该属于广告法管理的范畴。

所以，国家工商行政管理总局发布的《互联网广告监督管理暂行办法（征求意见稿）》提出，互联网广告是指通过各类互联网网站、电子邮箱，以及自媒体、论坛、即时通信工具、软件等互联网媒介资源，以文字、图片、音频、视频及其他形式发布的各种商业性展示、链接、邮件、付费搜索结果等广告。①

笔者认为，广义的网络广告应更简明：凡符合广告的法定特征，即符合依附性、目的性、商业性特点的网络信息都可界定为网络广告。

推广广义的网络广告定义，有利于对网络广告实施更严密的管理。

3. 网络广告市场的基本结构

从网络广告运作的角度观察，网络广告市场的形成必须具备以下三个基本条件。

（1）网络广告主体。网络广告主体是从事网络广告制作、发布、推广的人群，包括广告主、广告商、广告受众等。

（2）网络广告客体。网络广告客体就是网络广告。网络广告是一种商品，对广告主具有使用价值（宣传价值）。

（3）网络媒体。广告的发布需要通过媒体。网络广告所依靠的媒体是互联网，这是与传统广告的最大区别。

图 1-1 反映了网络广告市场的基本结构。

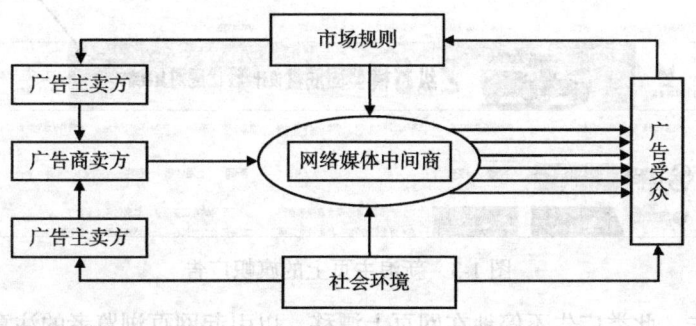

图 1-1　网络广告市场的基本结构

---

① 国家工商总局. 互联网广告监督管理暂行办法（征求意见稿）[EB/OL]（2015-07-01）[2015-11-25]. http://gzhd.saic.gov.cn:8283/login/login.html.

1.1.4 网络广告的分类

1. 网络广告分类的基本思路

分类是研究某一事物的基本方法之一。网络广告非常复杂，为此需要分类以便管理。研究不同类别网络广告的不同特征，就可以采取与类别特征相适应的策略，提高网络广告的应用效果。

网络广告的分类方法有多种。但只要把握分类的合理性，尽量将有相同特征或分布的对象放在一起，就能够针对不同类别提出不同的应用策略。

图 1-2 是笔者对网络广告的基本分类。

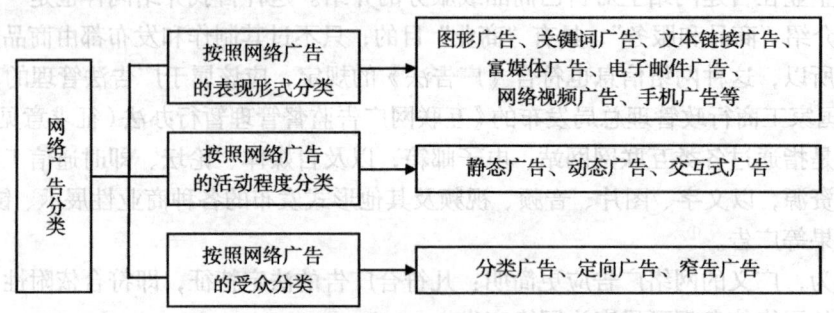

图 1-2　网络广告的基本分类

2. 按照网络广告的表现形式分类

1）图形广告

（1）旗帜广告。此类广告是静态的或动画式的广告，一般为长方形，类似于旗帜散布在网页上（见图 1-3）。

图 1-3　新浪主页上的旗帜广告

（2）漂移广告。此类广告不停地在网页上漂移，以引起网页浏览者的注意（见图 1-4）。

图 1-4　51job 主页上的漂移广告

（3）画中画广告。此类广告又叫跳出广告。它出现在原有的网页上，形成画中画（见图 1-5）。

图 1-5　凡客诚品上的画中画（跳出）广告

（4）全屏广告。此类广告将全屏覆盖，具有强烈的感召力（见图 1-6）。

图 1-6 当当网的全屏广告

（5）按钮广告（button）。按钮广告类似于旗帜广告和标志广告（Logo），但经常表现为不同的图形。虽然图片上只有几行字，但点击这个按钮广告，将引导浏览者进入一个广阔的天地（见图 1-7 和图 1-8）。

图 1-7 中国蓝 TV 主页的一个按钮广告

图 1-8 中国蓝 TV 主页的由按钮广告进入的新网页

2）关键词广告

关键词广告是指广告主根据自己的产品或服务的内容和特点，确定相关的关键词，撰写广告内容并在搜索引擎上投放的广告（见图 1-9）。当用户搜索到广告主投放的关键词时，相应的广告就会展示（关键词有多个用户购买时，根据竞价排名原则展示），并在用户点击后按照广告主对该关键词的出价收费，未点击不收费。

第1章 网络广告概述

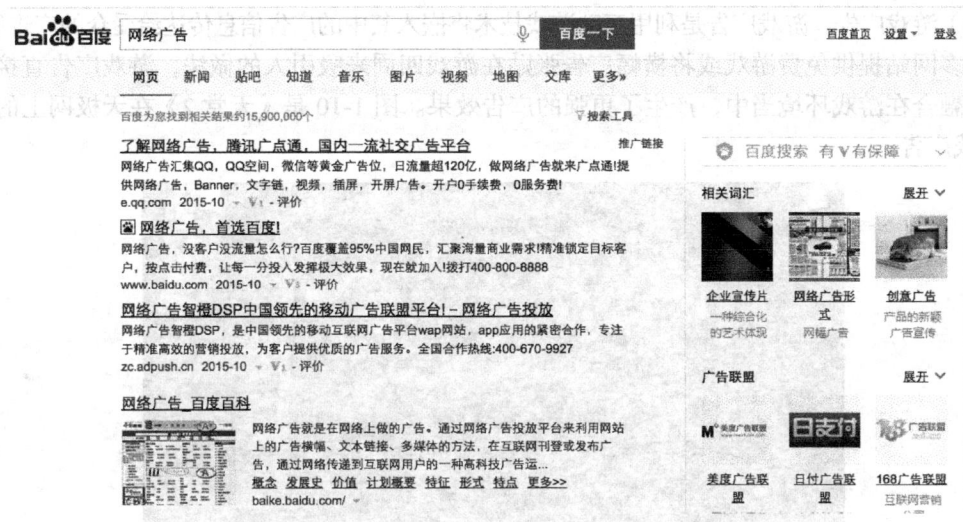

图1-9 出现在百度搜索引擎上的与关键词"网络广告"匹配的广告

关键词广告有以下特点。

（1）点击率比一般的旗帜广告要高。除了直接的点击之外，由于关键词广告的定位程度较高，还可以获得额外的广告浏览价值。

（2）价格比较低廉。相对于千人广告成本[1]计价方式来说，由于按点击付费，关键词广告的价格相当低廉，网络广告投放费用大大降低。而且，关键词广告完全可以自行控制，使得网络广告改变了只有大型企业才能问津的状况，成为小型企业自己可以掌握的网络营销手段。

（3）没有最低限额。与普通网站商要求投放广告每月最低限额不同，直接在搜索引擎上投放关键词广告没有"最低消费"，也不用担心选择的关键词太热会超过财务预算，因为每次点击的费用和每天最高限额都是由自己设定的，而且可以随时改变设置，甚至暂停或取消广告活动。

（4）实时显示。关键词广告几乎是实时完成的，所有的关键词和链接地址都是自行设定的（可以随时修改），因此是一种高效的广告投放方式，虽然这样大大提高了投放广告的效率，但也存在一定的弊端。由于不存在审批和人工控制问题，因此也可能会出现一些潜在的虚假广告甚至恶意广告的问题，一旦出现纠纷，解决起来会有较大的麻烦。

（5）存在一定的不可预测风险。某些搜索引擎可能会出现"网站无法打开"的情况。一旦无法正常访问，不要说广告效果无法保证，即使已经开通广告服务的企业也无法对自己的广告投放情况进行管理，即使想终止广告也无法操作，这种状况必然会为国内网站带来很大麻烦。

3）文本链接广告

文本链接广告是以一个词组或一行文字作为一个广告，点击后可以进入相应的广告页面。这是一种对浏览者干扰最少的网络广告形式。但较难对用户造成强烈的直观吸引力。

4）富媒体广告

富媒体广告（Rich Media）是指具有动画、声音、视频或交互性的广告信息传播方法，包含下列常见的形式之一或者几种的组合：流媒体、声音、Flash、3D及Java、JavaScript、DHTML等。富媒体可应用于各种网络服务中，如网站设计、电子邮件、旗帜广告、按钮广告、弹出式广告、插播式广告等。

---

[1] 由某一媒介或媒介广告排期表所送达1 000人所需的成本，简称CPM（Cost Per Thousand Impressions）。

（1）游戏广告。游戏广告是利用互动游戏技术将嵌入其中的广告信息传达给受众的广告形式。比较许多网站提供免费游戏或将横幅广告张贴在游戏四周来吸引人的做法，游戏广告直接把品牌信息融合在游戏环境当中，产生了更强的广告效果。图 1-10 是《天堂 2》在天极网上的一个 3D 游戏广告。

图 1-10 《天堂 2》在天极网上的一个 3D 游戏广告

（2）三维广告。三维广告是 2001 年网易与 ViewPoint 公司合作，利用 ViewPoint 的全媒体技术推出具有 3D 效果的互动广告。图 1-11 是康柏笔记本电脑的 3D 展示。

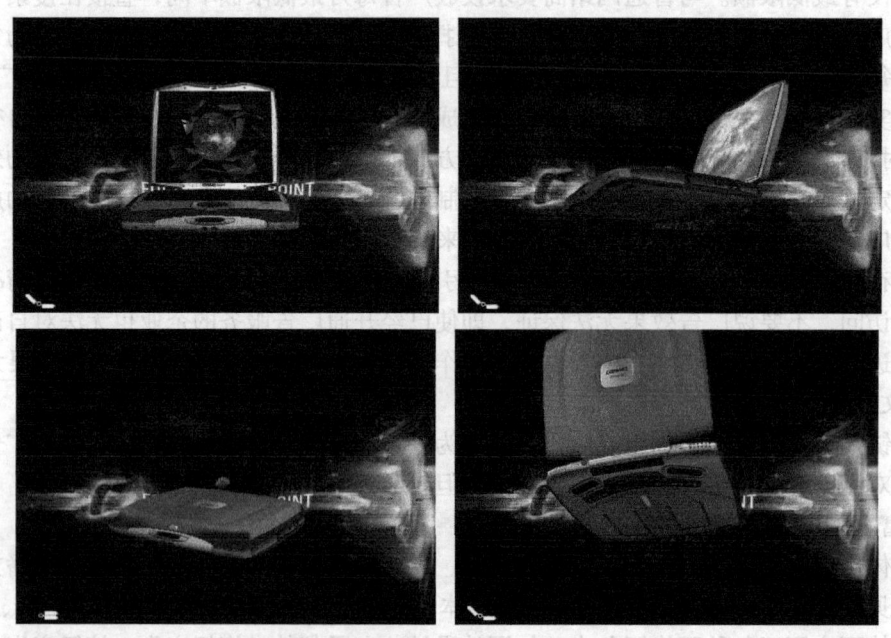

图 1-11 康柏笔记本电脑的 3D 展示

（3）Flash 广告。Flash 动画为网站的产品展示搭建了一个新的平台，这个平台相对于平面产品展示来说更加吸引消费者的注意力。但是这种产品展示的方法对网站建设者的技术水平要求比较高，需要有专门的动画制作部门或者请其他公司制作。图 1-12 是飞利浦公司的一组 Flash 广告。

图 1-12　飞利浦公司的一组 Flash 广告（分别展示了 Smart Bright、Smart Digital、Smart Clean 和 Smart Power 技术）

5）电子邮件广告

电子邮件广告产生比较早，在电子邮件普及到个人用户时，电子邮件广告应运而生，而随着科技的发展，电子邮件广告融入了以上各类广告形式。电子邮件广告与传统媒体广告相比，具有以下特点：传播范围广，任何传统媒体都做不到 100%的阅读率，而任何一封电子邮件都必须打开后才知道其内容，所以电子邮件广告被阅读的概率非常高。电子邮件广告一般可以分为以下几种：

（1）广告赞助 E-mail。当用户收发 E-mail 时，广告就会在设定好时间的基础上轮流播放，一般会有时间间隔，不管用户正在做什么。

（2）E-mail 简讯广告。一份 E-mail 简讯包含由组织或个人创造的内容并通过 E-mail 发送给订阅者。

（3）E-mail 游戏赞助广告。通过赞助 E-mail 游戏树立品牌。

（4）直接发送 E-mail 广告。直接将广告信息发给用户，这是比较常见的一种形式（见图 1-13）。

图 1-13　特保网发送的 E-mail 广告

6）网络视频广告

网络视频广告是采用先进数码技术（如网络视频流媒体技术、网络视频压缩技术、多媒体通信网络技术等）将传统的视频广告融入网络中，构建企业可用于在线直播实景的网上视频展台。这种广告可应用于企业专题、人物访谈、重大活动、新产品上市、新闻发布会、产品展销会、展会、重大公告等。

图 1-14 是耐克公司为运动鞋产品所做的网络视频广告。

图 1-14　耐克公司做的网络视频广告

近年来，随着网络带宽的改善，视频贴片广告也得到快速发展。视频贴片广告是随公开放映或播映的网络视频节目加贴的一个专门制作的广告。图 1-15 是优酷网在视频《喜羊羊与灰太狼之兔年顶呱呱》宣传片中为香港海洋公园做的视频前贴广告[①]。

---

① 视频贴片广告分为前贴广告和后贴广告，广告时间一般控制在 5~15 秒。

第1章 网络广告概述

图1-15 优酷网上的视频前贴广告

7）手机广告

将互联网平台与移动通信平台有机结合，充分利用互联网信息资源丰富的优势，在计算机终端与移动通信终端之间、移动通信终端与移动通信终端之间有效地实施网络营销。企业可通过手机网络平台进行网络营销，实施发布无线广告和商品促销信息等营销活动；顾客则利用手机网络平台，收发 E-mail，上网浏览图像、动画、商品信息和购买商品等。一般可通过短信（SMS）、WAP 上网、PDA 上网等技术手段进行广告营销。

图1-16 是"英特尔超极本：无线营销投放"的案例。

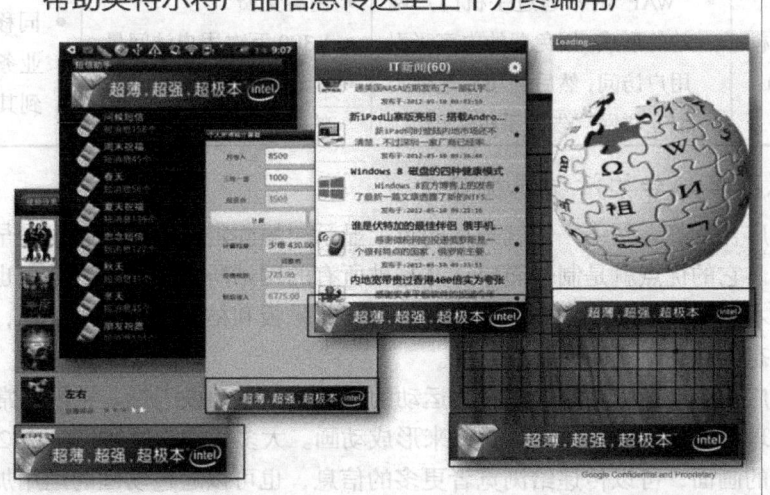

图1-16 英特尔超极本：无线营销投放

手机广告的商业模式很多。表1-1 列举了目前使用比较普遍的几种模式的基本特点、优势与劣势。

表1-1 手机广告商业模式

模　式	基本特点	优　势	劣　势
同移动运营商紧密合作模式——代理（飞拓无限）	• 同中国移动共同搭建手机互动营销平台 • 以移动梦网浏览、用户主动点播、许可用户信息主动推送三种形式发送广告	• 移动梦网平台上唯一的广告代理商 • 超过1亿条移动梦网注册用户群的终端信息	• 用户对手机广告的认知度不足 • 移动梦网目前的流量只占总流量的不到8% • SP垄断经营，不利于创新
同运营商紧密合作模式——会员制（聚君技术）	• 同移动运营商合作 • 只针对会员进行WAP或MMS的广告直投或互动 • 会员可以自主选择广告种类	• 运营商的支持 • 只针对会员 • 广告定时分类发送 • 看广告送话费	• 用户被动接受 • 营销手段单一 • 合作受到区域限制
SP模式（分众无线传媒）	• 把广告内容以短信或WAP PUSH的形式发送给用户	• 占国内WAD PUSH广告市场近80%的份额 • 日发送能力达1 200万次，拥有7 000万个手机用户号码资源	• 强制推进，有群发嫌疑。受到运营商的严格监管
终端嵌入模式（广州Mobile Media）	• 将广告以图片、屏保、铃声和游戏等形式植入彩屏手机里，同手机厂商分配广告收入	• 先期不受移动运营商的控制 • 可以选择的手机厂商数量众多	• 广告不可更新 • 100%的到达率 • 可能只有1次，不能实现广告效果的最大化
WAP网站模式（3G门户）	• WAP网站通过手机门户网站的形式，用免费的内容吸引用户访问，然后利用流量做类似互联网广告的手机广告	• 内容免费 • 1 300万次用户访问量 • 能不断了解用户访问的变化趋势	• 同移动运营商增值业务正面冲突，受到其强烈的打压

3. 按照网络广告的活动程度分类

（1）静态广告。静态网络广告就是在网页上显示一幅固定的图片，它也是早年网络广告常用的一种方式。它的优点就是制作简单，并且被所有的网站所接受。它的缺点也显而易见，在众多采用新技术制作的网幅广告面前，它就显得有些呆板和枯燥。事实也证明，静态网幅广告的点击率比动态的和交互式的网幅广告低。

（2）动态广告。动态网络广告拥有会运动的元素，或移动或闪烁。它们通常采用GIF89的格式，它的原理就是把一连串图像连贯起来形成动画。大多数动态网幅广告由2~20帧画面组成，通过不同的画面，可以传递给浏览者更多的信息，也可以通过动画的运用加深浏览者的印象，其点击率普遍要比静态的高。而且，这种广告在制作上相对来说并不复杂，尺寸也较小，通常在15k以下。正因为动态网幅广告拥有如此多的优点，所以它是目前最主要的网络广告形式。

（3）交互式广告。当动态网络广告不能满足要求时，一种更能吸引浏览者的交互式广告产生了。交互式广告的形式多种多样，如游戏、插播式、回答问题、下拉菜单、填写表格等，这类广告需要更加直接的交互，比单纯的点击包含更多的内容。

4. 按照网络广告的受众分类

一般性网络广告没有固定的受众，而分类广告、定向广告、窄告广告却有特定的受众。这些广告可以根据广告客商的不同目标用户和投放需求，根据用户的基本信息、上网习惯和兴趣取向等因素，选择最符合客户需求的网络用户进行广告的投放。

（1）分类广告。分类广告是指版面位置相对固定的一组广告的集合，它把广告按性质分门别类地进行有规则的排列，以便读者查找。分类广告内容多为租让、出售、招商、家政、搬迁、招聘等与老百姓日常生活紧密相关的小规模商业信息。

由于网络信息容量大、表现形式多样，可查询、收藏信息，因此，分类广告成为网络广告最容易向传统广告渗透的领域。网络分类广告体现了互联网搜索的功能和跨地域的优势，其定向投放能力和受众区分能力都较普通的旗帜广告与巨幅广告来得出色。图1-17是58同城的分类广告页面。

图1-17 58同城的分类广告页面

（2）定向广告。定向广告是根据市场细分传播广告信息，在适合的时候对适合的人推适合的广告。这种基于互联网的新型广告模式可以精确定位广告受众，从而更加有效地节约了广告成本，提升了广告效率。

利用网络定向技术，可以使网络广告的定向达到十分精细的程度。表1-2显示了传漾网各类不同的网络定向广告。

表1-2 传漾网对于网络广告不同方向的定位

地域定向	针对中国国内各省、自治区和直辖市精准地进行地域定向，或者针对中国国内各省、自治区和直辖市进行排除性定向
语言定向	针对浏览器语言进行定向，锁定特定语言习惯的人群
浏览器定向	针对不同浏览器类型定向，锁定特定上网习惯和产品偏好的人群
操作系统定向	针对不同操作系统定向，锁定特定系统习惯人群

CPU 定向	针对不同 CPU 芯片组定向，锁定特定 PC 硬件使用习惯人群
场景定向	针对不同上网习惯和地点定向，锁定特定职业或生活风格人群
频次定向	针对广告受众进行特定频次控制，避免重复量大冲击型广告创意产生的受众反感
间隔定向	针对广告多次显示之间的间隔控制，避免过于集中曝光
Retargeting 定向	针对特定受众，进行海量数据挖掘，通过追踪 cookies 进行追踪投放
时间定向	针对特定时间段进行数量或者流量级投放
域名定向	针对特定网站域名，进行投放定向

行为定向广告是最常用的精准营销方式之一。用户的访问行为是用户在网站上一切活动的记录，它详尽地反映了用户的访问兴趣、访问黏性、访问频率等能影响广告投放效果的因素，是行为定向广告的基础。通过数据挖掘，就可以确定具有典型特征的人群，准确地圈定目标群体。图1-18是网易网对行为定向广告所做的分类，包括精明管家、激情新锐、睿智精英、潮流达人、成功金领5大类。

图1-18　网易网对行为定向广告所做的分类

（3）窄告广告。窄告广告就是通过运用高端互联网应用技术和特有的窄告发布系统，使广告客户的广告内容与网络媒体上的文章内容、浏览者偏好、使用习性、浏览者地理位置、访问历史等信息自动进行匹配，并最终发布到与之相匹配的文章周围的广告发布模式。

窄告广告使得网络广告能够直接"命中"目标客户群体，极大地提高网络广告的有效性，网络媒体的盈利能力也成倍地提高，而中小企业也有机会用很小的投入，全面利用互联网资源，将自己的商业推广信息送到目标用户的面前。通过相关分析技术，窄告发布系统将窄告发布在各大媒体与之相匹配的文章周围，从而使得用户在阅读网络文章的同时，可以浏览到与正文相关的重要资讯。窄告可以发布在正文两侧、上下方，也可以在正文中间（见图1-19）。

图 1-19 窄告投放

1.1.5 网络广告的特点

网络广告的兴起和发展,根本上是由于这种广告有着自己独特的特点。如可以通过互联网平台进入更广阔的宣传范围,也可以更精确地锁定目标群体。得益于软件技术的发展,网络广告其实已经兼具了不同种类传统媒体广告的优点。这些特点都使网络广告有更好的宣传效果,并拥有更广阔的发展前景。

1. 网络广告传播技术先进,跨越地域和时空

网络广告是建筑在现代互联网技术基础上的。互联网的迅速普及为网络广告的进一步传播提供了极为有利的条件。特别是互联网与物联网的结合,将使未来的网络广告通过安装在楼宇建筑、桥梁道路等设施内部的传感器进入人类社会的各个角落。

网络广告主要通过高清图片或视频传播。几年前曾经困扰网络广告发展的数据传输速度问题已经得到很好的解决。2014 年开发的新一代光纤技术,其传输能力为每秒 43 万亿比特(Terabits per second),未来有望增加到 EB(Exabyte),乃至 ZB(Zettabyte)级别。数据传输能力的提高为网络广告的传播铺平了道路。

移动网络的普及,为网络广告开辟了更加广阔的新天地。根据艾瑞网民行为监测系统的监测数据,2015 年 5 月,用户移动端总体使用时长达到 259 亿小时,超过 PC 端使用时长的 2 倍。当前 PC 端使用时长已趋平稳,移动端则仍在以较高速度增长,未来网民对于移动端的依赖还将进一步加强。[①]借助移动网络,网络广告已经真正实现了地域和时空的跨越,进入世界各地的千家万户,接触到每一个客户。

---

① 艾瑞网.2015 年中国移动互联网用户天气生活白皮书[R/OL](2015-10-16)[2015-11-20]. http://report.iresearch.cn/uploadfiles/reports/6358061393760937750.pdf.

2. 网络广告表现形式灵活，实现即时互动

网络广告运用多媒体音视频下载应用、计算机多媒体技术、电子广告，以图、文、声、像等多种形式，将产品的形状、用途、使用方法、价格、购买方法等信息展示在用户面前。各种新的计算机语言的出现，更使网络广告锦上添花。具有光、电、声、讯的综合动画效果，对各界网民产生了巨大的吸引力。网络广告除了有常规的标牌广告、条幅广告、按钮广告和主页广告外，还为客户提供了独立发布广告的可能性。

网络广告通过改变传统媒体广告的单向性弊端，可以使广告信息的发布者与接收者之间及时沟通。客户可以通过网络及时向客商询问广告内容；广告商或发送广告的企业可以根据客户查询的要求，及时补充或调整需要发送的广告信息。所以，网络广告已经成为一种新型的客户与厂商间即时双向沟通的桥梁和纽带。特别是当网络广告采用电子邮件发送广告，使发送有一定的方向性时，回复率较高，一般可达5%~15%。广告商可以根据回复的信息进行统计分析，发现不同层次人群的广告需求。

3. 网络广告便于检索，直接反馈

由于各种形式的广告信息充斥耳目，因此方便查找就变得极为重要。互联网提供极方便的信息检索工具，比如，用户通过使用网上的搜索引擎，可以方便、快捷地检索到所需网站及其广告产品，并从网站获得许多数据。由于互联网中投放的广告首先以图形品牌的形式显示，所以即便用户不点击，也已经看到所宣传的品牌。

网络广告由于能够提供庞大的用户跟踪信息库，商家从中可以找到很多有用的反馈信息。不论是销售产品还是推广企业形象，可以发现哪些广告备受关注，而哪些广告没人注意，这些信息都有益于捕捉商机。当然，这些信息对于网络广告和传统媒体广告都有参考价值，并清楚计算自己的广告投入的效果。目前的技术完全能够使得网络广告客户得知广告的效果。

4. 网络广告成本低廉，投资回报诱人

网络广告能够依据企业规模和经济承受能力的大小采取不同的方式，但无论其采取何种形式，与其他传统广告媒体相比，网络广告的成本都是十分低廉的。比如，规模大、经济实力强的企业能够自己购置设备、注册域名，从而建立自己企业的网站，将企业信息上网供客户网上浏览；而大量中、小企业的广告，主要是挂靠在一些具有一定知名度的顶级网站或专业网站上，租用空间，自行制作或委托他人制作主页后在网上发布广告信息。如果把网络广告所需的费用与其他传统广告媒体的成本相比较，要低很多。况且，网络广告的成本是自主可控的，这还能减少广告带来的成本风险。

虽然某些门户网站网络广告的费用上升较快，但大部分网站的广告价位还处于较低的水平，相对于传统广告，总成本普遍比较低，投资回报诱人。表1-3显示了传统媒体与网络媒体不同广告形式的千人广告成本。

第 1 章　网络广告概述

表 1-3　不同媒体的千人广告成本

	传统媒体[①]	CPM	网络媒体	CPM
美国	电视	$10.25	网络视频	$12.39[②]
	杂志	$6.98	门户网站	$2.43[③]
	有线电视	$5.99	搜索引擎（Google）	$1.44[④]
	报纸	$5.5	社交网站（Facebook、MySpace）	$0.56[⑤]
	电台	$4.54		
	户外	$2.26		
中国	电视	¥21	广告联盟（淘宝联盟）[⑥]	¥0.50~1.00
	报纸	¥13		
	杂志	¥21		
	电台	¥4		
	户外	¥2		

5．网络广告的缺点

尽管网络具有许多传统媒体无法比拟的优势，但并不表明它是一个完美的媒体，在目前的情况下，它仍存在许多不足，这也是某些广告主和广告代理商不选择网络做广告的原因。

（1）网络广告的效果评估困难。在中国，至今尚未有一家公认的第三方机构可以提供量化的评估标准和方法。当一个媒体不具备可评估条件的时候，我们从媒介作业的角度就完全有理由去质疑它的可选用性。目前对网络广告效果的评估主要是基于网站提供的数据，而这些数据的准确性、公正性一直受到某些广告主和代理商的质疑。

（2）网页上可供选择的广告位有限。目前网络广告的形式主要还是旗帜广告、按钮广告、漂移广告、跳出广告等，而每个网页上可以提供的广告位置是很有限的。

（3）创意的局限性。网络广告最常用的尺寸是 468×60（或 80）像素，相当于 15 厘米×2 厘米左右，要在这样小的广告空间里形成吸引目标消费者的广告创意，其难度可想而知。跳出广告的尺寸比较大，但网民对跳出广告比较反感，所以使用起来受到一定的限制。

[①] Jefferies & Company, Inc. Analyst Research Report Snapshot[EB/OL]（2009-02-25）[2011-01-30]. Reuters website: https://commerce.us.reuters.com/purchase/showReportDetail.do?docid=44703629.

[②] TubeMogul. Web Video Ad Price Survey: $12.39 CPM[EB/OL]（2008-08-13）[2011-01-30]. http://adage.com/webvideoreport/article?article_id=130311.

[③] Edmund Lee. Social Networks Sink Online-Ad Pricing——Facebook and Its Ilk Might Be Reducing Overall Pricing of CPMs [EB/OL]（2010-07-12）[2011-01-30]. http://adage.com/digital/article?article_id=144884.

[④] Chris R. Keller. Google Adwords Cost Per Impression[EB/OL]（2011-01-17）[2011-01-30]. http://www.profitworks.ca/blog/109-google-adwords-cost-per-impression.

[⑤] Edmund Lee. Social Networks Sink Online-Ad Pricing——Facebook and Its Ilk Might Be Reducing Overall Pricing of CPMs[EB/OL]（2010-07-12）[2011-01-30]. http://adage.com/digital/article?article_id=144884.

[⑥] 淘宝联盟．买广告-影音娱乐[EB/OL]（2011-01-30）[2011-01-30]. http://www.alimama.com/membersvc/buyadzone/search_zone.htm#s=0&cs=0&pp=0&cb=0&ar=000&sp=0&ps1=0&ps2=0&al=0&ty=0&od=0&l=312&ws=0&q=2----.

案例

李宁：让改变发生

1. 案例背景[①]

2010年广州亚运会——国内运动品牌营销大战。广州亚运会少了许多国际运动品牌巨头的身影，却引得国内运动品牌倾巢而出。李宁服装提出"Make The Change"，传递"Make The Change"敢于求变的新品牌理念，在亚运营销中成功突围。

本广告的广告主是李宁服装，广告代理和制作均是新浪网，发布时间为2011年1月14日。

2. 媒体组合策略

李宁服装品牌受众主要是时尚拼搏者、体育爱好者和新一代建设者。基本宣传思路是：专属定制栏目+微博Minisite互动社区，全面渗透李宁精神"让改变发生"。

（1）建立新浪—李宁专属栏目"希望之星"，最精准直击目标群的眼球栏目，讲述冠军改变的故事，诠释和渗透着李宁的改变精神的品牌概念。

（2）李宁官方微博，最吻合年轻用户互动需求，李宁品牌精髓通过网友被几何级地传递出去。

（3）开展李宁服装新品忽拉帽衫赠送活动。

3. 媒体执行效果

（1）通过亚运会赞助，网友对李宁官方微博的关注从6.4%飞涨到38.6%，粉丝增加超过4万人。

（2）通过亚运会赞助相关活动，用户对李宁新品忽拉帽衫的认知度提升1.4倍。活动后60%用户知道忽拉帽衫并产生很强烈的购买欲望。

（3）送出忽拉帽衫总数：595 085件。李宁的品牌喜好度上升27%，在关注到李宁亚运赞助用户中超越主要竞争对手耐克和阿迪达斯，成为用户最喜爱的运动品牌。

赞助总点击超过190万次，赞助总曝光量达49.8亿次，品牌总曝光量（PV）1 265 526次，独立访问用户（UV）427 706个，赞助总体CPC￥1.57，赞助总体CPM￥6.02，广告覆盖新闻报道超4.1万篇。

媒体执行效果如图1-20系列组图所示。

[①] 艾瑞广告先锋. 李宁. 让改变发生[EB/OL]（2011-01-14）[2011-01-30]. http://case.iresearchad.com/html/201101/1406585913.shtml#.

第 1 章 网络广告概述

图 1-20 "李宁:让改变发生"媒体执行效果系列组图

▶▶ 1.2 网络广告的崛起

1.2.1 世界网络广告的发展

1994 年 10 月,美国《热线杂志》(*Hotwired*)站点卖出了全球第一个网络广告,开创了互联网广告的新时代,也标志着数字媒体开始成形。1997 年,英特尔的一幅 468×60 像素的动画旗帜广告贴在了 Chinabyte 的网站上,这是中国第一个商业性的网络广告。1999 年,北京三元牛奶在网易上发布网络广告，开创了我国传统企业做网络广告的先例。

历经20年的发展，网络广告行业已逐渐走向成熟。今天，大大小小的网站上都挂上了各种网络广告。全球市场网络广告支出长期维持高速增长。图1-21反映了15年来全球网络广告支出的增长情况。

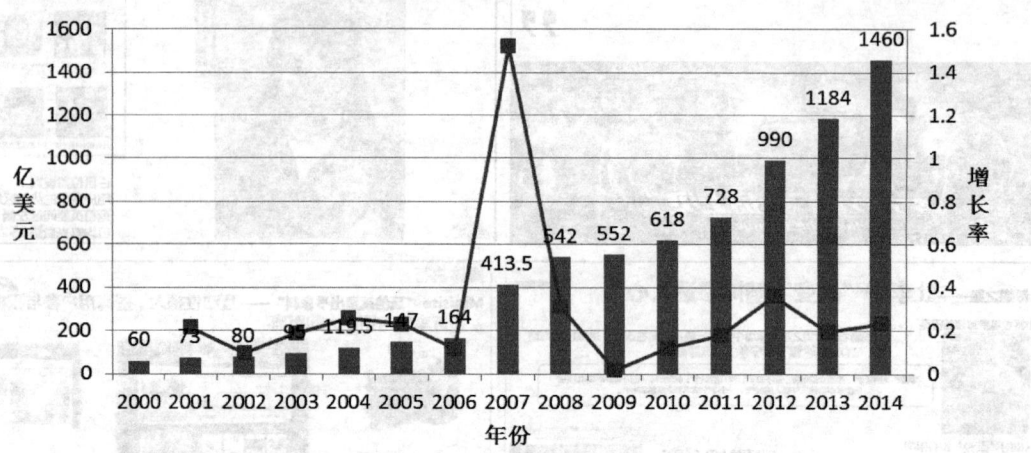

图1-21 15年来全球网络广告支出的增长情况[①]

1.2.2 中国网络广告的发展

2014年中国网络广告市场规模达到1 565.3亿元，同比增长40.0%。图1-22显示了中国网络广告市场规模高速增长的轨迹。

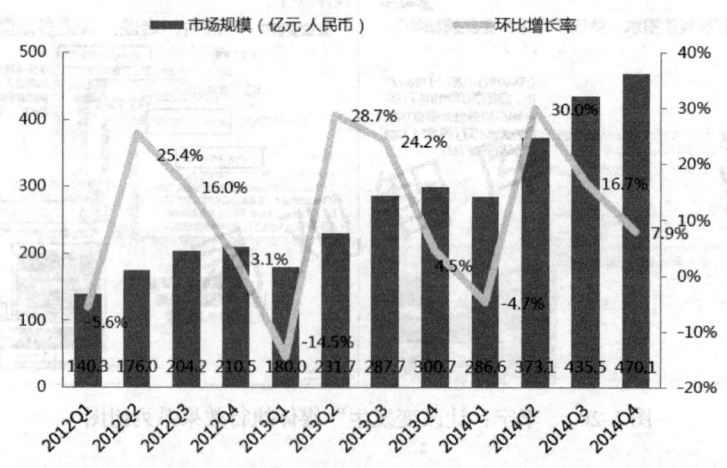

图1-22 2012Q1—2014Q4 中国互联网广告运营商市场规模[②]

注：中国网络广告市场规模包含品牌网络广告、搜索引擎广告、固定文字链广告、分类广告、视频及富媒体广告和其他形式网络广告，不包括渠道代理商收入。

随着用户生活数字化的加深，网络广告市场规模将继续扩大。易观智库数据显示：2014年

---

① 资料来源：根据历年有关报道统计。
② 易观智库. 中国网络广告市场年度综合报告 2015 [R/OL]（2015-06-11）[2015-10-20]. http://www.analysys.cn/report/detail/9473.html.

关键字广告依然是最受广告主青睐的广告投放形式，视频广告继续保持快速增长，这种变化一定程度上是由搜索、视频等大型媒体平台的增长而带动的。一方面，搜索与视频在移动端的商业模式、营销形式最易实现直接的复制，在流量转移后，营销收入跟进，程序化广告加速发展，越来越多的广告主尝试程序化广告投放，并获得良好的广告效果；另一方面，DSP（Digital Signal Processing）提供商也加速提高自身技术水平以实现媒体资源对接和人群定向能力的升级，从而能积累丰富的程序化广告投放经验。

在网络广告市场整体进入成熟稳定阶段之后，中国市场仍然呈现出一些新的发展态势。各个网络媒体细分领域表现各异，一些传统领域呈现出成熟态势下的增速放缓，一些领域在新的广告技术与广告形式共同驱动下，迸发出强劲的增长势头。与此同时，品牌广告主预算进一步向数字媒体倾斜，均推动网络广告市场规模达到新的高度。

1.3 网络广告的发展趋势

1.3.1 网络广告在整个广告业中的比重将稳步增加

进入21世纪，越来越多的广告主开始青睐和重视网络广告，网络广告在世界范围内呈现勃勃发展生机，在整个广告业中所占比重逐年提高（见表1-4）。

表1-4 2008—2012年全球主要媒体广告市场规模及其份额[①]

全球各媒体	2008	2009	2010e	2011e	2012e
电视（亿美元）	1 857.3	1 715.5	1 749.4	1 829.8	1 929.3
增长率（%）		−7.6	2.0	4.6	5.4
份额（%）	38.2	39.2	39.6	40.0	40.2
报纸（亿美元）	1 231.1	1 019.9	978.6	967.1	958.5
增长率（%）		−17.2	−4.1	−1.2	−0.9
份额（%）	25.3	23.3	22.2	21.1	20.0
互联网（亿美元）	493.8	540.7	603.5	684.0	775.1
增长率（%）		9.5	11.6	13.4	13.3
份额（%）	10.1	12.4	13.7	14.9	16.2
杂志（亿美元）	566.0	451.2	431.0	426.3	427.1
增长率（%）		−20.3	−4.5	−1.1	0.2
份额（%）	11.6	10.3	9.8	9.3	8.9
广播（亿美元）	376.43	36.1	331.0	338.6	355.0
增长率（%）		−10.7	−1.5	2.3	4.8
份额（%）	7.7	7.7	7.5	7.4	7.4
户外（亿美元）	319.1	289.9	296.1	310.4	324.6

---

① ZenithOptimediaAdvertisingExpenditureForecastsDecember2010[R/OL]（2010-12-28）[2011-01-30]. http://www.zenithoptimedia.com/publications/forecasts/advertising-expenditure-forecasts-march-2010/.

续表

全球各媒体	2008	2009	2010e	2011e	2012e
增长率（%）		-9.1	2.1	4.8	4.6
份额（%）	6.6	6.6	6.7	6.8	6.8
影院（亿美元）	23.8	21.8	22.3	23.6	24.9
增长率（%）		-8.4	2.3	5.8	5.5
份额（%）	0.5	0.5	0.5	0.5	0.5
总计*（亿美元）	4 867.5	4 375.1	4 411.9	4 579.8	4 794.5
增长率（%）		-10.1	0.8	3.8	4.7

注：*此处总计额较全球各国的总额要小，因部分国家的广告开支中有些没有按媒体列出。

从表1-4可以看出，网络广告市场规模已经超过杂志广告市场份额，开始向报纸广告挑战。2010年，日本、美国的网络广告规模已超越了报纸广告。2011年，中国的网络广告规模也超越了报纸广告。造成这种状况的原因，除了网络广告自身的优势，如传播广泛、表现形式多样、成本较低外，还有两方面深层次的原因。

（1）由于互联网技术的广泛普及，使商品交易市场演变为两个截然不同的分市场：实体市场和虚拟市场。虚拟市场是一种完全不同于实体市场的市场形式。与实体市场相对应，在虚拟市场中也有独立的主体、客体和交易模式。虚拟市场的主体是网民。2015年，全球总网民数超过30亿人次，已占到全球总人口数的42.4%，造就了巨大的虚拟市场消费群体。网络购物已经成为80后、90后的年轻一代非常普遍的购物行为。很明显，影响这样一个巨大的网络消费群体，利用网络广告比利用传统广告效率要高得多。

（2）近年来，电子商务发展迅速，越来越多的实体市场业务被转移到网上进行。网络广告作为网络营销的重要手段，其作用逐渐被商家所认识。一大批服务于企业产品和服务促销的网络站点脱颖而出。网络门户站点、专业网站、搜索引擎、网络广告投放平台从不同的角度出发，为企业网络广告的应用提供了便宜、高效、快捷的网络广告服务。企业的网络广告需求与网站周到的服务的结合，大大推动了网络广告规模的快速增长。

1.3.2 网络广告将更具创意性

随着宽带网的普及，越来越多的表现形式将被网络广告借用。带宽曾被许多广告制作人员当作创意的瓶颈，低带宽条件下，网络广告设计无法使用多种表现方式来表现品牌，否则将使下载时间延长，导致网民另找站点，影响了广告效果。带宽的加大将使更多的传统广告创意与制作人员加入网络广告的队伍。技术门槛的不断降低，将最终使网络广告的制作与创意水平得到提高。网络媒体与电视、广播、报纸等传统媒体的融合也将使网络广告与传统广告融合。

1. 个性化定制广告

个性化定制是基于数据库的网络广告定制体系。简单地说就是追踪网站用户的在线行为，根据用户的行为找出他们的兴趣和习惯，基于用户兴趣和习惯，为用户提供与他们的兴趣习惯相关的广告。

按照不同的网络广告的定制系统，可以分为纵向定制和横向定制两种。纵向定制指的是不管这个网络用户访问哪个网站，不间断地向其提供与其兴趣和习惯相关的广告。打个比方说，有一位网络用户，他常常访问一些财经类网站，关注一些抵押率方面的信息，根据这些信息，可以确定他可能有买房子的打算，而这时抵押公司就利用他的这个兴趣，向他提供一些关于抵押率的广告。在所有他访问的网页上，打出关于抵押率的广告。这样，不管是看天气预报，还是在阅读体育新闻的时候，这位用户都能看到这家抵押公司的广告。

横向定制就是根据网络的不同分类，在相同类型的网站打出相关的网络广告。还是以上面提到的那家抵押公司为例，按照网络的分类，一般访问财经相关网站的用户，对抵押业务的兴趣会更大一些，因此，该公司应该更多地在与财经相关的网站做关于其抵押服务的广告。

个性化定制网络广告的过人之处就在于它的"有的放矢"，针对受众的个性化特点，提供针对性的广告，其广告效果必定会不同凡响。

2. 互动广告

互动广告是依托多媒体网络等先进技术发展形成的网络广告，除了理性的渲染广告之外，更加注重调动受众的参与意识。"主动参与"与"分享"成为新一代网络广告的引领词。

图 1-23 是微软广告媒体平台 2010 年圣诞节推出的几何级网络广告传播示意图。这一网络广告新形式依赖全新的 IM THIS 技术[①]与 P4 技术[②]的结合，为客户提供了"主动参与"与"分享"广告的新模式。

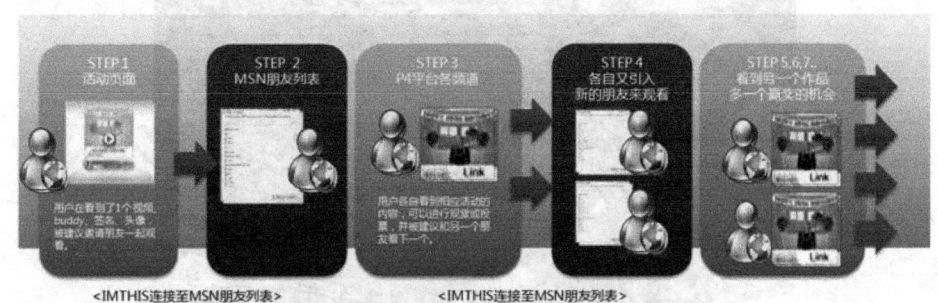

图 1-23　微软广告媒体平台推出的互动网络广告[③]

利用 IM THIS 与 P4 技术可以实现与好友在线即时分享有趣的网页、活动甚至视频，将网络广告中的有趣元素通过 IM THIS 功能直接发送给"我的好友"。好友再与其他朋友分享，将广告主的营销内容几何级主动传播。这种传播方式的优点表现在三个方面。

（1）提升用户参与的"主动性"。增强参与性，拉动用户的活跃度，最大限度地与 Windows Live 用户结合。

（2）吸引更多的潜在目标消费者，扩大活动的影响力。在所有 Widows Live Messenger 注册用户中进行有效传播；即使不直接参与活动，但用户仍乐于观看与点评，同样有效传播营销信息。

（3）每个传播的用户都是真实存在的，让朋友告诉朋友们主动参与，并邀请好友一起观看和投票，实现了网络广告的主动传播。

---

① IM THIS 是指：网页通过嵌套 IM THIS 技术直接读取微软官方提供的接口；同时打开 Windows Live Messenger 好友列表；允许用户选择自己好友将营销内容直接发送传播。
② P4 是指：Messenger 对话框右侧的小弹出窗口，尺寸为 500×500；通过 IM THIS 技术发送给好友的营销内容将以 P4 形式展现。
③ 微软广告. 新品速递[EB/OL]（2011-01-28）[2011-01-30]. 微软广告网：http://advertising.microsoft.com/china/foradvertisers/whatsnew.

目前，这种广告营销方式已经出现在甲壳虫 Buddy 设计大赛和微软广告合作客户的营销活动中。

3. 网络游戏广告

游戏和广告在网络上的完美联姻，形成了一种以游戏为传播载体的网络广告新形式——网络游戏广告。

（1）植入性网络游戏广告。这种广告将产品和品牌信息通过不同的游戏画面植入游戏中。例如，南孚电池的"足球射门"广告游戏，南孚电池的品牌标志出现在球门背后和球门左右，在每次射门失败之后就会出现"坚持就是胜利"的广告口号。玩家在进行游戏的同时，不由自主地将南孚的品牌形象牢记在心。

（2）工具性网络游戏广告。这种广告把产品或与此相关的信息作为进行游戏必不可少的工具或手段，广告本身就是游戏的内容。例如，可口可乐公司的"魔兽世界"游戏（见图1-24），游戏者要把可口可乐送到勇士的手中，如果迟了，勇士就会筋疲力尽而死。"可口可乐"字样的反复特写展示，加强了消费者对品牌的认知和记忆。

图1-24 可口可乐公司的"魔兽世界"游戏

（3）体验性网络游戏广告。这种广告提供产品的真实内容，让消费者在游戏中体验产品，通过与消费者互动的方式来提高广告信息的传播效果。在以"麦当劳"为宣传对象的网络游戏中，游戏者可以进入麦当劳用餐，还可以在游戏中的麦当劳店里打工赚钱。戴姆勒-克莱斯勒股份公司旗下的吉普子公司在促销一款造型颇为粗犷的 Wrangler 汽车时，制作了一款名为"吉普 4×4：生命踪迹"的电子游戏，并把它放在网络上，免费供网民下载。在推出的6个月中，有25万名消费者下载了这一游戏，这些人中有接近40%的人表示考虑购买一辆吉普汽车。吉普公司最后以2.9万美元一辆的价格向玩过这个游戏的消费者出售了数百辆限定版汽车。克莱斯勒高级管理人员说，网络游戏和广告一样有效，真让人难以置信。

网络游戏广告特有的互动性使它成为名副其实的参与性媒体，很容易迎合新时代消费者的需求和口味。游戏本身具有的吸引力，大大缓解了消费者对广告的厌烦情绪。相对于以往网络广告单向的传播模式，网络游戏的娱乐性又使它很容易引起消费者的注意力，吸引消费者关注网络广告的内容。

1.3.3 网络广告将更具服务性

为了取得更广泛的广告效果，今后的网络广告将会更重视多种语言的应用，让全球更多的人分享广告信息，而且在每一页广告都会注明即时回复的 E-mail 地址或按钮，使客户能随时实现与广告上或公司企业的互动咨询与对话。充分利用 IT 的特点，网络广告将更具服务性。

为了方便客户，许多从事广告的网站除了做一般的在线主页广告之外，还将从事广告的内容分类、储存和发送。今后广告商更有可能通过小型电子邮件、杂志的分类广告，以主动"推"的方式寄给客户。在短小的 E-mail 中附上分类广告，是一种更有成效的发展业务方法，这些广告更有可能被 Newsletters 的订户们浏览，这种"强行推销"的方式似乎比被动地在 Web 上列出分类广告清单更能获取良好的回应，它比其他守株待兔式的广告更有主动性。

为了提高网络广告的诱惑力，拉近与客户的关系，发送电子赠券及邮件清单的做法不断得到发展。

电子赠券的方法是一种很有效的网上促销手段，它能够吸引客户进入广告主的网站，可以与实体世界中的商店、分销点密切联系，有利于培植产品知名度。大多数网上客户对电子赠券都非常感兴趣。这种方法在饮食行业的应用收效很好，今后将在其他行业中推开。

邮件清单能为企业提供高度精确细分的目标市场，因为邮件清单上的用户都是为某一个主题而聚集在一起的。在邮件清单上做广告费用很低，但问题是某些邮件清单是不允许做广告的，所以目前尚没有关于邮件清单的网络广告资源及收费标准的详细统计数据。要想在邮件清单上做广告，首先要弄清楚它是否允许做广告，其次要仔细检查该邮件清单的内容，确信其主题与公司产品是相匹配的。如果能在清单上做广告，找准了目标市场就能产生很高的回报。

1.3.4 网络广告将走向规范化、法制化

为维护客户的共同利益，网络广告的管理将更加规范化。一方面，国家出台相应法律法规强化管理。2015 年修订的《中华人民共和国广告法》第四十四条规定："利用互联网发布、发送广告，不得影响用户正常使用网络。在互联网页面以弹出等形式发布的广告，应当显著标明关闭标志，确保一键关闭。"[1]2015 年国家工商行政管理总局发布的《工商总局关于加强网络市场监管的意见》强调："加强对互联网广告的监测监管，加大对网络虚假违法广告的查处力度。研究规范商业信息发布类网站经营行为、互联网广告发布和推送行为、微信等社交网络营销行为。依法打击网络经营企业滥用市场支配地位违法行为。依法查处利用互联网进行引人误解的虚假宣传、诋毁他人商业信誉和产品声誉等不正当竞争行为。"[2]另一方面，随着网站本身的成熟，其对网络广告的管理逐步规范和完善。另外，网络广告的价格标准也将逐渐透明。随着广告客户的成熟与对广告效果评估认识程度的加深，广告客户将主要依据广告效果而不是广告价格来投放广告。

网络通信技术的发展和网络运行速度的提高，网络广告的宣传空间更为广阔。但是，大浪之中往往鱼龙混杂，在网络广告发布中也存在一些不健康的内容，甚至存在侵犯个人版权、名誉权、隐私权等各种不正常现象。为了保证网络广告正常运行，社会各界舆论、行业企业和政

---

[1] 全国人大常委会. 中华人民共和国广告法[EB/OL]（2015-04-24）[2015-10-20]. http://www.gov.cn/xinwen/2015/04/25/content_2852914.htm.
[2] 国家工商行政管理总局. 工商总局关于加强网络市场监管的意见[EB/OL]（2015-11-06）[2015-11-20]. http://www.saic.gov.cn/zwgk/zyfb/zjwj/xxzx/201511/t20151110_163780.html.

府有关方面，都对网络广告提出了规范化的要求，并要求建立必要的政策法律制度对此进行约束。可以预见，在政府部门和社会各界的有力监督下，我国网络广告的发展必将逐步走上规范化和法制化的轨道。

▶ 思 考 题

1. 试从技术和法律两个方面阐述网络广告的定义。
2. 试述网络广告分类的基本思路。
3. 网络广告有哪些主要表现形式？
4. 试论述网络广告的发展趋势及发展的内在驱动力。
5. 李宁服装利用网络广告促销传统商品，收到很好的效果。借鉴李宁服装的媒体策略组合思路，自选一种传统商品，设计基于互联网的媒体组合策略。

第 2 章
网络广告的一般原理

网络广告发展迅速，已成为现代信息社会中商务活动不可缺少的一种营销手段。相对于传统的广告媒体而言，网络广告在内容、制作、传播等方面表现出诸多新功能。由于网络广告的传播对象不同于传统广告，其投放的基本原则也有很大不同。

▶ 2.1 网络广告在信息社会中的功能

2.1.1 传统广告的弊端

目前，传统广告已经难以满足信息社会高速度、高效率的要求，其主要弊端表现在以下四个方面。

1．强势灌输

传统广告的信息是由发送者推向目标受众。无论是电视、广播、印刷物、路牌还是霓虹灯等形式的传统广告都具有强势灌输的特性，它们要排除环境的干扰，转移受众的视觉、听觉的高潮，将有关信息或意象塞进受众的脑中，企图创建一个深刻的印象，在这个信息交流过程中，受众像一个被动的容器。

2．无法实现即时的双向交流

传统媒体上的广告无法实现发送者和受众之间即时的双向交流，即使能够实现双向交流，也不能与顾客需求变化同步进行，而是有一个延误购买热情的时间差。比如，一位消费者从电视上看到一种汽车的广告，被某种意象深深打动，他想了解一下这种车的内部结构和价格，就必须自己与零售商取得联系才能获得这些信息。虽然有时电视购物频道的节目会显示一个免费的垂询电话，消费者也许会顺手记下，但也许在第二天就忘记了。

3．单纯依靠印象影响消费者

传统广告是靠创造印象潜移默化地劝诱消费者购买某种产品，而对产品本身信息的提供则处于次要位置。他们只用画面、音乐等在消费者脑中创建某种印象,由这种印象引发消费者的某种联想、情绪等,最终对消费者产生作用,使消费者做出购买行动。

4. 缺乏意见反馈

由于媒体的原因,传统广告收集受众的反映比较困难。广告受众没有较好的渠道反映他们对广告的意见。企业和广告商主要依靠自己的经验和感觉改进广告设计。

2.1.2 网络广告在信息社会中的新功能

信息社会中,网络广告最直接、最明显的变化将发生在屏幕上。广告的内容、制作、传递方式,以及效益的衡量和定价方式都将发生改变。

1. 内容

虚拟现实、网上聊天等技术的发展,加上消费者对有直接价值的内容的偏好,促使新的广告内容不断涌现。目前主要有四种内容类型。

(1) 体验式内容。让消费者"体验"产品、服务和品牌。目前做得最好的方式是让网络使用者试用产品。例如,在百秀网(www.100suit.com),客户可以随时上传自己的照片和衣服,秀出自己的各种搭配,定制自己的穿衣计划,在线分享,接受好友的指点。

(2) 交易式内容。网络广告内容逐渐变成交易取向,吸引消费者直接通过广告进行购买。在普通商品的选购上,购买者可以通过网络广告获得更多的产品信息,出手购买的机会也更大。对于营销厂商来说,他们的网络广告必须让消费者可以方便无误地实现交易,否则生意就可能被对手抢走。例如,钟表企业卡西欧在网络上的广告,让点选进来的顾客可以浏览和比较卡西欧的产品,并进行在线订购,指定配送方式,而且这些动作都不必离开广告网页即可完成。

(3) 厂商赞助式内容。这种内容往往会混淆报道与广告的界线。现有的网站中,接受赞助的例子比比皆是。例如,日产汽车与美国青年足球协会合作、Parent Soup 网站的每周足球专栏等。不过,这类"以上内容由某厂商赞助"的做法,大体上仍属传统的赞助模式。

(4) 报道式内容。由于消费者在网络上可以将各种直接的广告信息跳过不看,再加上有些广告主也希望改变直接的广告灌输,报道—广告混合模式的内容在网络上出现。但是,受报道独立与消费者反应等因素的影响,这类混合模式的发展可能有局限性。

2. 制作

与普通的广告不同,网络广告的制作基于屏幕,所以它有自己的一套规则与方法。它需要的图形有静态和动态的,还需要有交互的功能。这样,从事网络广告制作者就得面临一种全新的领域。为了最大限度地满足这种新兴媒体的需要,传统的图形处理软件已经显得力不从心。对于专业或业余的网络广告制作者,都需要全新的、可以在整个网络广告制作过程中能胜任的高效工具。

互联网的出现,使营销得以将产品的目标对象瞄准所谓的"个人化区域"。由于搜索软件等技术不断发展,出现了两种新型的定制广告。

(1) 利用用户信息定制广告。人们在访问某网站的同时,便提供了个人对网站内容的反馈信息:点击了哪个链接,在哪里浏览时间最多,用了哪个搜索项,总体浏览时间多少,个人姓名和住址是什么等。所有这些信息都被保存在一个数据库中,生成大量的记录文件和登记表,利用数据挖掘技术对这些数据对进行分析，充分了解用户的喜好、购买模式，不仅可以使网站设计出满足不同用户群体需要的个性化网页，增加竞争力，而且可以为广告主提出行之有效的广告方案，实现商家渴望的个性化市场营销。

（2）根据使用者自愿提供的信息来制作广告。由于这种做法成功的关键在于突破消费者寻求隐私或匿名的倾向，所以通常必须提供特殊信息、折扣或促销等奖励来交换顾客个人信息。例如，在艾瑞咨询（www.iresearch.cn）网站上，凡是输入个人信息的读者，均可以得到研究报告简版的下载。根据网站下载的经验，消费者只要能够成为受益者，就会愿意透露个人资料。

3. 传递方式

互联网上相当热门的"推"技术有望成为传送网络广告最主要的工具。而且，未来还会出现一种更完全的方式，它会将目前网站弹出形式与 Point Cast 等技术结合，根据上网者的兴趣，主动传送广告内容。目前已经出现的例子包括触发式的横条广告（每当上网者提到某些关键字时就会出现的广告）和所谓的填放广告（等待下个网页出现时，填放进来的广告）。目前的网络技术已经实现了这样的推广方式：聊天室的网友们在谈论汽车，车商的广告随即推送进来；在京东商城网站上搜索杨坚争所著的《电子商务基础与应用》（第九版）时，不仅前几版的书籍能够跳出来，而且，大量类似的电子商务图书也被推送到人们的眼前。

但是，营销厂商也必须考虑几个问题：在什么地方使用"推"技术最有效？"推"与"拉"之间如何平衡？消费者愿意接受这种技术的极限在哪里？

随着网络广告的普及，广告主将发现，互联网是唯一能够传送多感官式与交互式广告等特殊信息的媒体。这些新形式将让广告主同时达到多种广告目的。

4. 效益的衡量

互联网的出现，为营销厂商提供了一个前所未有的机遇来衡量广告的效益，了解广告的接受对象。举例来说，依照电视广告的衡量方法，只能推算整体收视观众的规模，无法计算出有多少人实际看到了广告，以及广告产生了多少影响。相反，网络上的广告厂商却可以迅速追踪广告的点选人数、各网页浏览次数及访问者名单。也就是说，比起传统媒体的做法来，网络的衡量方式更精确且更有意义。它影响广告的成效，也影响营销厂商和广告公司制作广告的方式。首先，更精确的衡量有助于了解广告经费的效益，更容易看出哪些广告有效，哪些无效，并找出原因。广告主也会开始要求广告内容顺应消费者的情况，加快更新速度。其次，因为广告主可以更早地评估广告效果，在推出广告时便有了及早修改的灵活性，避免了资金浪费。如此一来，不但网络广告的创意形成方式会受到影响，而且广告公司和厂商都有可能必须改变组织方式，以顺应这一趋势。

5. 定价方式

一般来说，广告主在传统媒体上做广告的目的都很类似，或者利用电视来塑造形象，或者利用直接信件获得回音。然而，互联网却可以让广告主同时达到多种不同目的。也正因为如此，包括千人广告成本（CPM）在内的标准定价方法，在互联网上都将让位给根据不同目的而计费的新定价方法。

网络广告的计费标准可以是多元的、多层次的，比如，按照点选率、交易量或者传统的 CPM 定价。这些方法市场上已经有很多先例，如网络音乐光盘商 CDNow 按照交易数量支付佣金给为它登广告的网站。近来还有一个被称为"直接点两下"（Double Click Direct）的广告联盟，提倡根据广告效果计费的定价方式。

（1）按点选率定价。为了创造产品或品牌知名度而根据点选次数来计费。随着衡量方法的改进，广告主将会要求只根据目标顾客的点选次数来付费。而网站经营者也将致力于提高广告主核心顾客的点选次数。

（2）按简单回应定价。根据顾客简单回应的电子邮件次数计费。广告价格则根据网站吸引的回应者的类型、广告主的重视程度而定。

（3）按实际回应定价。上网者如果在看过广告之后，做出下载软件或提供个人资料等较为复杂的回应行为，网站便可向广告主收取较高的费用。根据实际回应或销售来收费的方式，有望逐渐成为主要的网络广告定价机制。当然，在短期内，这些定价模式的发展需视营销厂商、广告公司和网站三方面如何分担风险而定。

（4）成效定价法。按照实际成交的数量或金额收费。这种办法让厂商有机会将失败的风险转嫁给网站或广告公司。传统媒体一向不喜欢承担这样的风险，但是网络企业大多数都欢迎风险的分担，因为只要定价合理，仍然有助于网站的广告营业收入。

2.1.3 网络广告对其他媒体广告带来的影响

网络广告在内容、制作、传递方式及效益的衡量和定价方式等方面所发生的变化，不但会影响自身的营销行为，而且对于所有其他媒体广告来说，影响将更为深远。

1．网络广告在形态上的创新，将刺激其他媒体广告产生新的创意

网络所提供的创意将影响厂商，使他们开始质疑传统媒体的既定标准和限制。同时厂商也有必要重新关注现有的广告理论。例如，有很多厂商发现，在网络上横条广告必须经常更新，消费者才会继续浏览。这种发现推翻了广告必须看过四次以上才会留下印象的产业界陈规，也让人对强调频率观念的电视系列广告的效益产生了质疑。例如，有公司在电视广告中模仿网络的实时性，以加入当天头条新闻标题的方式更新每天的电视广告。

2．互联网将刺激营销厂商重新评估对于传统媒体的使用

网络广告不仅回应率较高，找到目标顾客的成本比较低，而且能获得较多的顾客信息。因此，可以预见，越来越多针对特定目标对象的营销经费将从传统媒体及直销信函转移到互联网上来。例如，AT&T公司曾利用互联网来提升其对方付费电话服务的知名度。以往，该公司无论通过何种传统媒体，都无法找到一种符合成本效益的方法来搜寻目标对象（16~24岁年龄段），后来，由于网络广告的效果极佳，AT&T决定以网络系列广告来取代原来的平面广告。类似的经费转移将导致整块广告预算蛋糕的重新分割。

3．网络广告有助于增加厂商对于消费者的需求、偏好和产品使用的了解

利用网络来进行市场研究、收集消费者的反应，不仅比较符合成本效益，还能获得更有用的信息。根据部分厂商的经验，消费者打免付费电话多半是为了询问产品信息。但是，网络上的消费者却常会提出产品品质的意见或建议。现在，有些厂商已经开始进行网络核心顾客群的实验，让来自不同地区的匿名参加者说出心中真正的意见和想法。厂商还利用互联网进行平面或电子媒体系列广告的测试。例如，伦敦国际公司（London International）已开始在它的网站上

进行广告概念的实验，凭借上网者的反应追踪收集信息，为准备在传统媒体推出的系列广告上找出缺点，从而降低了失败的风险。

4．厂商将提高对于其他媒体广告在效益和标准上的要求

由于网络广告的效果可以衡量，可以根据不同的目的定价，厂商将提高对于其他媒体广告在效益和标准上的要求。源于网络的新兴衡量工具与技术也可应用在传统媒体上。有些媒体则可能面临广告主要求根据广告成效来定价的压力。

总之，如果说网络营销改写了一部分传统营销的经典理论的话，那么网络广告就应该起到了很大的作用。其实，这一点都不奇怪，因为从本质上讲，传统营销的经典广告理论基础是大众化消费和大批量、大规模、标准化生产，这是典型的工业时代的产物。比如，同一电视广告在同一时间传到千家万户，不管你在意不在意，喜欢不喜欢，广告内容对所有消费者都没有任何差别。很明显，这种基于大众营销思想的传播方式在网络营销这片领域中不再适用，因为这里追求的是"一对一"式的高度细分的个性化消费服务，追求的是与顾客的直接对话和定制化。

2.2 网络广告的传播对象

一切广告活动都是广告主向广告对象传递广告信息的过程。广告对象是哪部分人，他们有什么特点，他们如何接受和处理广告信息，这是直接关系到广告效果的关键问题，也是广告学研究的重要课题。广告的传播对象，是广告主所需要的合适用户。网络广告的传播对象，在广义上就是对你的网络广告感兴趣的网民，即网络广告的实效受众。只有让你的合适用户来参与广告信息活动，才能使广告效果得以最好发挥，并能节省广告者的劳力与费用。就目前状态而论，网民在社会中尚是特殊的一族。他们都是什么人，具有什么特点，广告主应该了解他们什么，应该做些什么，所有这些，都是很重要的研究课题。

网络媒体的特性决定了网络广告在传播方式、传播效果等方面与传统媒体广告的不同，同时也使受众对网络广告信息传播的接受方式、接受效应产生很大的差异。Web广告的最大特点是授受之间具有互动性与可选择性。当受众在电脑屏幕前移动鼠标主动地选择信息时，许多因素都在影响着广告信息的传播，同时也在影响着受众的决定，进而影响着网络广告的传播效果，如网站的知名度、广告的形式和浏览广告的操作技能等因素。决定受众选择的因素还有信息内容的有效性与趣味性。受众总是选择他们需要的、对他们能产生某种利益的信息；另外，他们还会选择一些娱乐性的、趣味性的信息，如以游戏方式出现的广告等。

网络广告的对象要根据企业的市场营销策略来定。首先，企业宣传的目的是什么？是宣传企业形象还是宣传产品。尤其是企业要想在网络上做营销，必然要先建立自己的站点，之后的任务就是想尽办法宣传这个站点，即树立企业形象。此时，网络上所有的用户都是企业的广告对象，他们可能已经是企业产品的客户，也可能是潜在客户。如果企业宣传目的是促销产品，则其广告对象就是企业开发产品时的销售对象，即某个细分市场的顾客群。在网络上，要准确地确定广告对象，就必须首先进行网络广告调查，对网络用户的上网习惯、消费习惯、男女比例、地域分配、学历情况、收入情况、年龄段分布等信息做认真细致的调查，研究、分析、总结这些调查情况，最终确定广告对象，并在制作和发布网络广告时做到有的放矢。

2.3　网络广告的基本原则

1. 站在企业营销的高度策划网络广告

网络广告是一种信息传播，具有告知、劝服和提醒消费者的功能，是为实现企业营销目标而开展的活动。网络广告作用的大小取决于市场定位。与企业整个营销战略相吻合的网络广告才可能收到预期的效果。这就需要网络广告策划人员研究市场，了解营销环境，同时还要研究消费者，了解他们的上网习惯和网络消费习惯。网络营销人员也应当站在企业营销的高度设计自己的网络广告，从全局出发考虑网络广告的投放，包括合理设定网络广告活动的预算、目标、周期长度、受众范围等。只有这样，才能用较少的精力和资金收到较好的宣传效果。

2. 正确选择网络广告的投放站点

这是一个比较复杂的问题，需要遵循以下原则：

（1）广告站点必须有比较大的流量。

（2）站点的访问者不能过于集中。根据站点或第三方提供的资料，判断站点的访问者是否过分集中，即重复的访问者有多少？不重复的人越多，广告所能达到的受众就越多。

（3）广告站点的访问者要与企业潜在的顾客有所关联。如果不是这样，投放的广告点击率可能会很低。如果选择与广告主业务方向相关的专业站点，广告效应会成倍增长。

（4）选择信誉好和服务器可靠的站点。

（5）选择能够提供广告播发详细记录和点击分析的站点。

3. 做好网络广告的创意设计

好的网络广告创意设计，为吸引网民的注意创造了条件。网络广告创意设计需要考虑所使用词汇的震撼力、图形的选择、色彩与动态的协调、网络广告尺寸的大小等。

在许多人的印象中，点击率就等于网络广告的效果。事实上，网络广告的价值不是用点击率就可以简单衡量的。如果许多人点击广告进入你的网站后又马上离去，没有浏览页面，也没有购买东西，那么再高的点击率也毫无意义。相反，如果进入站点后，大部分的人会看这看那，并有较高的购买率，这种点击率才有意义。因此，聪明的广告主更关心的是，网民点击广告进入我的站点后都做了些什么？他们填写用户注册表了吗？他们买东西了吗？他们有没有再次光顾？而这些问题都与网络广告的创意设计密切相关。

对于广告代理公司来说，工作方式的变革也势在必行。网络广告的生命力在于它是动态的和可跟踪的，这就要求广告代理公司必须以前所未有的效率进行设计和创作，跟不上这种节奏就要被淘汰。过去，花3~6个月时间制作一个电视广告，然后播上一两年是普遍现象。但在互联网的世界里，广告代理公司必须在几个星期内为一件新产品设计出针对不同类型消费者的多套广告方案。在宣传活动进行中，它还要和广告主一道密切分析评测报告，根据来自消费者的实时反馈不断调整这些设计方案。不难看出，广告代理公司的工作强度增加了，所需的技能也不再局限于艺术创意。

4. 充分利用新型网络广告推广手段

建立一个网站很容易，但在信息浩如烟海的互联网上，要想引起他人的注意却是很难的。

所以，必须充分利用新型网络广告推广手段。

网络广告交换是常用的一种网络广告推广手段。通过类似网站的广告交换，可以增加网页的可见度，扩大宣传效果；也可以丰富自身网站的内容，扩大网站的规模；还可以节约交易成本，提高资金利用率。

在自媒体[①]时代，微信、博客、QQ 等都成为广告推广的有效工具。每个人都从独立获得的信息中对事物做出判断，并将自己认为有用的信息传递给他人。自媒体传播将由专业媒体主导的信息传播活动转化为普通大众主导的信息传播活动，实现了网络广告"点到点"的精准传播。

2.4 网络广告的价格水平

1. 影响网络广告价格的因素

（1）网络广告提供商的知名度。网络广告提供商知名度越高，业务分布范围越广，其网络广告的价位越高。国际上公认的重要网站包括美国的 Google、Yahoo!，英国的 PlayBill、日本的 Web-Japan 等，这些网站本身就是刊登网络广告的最好站点，同时也是衡量其他导航站点知名度高低的标尺。国内重要的网站包括新浪、搜狐、网易、百度等。用网点类别的关键词在这些导航台中进行检索，可以得到检索结果中该网络广告提供商所排位置。一般来讲，排在前 20 位的网络广告提供商的知名度较高，而排在 20 位之后的网络广告提供商，其网络广告的效果就会小得多。目前，国际上还没有定量衡量网络广告提供商知名度的尺度，未来很可能要借鉴企业评估的方法，从资产、服务项目、服务质量、访问人数等方面对每个网络广告提供商打分，进而评出不同等级。

（2）网络广告的幅面大小与位置。同传统广告一样，互联网上网络广告的价格也因幅面大小的不同而有所不同。幅面越大，价格越贵。对客户来讲，在可视范围内，尺寸越小越好。这不仅是因为尺寸小价格便宜，还是因为尺寸小传输速度快。网络广告放置的位置也很关键。在导航网站中选择主题相符的主页放置网络广告的效果会好于其他位置。而在网页的上方放置广告，人们不用下移屏幕就可以看到图标，显然又要比放在下面的效果好。位置不同，价格自然也会不同。

（3）网页浏览次数和网页浏览率。网页浏览次数（Pageview）是指当网民在网上漫游或在导航站点上检索时，插在页面中的网络广告会给浏览者留下视觉印象的次数。在这种印象阶段，浏览者只是浏览了网页，并没有形成点击图标的行为。刊登这种网络广告的提供商，会使用程序来统计含有网络广告的网页被浏览的次数，即在浏览者视觉中留下印象的次数，一次就叫一个 Pageview，或叫一个 Impression，1 000 Pageview 为 1CPM。主页被浏览的次数越多，表示在人们视觉中留下的印象越深。在一定时间里统计出来的浏览次数就叫作网页浏览率。不同的导航网站具有不同的网络浏览人次，因而具有不同的广告作用。这种统计方式存在的问题是网页浏览次数不完全等同于印象。某个主页被调阅时，浏览者并不一定会看到你的图标，因为有时人们为了提高浏览速度而将显示图形的功能关掉。同时，有的人的注意力不在图形上，即使瞥见了，也并未在脑海中留下任何印象。在许多情况下，网页浏览次数往往与点击次数（Hit）交

---

① 自媒体（We Media）又称"公民媒体"或"个人媒体"，是指私人化、平民化、普泛化、自主化的传播者以现代化、电子化的手段，向不特定的大多数或者特定的单个人传递规范性及非规范性信息的新媒体的总称。自媒体平台包括微信群、博客、微博、QQ 群、贴吧、论坛/BBS 等网络社区。其中，微信群、QQ 群已经成为最有效的自媒体传播工具。

叉使用，不同的网站有不同的使用习惯，但两个概念的基本内涵是相同的。

（4）点进次数和点进率。点进次数（Click-Through）是指网络广告被用户打开、浏览的次数。网络广告被点进的次数与被下载次数之比（点进/广告浏览）即点进率（Click-Throught Rate）。据统计，产生点击行为的浏览者一般只占主页访问人数的 2%左右。

（5）单次点击成本。作为一个衡量网络广告费用的标准，单次点击成本（Cost Per Click）的概念很简单。如果你打算为用户每次点击你的广告付 0.50 元的话，你可以找提供这样广告成本计算服务的网络广告商帮助你代理整个策划过程。国外企业在使用这个标准时，仍然需要与相同条件下千人广告成本做一个比较，看哪种定价标准更合算。

（6）伴随关键词检索显示的网络广告。伴随关键词检索显示的网络广告（Keyword-Triggered Net Advertising）是在导航网站或可检索的主页中，根据浏览者使用的检索关键词的不同，在其检索结果中显示不同的图标。例如，当某个浏览者查询花店时，某个花店的网络广告出现在花店的检索结果页上。由于使用这种方式的接受者正是网络广告追求的潜在客户，所以针对性非常强，正是如此，它的价格比一般的网络广告要高得多。

2. 导航网站网络广告的计价方式

（1）按天或月收费方式。很多国内的导航网站是按照"一天多少钱"或"一个月多少钱"这种固定收费模式来收费的。这种收费方式的优点是简单明确，不管效果好坏，不管访问量有多少，一律一个价，客户和网站都容易确定自己的权利和义务。恰恰因为这一点，这种方式已经成为网络的主要收费方式。其广告定价的差异则主要根据各个网站的知名度的不同加以确定。这种方法的缺点是广告客户比较难以了解网络广告的实际效果。

（2）千人广告成本。千人广告成本（Cost Per Thousand Impressions，CPM）是沿用传统媒体的术语，有一个专门公式。根据这个公式计算出来的每千人成本即该媒体计算广告价格的基础。在互联网上，千人广告成本指网络广告每产生 1 000 个广告印象数的费用。比如说，一个广告横幅的单价是 10 元/CPM 的话，意味着每 1 000 人次看到这个广告的话就收 10 元，如此类推，1 万人次访问的主页就是 100 元。由于历史的原因，广告主对这种方式不太接受，导致网络媒体不得不改变策略，逐渐将 CPM 的收费方式排除在主流之外。但一些广告投放平台的广告售卖仍然采用 CPM 的收费模式，如淘宝联盟。

（3）每点击成本。每点击成本（Cost Per Click，CPC）指按每发生一次广告点击行动付费的计价方式。广告主为规避广告费用风险，只有当网络用户点击网络广告，链接广告主网页后，才按照点击次数付给网络站点广告费用。这样的方法加上点击率可以限制作弊，而且是宣传网站站点的最优方式。但也有不少经营广告的网站觉得此类方法不公平，比如，虽然浏览者没有点击，但是他已经看到了广告，对于这些看到广告却没有点击的客户来说，网站等于做了无用功。

（4）每行动成本。每行动成本（Cost Per Action，CPA）指由于广告所引起的购买行为所产生的费用。这种方法根据广告转化效果收费，如按每增加一张订单，每增加一个注册用户收费。

（5）每购买成本。每购买成本（Cost Per Purchase，CPP）是指广告主为规避广告费用风险，只有在网络用户点击网络广告并进行在线交易后，才按销售笔数付给广告站点费用。

（6）每回应成本。每回应成本（Cost Per Response，CPR）以浏览者的每个回应计费。这种广告计费充分体现了网络广告"及时反应、直接互动、准确记录"的特点，但是，这显然是属于辅助销售的广告模式，对于那些实际只要亮出名字就已经有一半满足的品牌广告要求，大概所有的网站都会拒绝，因为得到广告费的机会比 CPC 还要渺茫。

3. O2O 网站网络广告的投效收益模型

2014 年大众点评网推出了 O2O 广告价值评估标准，首次将线下收入纳入线上广告投入的评估体系中。一直以来，互联网广告的效果闭环停留在线上数据层面，无法有效形成一个线下效果的评估体系。大众点评依据消费者行为习惯，分析了消费者从"关注"开始到"到店消费"整个过程的核心行为要素。最终通过商户曝光量、到店转化率、单次消费金额的统计建模得出广告投放收益，突破性地把线下销售收入纳入互联网广告的评估体系，建立了一个全新的 O2O 广告价值模型。[①]

为了直接计算线上广告带来的到店消费数量，O2O 广告价值模型引入了可统计的三类数据，即商户曝光率、到店转化率及单次消费金额。其中最重要的是商户曝光率，它所显示的是商户在平台上被消费者发现的情况；而到店转化率则反映的是从被发现到完成消费的比率，通过签到留言、写点评、上传照片、地理定位、团购验证等认定的行为确定其到店行为，并通过交叉去重完成数据的获得。

O2O 网站网络广告投放收益模型可以表示为：

$$广告投放收益 = 商户曝光量 \times 到店转化率 \times 单次消费金额$$

其中，到店转化率=观测周期里访问过该商户商户主页的大众点评消费者的到店次数/在观测周期里该商户的曝光次数。

通过该 O2O 广告价值模型可直接计算线上广告带来的到店消费数量。在全国 10 个调研城市中，大众点评网的每 10 次千人曝光平均可以带来 3 桌餐饮美食消费者、7 位丽人消费者和 2 群休闲娱乐消费者，其中上海的效果最好，每 10 次千人曝光可以带来 4 桌餐饮美食消费者、9 位丽人消费和 3 群休闲娱乐消费者。按照大众点评公布的上海地区单人单次人均消费价格 100 元进行计算，上海餐饮美食商户在大众点评网上每 10 次千人曝光即可带来 1 200 元营业额。

4. 网络广告计价方式的比较

无论是每行动成本（CPA）还是每购买成本（CPP），广告主都要求发生目标消费者的"点击"，甚至进一步形成购买，才会付费；千人广告成本（CPM）则只要求发生"目击"（或称"展露"、"印象"），就产生广告付费。从"目击"到"点击"，无疑是一种计量方式的发展和进步。

CPA 是相对于网络广告商而言的，该项花费应该与点击效果、购买次数有关。广告商应该根据点击率、购买和品牌推广情况制定不同的付费标准。对于广告商来说，销售次数越多，他们付给网站发行人的钱也应该越多。在这种情况下，广告商应该从广告位和广告结果两方面考虑付费方式。CPA 的计价方式对于网站而言有一定的风险，但若广告投放成功，其收益也比 CPM 的计价方式要大得多。

每点击成本（CPC）模式意味着广告投放商仅仅为点击其广告的受众付费。对于网站发行人来说，必须吸引更多人来访问他的网站，才有可能提高点击率。但是，从另一方面考虑，网站发行人可以更加定向性地放置广告，从而既节约广告位，又实现较高的点击率。随着定向技术的使用，广告商们开始从 CPC 模式中受益。但是广告商也面临着由于定向而产生的问题，其广告能产生印象的数量变得极为有限，很难产生原有的巨大的品牌效应。

[①] 向阳. 大众点评发布 O2O 广告价值模型[N]. 科技日报，2014-07-23.

随着电子商务的推行，CPA、CPP 等新的计价模式将具有比现在更深厚的生存土壤，但是 CPM 仍然有其巨大发展空间，多种计价模式将相互补充。CPM 未来的一个发展趋势可能是与网站赞助相结合，即让企业赞助与其业务相关的栏目，同时放置网络广告。对于赞助商来说，不但可以得到网络广告的展露机会，还能够用各种方式与网站访问者进行交流，如开辟讨论区、举办相关讲座、进行市场调查、发展在线俱乐部等。其次，各种定向工具的应用，可以使广告更接近目标消费群，使广告展露提高效率，进一步增强与销售的联系。随着评测工具的规范，网站提供的统计趋于真实，以 CPM 为基础的网上广告计价方式仍然有更广泛的应用。

综上所述，CPM 和包月方式对网站有利，而 CPC、CPA、CPR、CPP 则对广告主有利。目前比较流行的计价方式是 CPM 和 CPC，最为流行的仍为 CPM。

5. 网络广告定价过程中存在的问题

互联网的普及使得网络广告正越来越受到人们的重视。越来越多的企业开始采用网络方式做广告。但仍有很多企业对网络广告持一定的怀疑态度。这不仅是因为网络广告很新，没有衡量价格的参照物，而且也是由于没有网络广告有效性的测量标准。这种因素的存在，严重影响了企业使用网络广告的积极性，也极大地阻碍了网络广告的进一步发展。

事实上，客户对网络广告计费的疑虑不是没有道理的。目前，许多互联网站点，如提供内容服务的 ChinaByte、ZDNet，提供搜索引擎及分类导航的站点 Yahoo!、Excite，还有提供电子邮件服务的 Hotmail、Rocketmail，等等，都提供大量的免费服务，这些免费服务的费用主要来自网络站点网络广告的收益。网络广告是维持这些站点正常运转的主要经济来源。由于各个站点的经营情况不同，各站点对广告的计费方法也不一样。有的按照千人广告成本（CPM）收费，有的按照包月式收费，还有的按照实际点击到目的地页面的次数收费。用于网络广告测量标准的含义也不同，如对点击次数（Hit）、印象人次（Impressions）、点进次数（Click-Through）等的定义就各有各的说法。另外，针对消费者背景的统计信息几乎没有。即使在一个站点内部，由于情况复杂，收费标准也有较大差别。

而对于掏钱做广告的客户来说，真正能够解释广告是否有效的，不是点击率、点进率，而是访问者点进网站之后对页面显示出来的兴趣和购买行为。广告商可以用访问者浏览广告的时间、浏览目的地页面的深度和浏览页数等指标来衡量其广告的影响，而掏钱做广告的厂商为的是销售产品或服务，对他们来说，说明广告有效与否的标准只有一条，那就是看了广告后，有多少访问者采取了购买行为，即实际结果。

从广告商和客户两方面推理，可得出结论，衡量旗帜广告有效性的标准应该围绕广告的影响力和实际结果来制定，应该选择能够精确描述影响力和实际结果的衡量方法。仅仅选用点击率、点进率这些指标不能精确反映这两方面的情况，有待进一步改进和补充。

有意在网络上做广告的客户应了解网络广告定价构成中存在的问题，在刊登网络广告时应注意与网络站点服务商谈好价格。

案例

导航网站网络广告的收费标准

导航网站能够提供近30种的网络广告,如文字链广告、通栏广告、矩形广告、焦点图、悬停按钮、巨幅广告、多媒体视窗、全屏广告等。广告收费按照首页、新闻、汽车、体育等不同频道分类。

1. 新浪网络广告收费标准

新浪网为全球用户24小时提供全面、及时的中文资讯,内容覆盖国内外突发新闻事件、体坛赛事、娱乐时尚、产业资讯、实用信息等,帮助广大用户通过互联网和移动设备获得专业媒体和用户自生成的多媒体内容(UGC)并与友人进行兴趣分享。2015Q2—2015Q3 新浪网站通栏广告收费标准如表2-1所示。

表2-1 2015Q2—2015Q3新浪网站通栏广告收费标准

页面	产品名称	售卖单位	刊例价(元)
新闻首页	新闻首页财经新闻下两轮播1000*90通栏06	天	90 000
	新闻首页顶部三轮播1000*90通栏	天	350 000
	新闻首页顶部三轮播定向1000*90通栏	CPM天	90
	新闻首页顶部三轮播非定向1000*90通栏	CPM天	90
	新闻首页非定向1000*90通栏01	CPM天	60
	新闻首页国际新闻下两轮播1000*90通栏04	天	120 000
	新闻首页国内新闻下三轮播1000*90通栏03	天	90 000
	新闻首页体育新闻下两轮播1000*90通栏05	天	100 000
	新闻首页要闻下两轮播1000*90通栏02	天	150 000
财经首页	财经首页顶部三轮播1000*90通栏	天	250 000
	财经首页两轮播1000*90通栏01	天	250 000
	财经首页两轮播1000*90通栏02	天	200 000
	财经首页两轮播1000*90通栏03	天	120 000
	财经首页两轮播1000*90通栏04	天	100 000
汽车首页	汽车首页顶部三轮播1000*90通栏	天	250 000
	汽车首页两轮播1000*90通栏01	天	280 000
	汽车首页两轮播1000*90通栏02	天	220 000
	汽车首页两轮播1000*90通栏03	天	180 000
体育首页	体育首页顶部三轮播1000*90通栏	天	250 000
	体育首页两轮播底部1000*150通栏	天	100 000
娱乐首页	娱乐首页导航区下方两轮播660*90通栏	天	70 000
	娱乐首页顶部两轮播1000*90通栏	天	120 000
	娱乐首页两轮播底部1000*150通栏	天	40 000

续表

页面	产品名称	售卖单位	刊例价
娱乐首页	娱乐首页两轮播要闻区下 1000*90 通栏	天	100 000
女性首页	女性首页两轮播 1000*150 通栏 02	天	55 000
	女性首页两轮播 1000*90 通栏 01	天	70 000
	女性首页与八卦情感图库二级栏目页打通顶部两轮播 1000*90 通栏	天	100 000
时尚首页	时尚首页底部两轮播 1000*90 通栏	天	20 000
	时尚首页两轮播 1000*90 通栏 01	天	50 000
	时尚首页两轮播 1000*90 通栏 02	天	40 000
	时尚首页与美容/美体/时装/尚品/时尚视频二级栏目首页打通顶部两轮播 1000*90 通栏	天	65 000
科技首页	科技首页数码相机栏目首页顶部两轮播 1000*90 通栏	天	50 000
	科技首页数码相机栏目首页两轮播 1000*90 通栏 02	天	40 000
育儿首页	育儿首页底部 1000*90 通栏	天	20 000
	育儿首页顶部 1000*90 通栏	天	35 000
	育儿首页要闻区下 1000*90 通栏	天	25 000
博客首页	博客首页导航区下方两轮播 660*90 悬停通栏	天	80 000
	博客首页底部两轮播 1000*90 通栏	天	70 000
	博客首页顶部两轮播 1000*90 通栏	天	100 000
	博客首页要闻区下两轮播 1000*90 通栏	天	80 000
公益频道首页	公益频道首页顶部 950*90 通栏	天	40 000
健康首页	健康首页底部 1000*90 通栏	天	7 000
	健康首页顶部 1000*90 通栏	天	20 000
	健康首页要闻区下 1000*90 通栏 01	天	12 000
教育首页	教育首页底部两轮播 640*90 通栏	天	30 000
	教育首页顶部两轮播 640*90 通栏	天	40 000
旅游首页	旅游首页顶部两轮播 1000*90 通栏	天	30 000
	旅游首页两轮播 1000*90 通栏 01	天	25 000
	旅游首页两轮播 1000*90 通栏 02	天	20 000
	旅游首页两轮播 1000*90 通栏 03	天	15 000

2. 搜狐多媒体视窗网络广告收费标准

搜狐网站能够提供 10 余种网络广告，如文字链广告、通栏广告、矩形广告、焦点图、悬停按钮、巨幅广告、多媒体视窗、全屏广告等。广告收费按照首页、新闻、汽车、体育等不同频道分类。图 2-1 是 2015Q2—2015Q3 搜狐网站"流媒体+左侧悬停按钮"的广告报价。

第 2 章 网络广告的一般原理

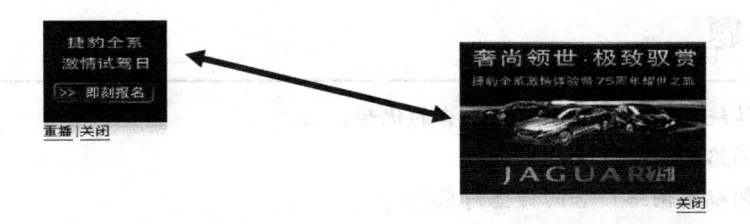

新闻频道首页	汽车频道首页	体育频道首页	财经频道首页	股票频道首页	时尚频道	母婴频道首页	旅游频道首页	健康频道首页	B组其他频道首页	C组频道首页
350 000	240 000	220 000	260 000	140 000	100 000	60 000	40 000	40 000	30 000	20 000
形式说明	仅出现在频道首页。左侧悬停按钮，除和流媒体、特型广告配合外，不接受其他单独预订；除特殊说明外，子栏目广告报价均为所属频道首页报价的一半。 1. 流媒体8秒后消失，不随页面下移，有明显"关闭"字样（搜狐操作）；点击悬停上的"重播"，可在当前屏重播流媒体；点击流媒体上的"关闭"后变为单侧悬停按钮； 2. 宽度为760的页面，点击悬停上的"关闭"，悬停消失； 3. 宽度为950的页面，在大于1024分辨率时，情况同上；在1024及以下分辨率时，点击悬停上的"关闭"后变成单侧悬停标签。鼠标划过后2秒，标签自动打开为悬停。点击标签，重播流媒体。									

图 2-1　2015Q2—2015Q3 搜狐网站常规频道"流媒体+左侧悬停按钮"的广告报价（人民币元/轮换·天）

3. 网易公司"经典频道"的广告报价

图 2-2 是 2014 年网易公司"经典频道"的广告报价。

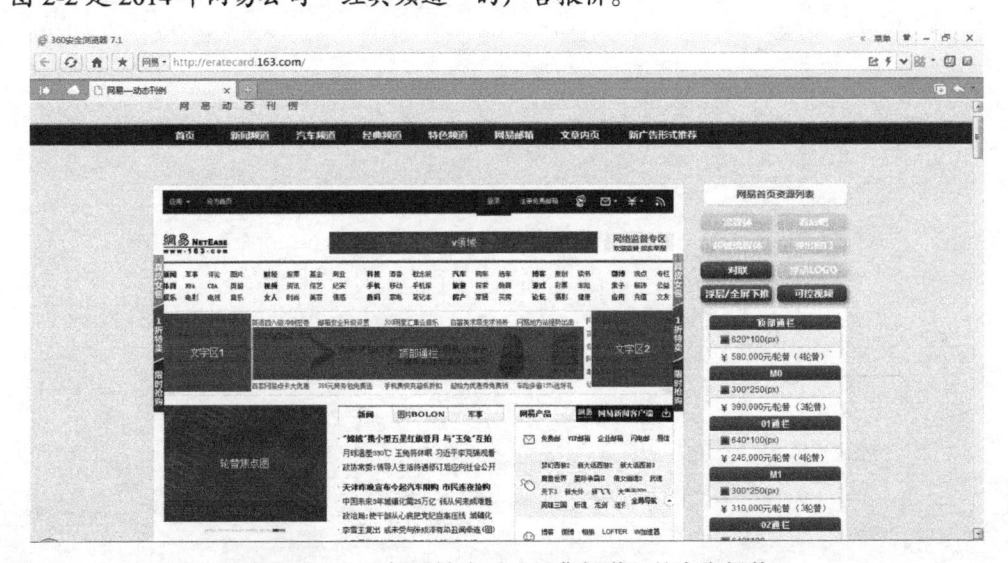

图 2-2　2014 年网易公司"经典频道"的广告报价

思考题

1. 试分析传统广告的弊端和网络广告的优势。
2. 试论述网络广告的基本原则。
3. 企业如何确定网络广告的传播对象？
4. 试分析影响网络广告价格的因素。
5. 名词解释：千人广告成本、每点击成本、每行动成本、每购买成本、每回应成本。

第3章

网络广告策划

网络广告策划是整个网络广告工作的核心,对于确定网络广告的方向,提高网络广告的效果具有重要作用。本章重点研究了网络广告的定位策略、市场策略、心理策略、时间策略、导向策略和表现策略,并对网络广告的费用预算方法进行了探讨。

▶ 3.1 网络广告策划的基本出发点

3.1.1 网络广告策划的定义

网络广告策划,顾名思义是对网络广告的筹划与谋划,是网络广告经营单位在接受要求投放网络广告客户的委托后,对其网络广告活动进行全面筹划和部署的工作。

进行广告策划的主体是网络广告经营单位。网络广告经营单位首先要对广告客户的状况、产品特点有深入的了解,并在此基础上分析市场动态,结合自身承办网络广告的能力和经验制定网络广告的方案,提出预算并预测方案实施之后的经济效益。

网络广告经营单位制作网络广告策划是为网络广告客户服务的。网络广告经营单位对客户的网络广告做出策划,并以书面的形式制定出"网络广告策划书",经广告客户审核、认可,双方签订经济合同,方能生效。如果广告客户对网络广告经营单位制定的"网络广告策划书"不满意,可以提出修改意见,也有权撤销委托。所以,网络广告策划的宗旨是为网络广告客户服务。

网络广告策划包括的内容多、范围广。例如,网络广告主题的安排,网络广告对象的确定,网络广告文案的制定,网络广告方式的选择,网络广告时机的选择,网络广告效果的评估,等等。网络广告策划方案一旦得到客户的认可,就成为网络广告的蓝图。网络广告经营单位将严格按照"网络广告策划书"进行网络广告制作。如果遇到特殊情况需要调整方案时,须及时与客户进行协商,并得到客户的认可后方可对原有策划书进行修改。客户应定期检查网络广告经营单位对"网络广告策划书"的实施情况。

3.1.2 网络广告策划的地位

网络广告策划是整个网络广告工作的核心，但在网络广告客户的整体促销方案当中，它只是组成整体促销策划的一个部分；而对于一个企业促销策划来说，它又是企业整体营销策划的一部分。网络广告策划、企业整体促销方案、企业整体营销策划三者之间存在着相互联系、相互制约的关系。

1. 网络广告策划是整个网络广告活动的核心

首先，网络广告策划在整个广告活动的全过程中处于核心地位，对广告活动的目的、内容起决定作用。网络广告策划必须在广告调查的基础上进行，而网络广告策划又为广告调查提供指导，离开策划指导的网络广告调查就失去了它原有的意义。网络广告计划是网络广告策划的结晶，是它的具体体现。网络广告制作要充分体现广告策划的意图和构思，缺少了策划，广告制作就成为无源之水、无本之木。网络广告效果测定的标准、原则，是经过策划后加以确定的，否则，效果测定将没有任何实际意义。

其次，网络广告策划的实用性也说明了它的这种核心地位。整个策划应对为什么要做网络广告、对谁做、在什么时间和地区做、用什么样的网络广告方式、怎样更高效等问题，做出具体而详细的回答。也正是通过对上述网络广告问题的筹划，才产生了广告活动的成果：网络广告目标、网络广告对象、网络广告主题、网络广告方式、网络广告时机、网络广告效果等。从系统的观点看，网络广告策划处在网络广告活动系统的核心位置。

再次，从网络广告的管理角度分析，策划处于网络广告管理的核心位置。从上面阐述的内容可知，网络广告活动包括许多方面，如果广告主企业中没有专门的广告部门（或营销宣传部门），网络广告业务可委托代理性广告公司操办，其他网络广告管理工作也可交由广告公司代理。但策划或其决策权必须由广告主决策层亲自掌握，以保证网络广告活动满足广告主企业的要求，符合广告主企业的利益。

2. 企业营销是网络广告策划的基础

市场营销是一门专门研究企业微观营销管理的学科，它研究企业的整体营销活动，即市场调查、市场细分、市场选择与定位及产品策略、渠道策略、价格策略和促销策略等问题。企业只有根据当前市场营销环境及自身条件对产品的目标市场进行合理的定位，才能做出正确的营销决策。企业的营销环境包括政治法律、社会经济、科技文化及竞争因素等，这些都是企业不可控制的因素，而它们又对企业具有极大的影响力。企业为了适应这一外部环境，只能适当调整可控因素，而不能与不可控因素"撞车"。企业内部可控的因素主要是产品、渠道、价格和促销四个方面，四者的组合就是企业市场营销组合，从而形成企业的整体营销策略。

促销是企业市场营销组合的一部分。而网络广告作为企业广告的一个分支，是促销的一个重要手段，与人员推销、营业推广和公共关系共同构成企业的促销活动。由此可见，网络广告并不是孤立的，它服从于并服务于企业的营销目标，作为企业促销活动的一部分而存在并发挥作用。

网络广告目标必须服从企业的促销目标，促销目标又必须服从于企业本身的营销目标，而企业的营销目标又必须服从于企业目标。广告目标与企业的促销目标、营销目标和企业目标四者是有机统一体，但又是互有区别的。企业目标是赚取理想利润，营销目标是扩大市场占有率，促销目标是将产品推向广阔市场，网络广告目标是提高产品知名度。这样，通过网络广告提高了产品的知名度，将产品推向广阔市场，从而使广大的消费者指名购买，扩大市场占有率，从而实现利润目标。

市场营销组合的运用是一项很复杂的系统工程。在现代市场营销观念指导下，该组合具有整体性、复合性、多变性，它需要包括广告部门在内的企业各部门的协调一致的行动。因此，市场营销组合从整体上决定、制约着广告，广告必须服从于市场营销的目标和总体要求；同时还要处理好与市场、产品、价格、渠道的关系，而不能孤军作战，自行其是。美国著名的营销学家菲利普·科特勒指出："促销不是市场营销最重要的部分，它只是'市场营销冰山'的尖端。"可见，作为促销手段之一的网络广告，必须以整体营销为基础。没有整体营销，就不会有网络广告的策划。

3. 网络广告策划必须为企业营销服务

网络广告策划为企业营销服务必须注意以下五个问题。

（1）策划要体现目标市场策划的意图。不同企业有不同的目标市场，同一企业不同产品甚至相同产品不同规格、档次也都对应着不同的目标市场。网络广告策划的第一要求就是要充分体现企业目标市场策划的意图，为产品达到预期的市场目标服务，并通过网络广告，给产品寻找一个合适的目标市场以及定位好消费需求的位置和形象。充分体现因地域、年龄、文化、职业等因素而形成的差异化需求。

（2）策划要体现产品策划的意图。一是要体现产品进行网络广告宣传的必要性，不同产品有着不同的促销要求，不能笼统地不加区别地做网络广告。二是要体现产品的差异性，同一产品的不同牌号、同一牌号不同档次的商品的广告都各不相同。网络广告要密切地与产品的特性相联系，体现产品的个性及特色。三是体现产品的阶段性，不同产品生命周期的不同阶段，应实施不同的网络广告。

（3）策划更要体现价格策划的意图。体现产品的观念价格，充分展示产品价格所代表的意义、象征、身份、地位等，以满足消费者的精神需求。

（4）策划要体现渠道策划的意图。必须与企业的销售渠道相适应，而不能南辕北辙。商流、物流、信息流必须"三流并行"，信息流甚至还应早于商流和物流先到目标市场，并为其鸣锣开道。

（5）策划还应为企业整体效益服务。为提高社会效益，网络广告必须为社会提供有益信息，树立企业美好形象；为提高经济效益，广告要力求经济合算。

总之，网络广告策划作为整个广告活动的核心，必须以企业营销为基础，为企业整体营销服务，为实现企业目标服务。企业营销策划规定着广告策划的方向、方法、内涵及外延，对广告策划起决定作用。但网络广告策划也并非完全是被动因素，策划对企业营销策划具有反作用。在开拓市场、实现企业营销目标上，网络广告策划具有主动性、创造性和进取性，直接影响着企业的营销计划，对实现企业营销计划起着不可缺少的先导、辅助和促进作用。

3.1.3 网络广告策划的作用

1. 统领全局，避免盲目性

预先进行周密的策划可以避免网络广告制作的盲目性，使网络广告经营单位的各项工作合理并井然有序地展开。"网络广告策划书"统领着广告宣传工作的全局。

由于广告的对象、市场动态、网站的经营状况等随机因素具有不可测性，使得某些企业对网络广告效果或怀疑或盲目投资。网络广告策划工作就是要改变这种现实。它需要运用科学的方法，在过去经验的基础上，事先将各项宣传步骤安排好。由此可见，网络广告宣传并不是毫无目的、毫无标准地进行的。网络广告经营单位能够按策划书的内容做到事先有准备，行动有配合，事后有总结。当每个步骤完成的时候，都按规定标准测算和检查其是否达到预期的目的。网络广告客户也可以以策划书为依据，做到胸中有数。

策划能提高网络广告经营单位的应变能力。面对突发事件，如果事先有一定的准备，就能够有能力组织和调配力量，克服困难，将不利因素的影响缩小到最低限度，保证网络广告业务的正常进行。

按照"网络广告策划书"开展工作是高水平网络广告经营的表现。策划书展示了网络广告经营单位的业务能力，会使客户认识到自己办理网络广告与委托经营单位承办网络广告大不相同。目前，越来越多的企业家意识到，要进行网络广告宣传必须首先进行策划，并且向广告经营单位提出这一要求，以策划书作为依据对整个活动进行监督、检查。

2. 运筹帷幄，发挥自身优势

任何一家企业都有自己的优势与劣势。企业经营的基本原则之一就是扬长避短。网络广告策划能够发现客户的优势和劣势，据此采用恰当的广告策略，提高市场竞争能力。

企业的优势与劣势往往都是相对于竞争对手而言的。广告宣传揭开了企业竞争的序幕，并伴随着竞争的加剧逐渐升级。网络广告宣传如同一场战役，很讲究谋略。《孙子兵法》中说："知彼知己，百战不殆；不知彼而知己，一胜一负；不知彼不知己，每战必败。"在战争中，"知胜与不胜"的第一步就是"妙算"。网络广告宣传之役也要遵守上述用兵的法则。而其中的"妙算"，就是网络广告策划。通过策划，分析竞争对手状况，可以知道在什么条件下可以与对手竞争，什么情况下不能与对手竞争；懂得自己的优势，以强抵弱；全体人员同心协力，密切配合；用有准备的广告宣传对付毫无准备的竞争对手；充分调动本单位有能力人士的积极性，而不去埋没和制约他们。不打无把握之仗，不打无准备之仗，才能在市场竞争中获胜。没有策划盲目开展网络广告宣传，就会对手不明，四面出击，各行其是，相互制约，也绝对不会收到较好的网络广告效果。

3. 提高效益

网络广告策划的目的是制定广告宣传的长远目标和阶段目标，使长远计划与短期计划有机地结合在一起。客户企业的眼前利益与长远利益应该是一致的，当二者发生矛盾时，眼前利益应当服从长远利益。例如，在网络广告宣传中，一些与外商建立联系或建立公共关系的工作耗资费力，往往短时期内不会或很难得到收益，甚至是毫无意义的，但从长远目标考虑却是非常必要的，这就要在网络广告策划中统筹安排。通过策划将长远计划和短期计划合理衔接，才能使广告客户的眼前利益与长远利益相得益彰。

网络广告宣传是分阶段、按项目进行的。经营单位通过策划编制网络广告费用预算，合理支配和使用客户所支付的网络广告费用。避免出现开始时花钱大手大脚，最后捉襟见肘，不得不另行追加费用的情况。合理地调配资金，会大幅度地提高整个网络广告活动的经济效益。

案例

"冠军水准，美的演绎"

1. 策划背景[①]

（1）活动名称："冠军水准，美的演绎"。

（2）广告主：美的集团。

（3）市场背景：高端消费升温，利润蓝海豁现。随着宏观经济的发展，家电产业升级和结构调整的速度也进一步加快，在这一过程中，企业逐渐回归理性，远离价格战。反映到产业层面上，2008年白色家电企业新品几乎全部打出了中高端的策略。价格不降反升，其中最为明显的数空调涨价。而彩电企业在奥运消费的推动下，也在力推具备新功能、附加价值高的产品。而随着消费能力的提升，消费者对于高价位产品的接受度也有所提升。

（4）市场挑战：作为全球的体育盛事，北京2008年奥运会不仅是提升中国国际地位和形象的盛大体育赛事，对于企业来说，也是一个难得的营销机会和巨大的传播舞台。那么，奥运给家电厂商带来了怎样的发展契机？家电厂商如何借助媒体去推广以提升品牌知名度呢？

2. 策划思路

（1）活动目标。作为中国游泳队、跳水队的主赞助商，美的开展差异化奥运营销，并希望通过互联网的强大互动平台参与奥运，强化美的品牌形象。

（2）策略缘起。每届奥运会我们都会记住一些"招牌瞬间"，运动员的、观众的、激动人心的、欢乐的，甚至不可思议的表情，尤其是奥运明星的招牌动作等，如郭晶晶、田亮跳水的瞬间，刘翔披着国旗环绕体育场慢跑的情景，至今让人记忆犹新，定格在观众心目中。本案例强化图片记载形式，推出美的与搜狐2008体育图片创意解说大赛。

（3）优势。搜狐体育图片海量领先，图片数量远超其他网络。赛前，搜狐是唯一能够在封训备战期间深入到28个大项55支运动队，针对运动员、教练、总教练、中心主任进行高密度采访的媒体。美联社、路透社、法新社、中体在线（国内最权威体育摄影机构）独家供稿，中国体育代表团奥运封闭集训期间唯一专业摄影采访互联网媒体。赛时，则独家享有进驻奥运村、总部饭店、奥运大厦和所有赛场的权利，赛时搜狐独家赛场原创照片900张/日，总计日更新图片2 400张。

3. 活动描述

（1）核心理念。围绕美的的"美"，以搜狐为平台，用图片讲述奥运的思路，开展美的网络互动活动。即打造一个专属美的的、整合搜狐独家图片优势资源的奥运营销平台——美的图片旁白大赛：让网友根据搜狐奥运前方记者拍摄回来的照片设计旁白，形成趣味丰富的互动作品。通过美的解说大赛活动，让网友在参与活动的同时与美的品牌与产品进行互动，借助搜狐媒体的传播平台和互动平台，广泛传播美的游泳和跳水赞助商的身份，迅速提升美的品牌知名度与美誉度。

（2）项目阶段。

[①] 搜狐网. 冠军水准，美的演绎[EB/OL]（2011-01-14）[2011-01-30]. http://case.iresearchad.com/html/201101/14065 85913.shtml#..

第一阶段：5月27日—8月7日。每2周为一期，共5期，每期有3组图片，网友为图片配上创意解说并提交作品，网友对喜欢的作品投票。本阶段选出5期15名获奖选手。

第二阶段：8月8—31日。每1天为一期（周末除外），共16期，每期有1组图片，网友为图片配上创意解说并提交作品，网友对喜欢的作品投票。本阶段16期共选出16名获奖选手。

第三阶段：9月1—10日。第一阶段15个、第二阶段16个共31个获奖作品终极PK，网民和评判重新进行投票及评分，评出最终大奖。

此外，为了放大美的品牌与中国跳水队、游泳队的合作，还增加了线上的辅助活动，包括为表达美的支持奥运的意愿开展的T恤创意祝福活动，以及跳水在线小游戏，增加了网民的参与性和黏着度。

（3）广告展示。活动设计了系列广告（见图3-1）。各种广告在搜狐首页、奥运频道、社区等重要位置广泛推广。活动网址为：http://midea.sohu.com。

图3-1 "冠军水准，美的演绎"设计的系列广告

4. 广告效果

创意策略所产生的效果显著，网民对活动参与的积极性越来越高，受到的关注也越来越多，活动开始至7月20日总流量已达920万人次。随着项目的推进，尤其是奥运会期间，参赛作品急剧上升（见表3-1）。

表 3-1 "冠军水准,美的演绎"作品数与投票数统计表

	上传作品数（个）	投票数（张）
第一期（5.27—6.9）	778	12 548
第二期（6.10—6.22）	1 985	13 242
第三期（6.23—7.6）	2 451	14 033
第四期（7.7—7.20）	2 578	45 746

广告主认为，通过美的解说大赛活动，让网友在参与活动的同时与美的品牌与产品进行互动，借助搜狐媒体的传播平台和互动平台，广泛传播美的游泳和跳水赞助商的身份，迅速提升美的品牌知名度与美誉度。

3.2 网络广告策略

网络广告策略是网络广告策划的最终成果，是实现网络广告目的的方法、手段。制定网络广告策略是一项创造性的劳动，策略的成败决定着网络广告宣传的成败。

网络广告策略包括定位策略、市场策略、心理策略、时间策略、形式策略、诉求策略等。

3.2.1 制定网络广告策略的基本要求

网络广告策略的制定有四个基本要求。

（1）符合网络营销策略的总体要求。网络广告策略是为网络营销策略的实施服务的，因此，网络广告策略应与网络营销策略密切配合。

（2）处理好广告表现与内容的相互关系。广告表现对于广告作品十分重要，广告表现的成败关系到广告的说服效果，因此，制定广告策略要处理好形式与内容的关系，防止虚夸，避免决策失误。

（3）要灵活运用广告策略。灵活运用广告策略，也就是广告要因时、因地、因人、因产品而异。根据不同的环境，需要综合运用多种广告策略。

（4）要准确地反映广告的主题思想。广告策略偏离了广告主题，广告受众也就抓不住中心，不知道广告要诉求什么，就不能形成统一的、准确的概念，当然也就达不到广告的预期效果。

3.2.2 网络广告定位策略

定位策略是网络广告诸策略中最为关键的策略。定位恰当，其他策略才能够有效地发挥作用；定位失策，其他策略便全无意义了。

1. 网络广告定位的概念

所谓网络广告定位，就是网络广告宣传主题定位，就是确定诉求的重点，或者说是确定商品的卖点，企业的自我推销点。如果说网络广告创意与表现解决的是"怎么说"的问题，那么网络广告定位解决的则是"说什么"的问题。

对绝大多数网络广告作品来说，宣传的根本目的是劝说目标公众购买网络广告主的产品、劳务或提高网络广告主的知名度。用什么理由来说服呢？独特的理由，即不同于同类产品、同类服务、同类企业的理由，越独特，越不同于他人，说服效果就越好。这种独特性，就是网络

广告诉求的重点，也就是网络广告宣传的主题所在。

就其实质而言，网络广告定位也就是网络广告所宣传的产品、劳务、企业形象的市场定位，就是在消费者心目中为网络广告主的产品、劳务或企业形象确定一个位置，一个独特的、不同于他人的位置。产品、劳务、企业的市场位置确定了，网络广告宣传的主题、特殊理由也就确定了。

2. 网络广告定位理论的发展与相关问题

确定产品、劳务、企业形象的市场位置，寻找一个说服消费者的特殊理由，并非随心所欲凭空想象出来的，它是调查与研究的成果，是对网络广告所宣传的产品、劳务、企业形象自身特点与市场情况调查研究的成果，是实践与理性思维的成果。

（1）"从内向外"的定位理论。随着生产技术和市场经济的进一步发展，同类产品间功效、品质差异越来越小，一种畅销产品上市，很快就会有大量生产厂家的类似产品面世。因此，仅靠产品本身的特点占领市场是很困难的，以产品的特殊功效、品质为基点的定位理论也就显出了局限性，于是人们把更大的注意力集中于塑造企业形象。20世纪60年代中后期被称为"形象至上"时代，企业形象系统理论（CIS）发展起来，借助企业良好形象推销产品、占领市场成为重要的营销策略，被誉为"形象时代建筑大师"的美国网络广告泰斗大卫·奥格威的品牌形象定位理论应运而生。这种理论，把产品看作一个"人"，人是有形象的，这个产品"人"的形象是网络广告策划者根据产品个性和消费者的审美心理设计出来的，网络广告所推销的正是这种设计出来的产品形象。这种产品形象网络广告，既具有企业形象网络广告的特征，又具有产品网络广告的特征。

以上两种定位理论又被称为"从内向外"的定位理论，即从网络广告主的产品、企业这个"内"出发，到消费者、市场这个"外"的定位思路。

（2）"从外向内"的定位思路。随着市场经济更充分的发展，消费者在市场中的地位越来越重要。市场竞争，实际上就是争夺消费者的竞争，消费者被视为企业的"上帝"。为消费者服务，从消费者需要的角度考虑生产与销售的市场营销观念发展了起来。一个有见地的企业，不仅仅应该生产消费者现在所需求的产品，而且应该为消费者设计生活，引导消费，创造新的消费需求。适应这种营销观念的新的网络广告定位理论也就应运而生。就是说，把网络广告定位的基点建立在消费者的心理上而不是产品个性上。这也就是"从外向内"的定位思路，即从消费者、市场这个"外"到产品、企业自身这个"内"的定位思路。

从商品、企业自身出发转向从消费者、市场出发，是市场营销观念的重要发展，也是网络广告定位理论、定位策略的重要发展。

这种理论认为，定位就是为产品在消费者心中寻找一个有利的位置，使消费者一旦产生某种需求时，首先想到的是已在他们心中占有特定位置的某一品牌。所以有人认为，这种定位的实质就是消费者心理占领，而为了在消费者心中牢固地占领一个位置，网络广告宣传需增强消费者对商品的多种期望，并能向消费者证明这多种期望能够得到满足。

定位理论的创始人美国营销大师阿尔·里斯（Al Ries）认为，在消费者心中占有"领导者"地位、"第一"地位的品牌，有很多优势，其市场占有率比第二品牌多一倍，第二品牌又比第三品牌多一倍。

怎样建立第一品牌呢？最重要的是让品牌首先进入消费者的心智，先入者为主，并不断加强消费者最初获得的观念。

如果一个品牌在消费者心中占有"领导者"地位，后来者是很难从正面与其争夺市场的，即使后来者品质更好，也往往行不通。

阿尔·里斯认为，后来者想在市场上站住脚，就应该重新寻找位子。怎样找？一是钻空子，二是建立新秩序。任何一个市场总会有一定空隙，"领导者"品牌甚至第二品牌、第三品牌也不可能满足所有消费者的所有心理需求，这些空隙，比如消费者特殊心理空隙、年龄空隙、性别空隙、价位空隙等，就是后来者的位置。建立新秩序的定位，就是用新的观念和占领导者地位的品牌划清界限，撇开消费者心目中已有的第一、第二秩序，建立一种新的秩序，让自己的品牌成为最先进入消费者心中的品牌，成为新秩序、新观念的第一品牌。

这是一种更加重视市场因素，更加重视竞争对手和消费者因素的定位理论。这种"从外向内"的定位方法也被认为最重要的定位方法。

（3）知己知彼知心——定位分析的重要方法。无论采取哪种定位理论，都须对网络广告所宣传的产品、劳务或企业形象及市场进行调查与研究，进行综合的理性分析，做到知己知彼知心，也可称为"三知"。"知己"，就是对网络广告主的产品、劳务、企业形象进行分析研究，了解其优点、特点及不足；"知彼"，就是了解竞争产品、劳务、企业的优点、不足，了解其销售战略、网络广告定位、市场占有率及销售渠道，以及消费者对它们的态度等；"知心"，就是了解消费者的需求心理、消费观念、消费行为乃至兴趣、爱好，以及对媒体、对艺术等的态度。

无论是"从内向外"还是"从外向内"定位，"三知"都是缺一不可的。"从内向外"的定位，把"知己"作为定位的出发点，即把产品、劳务、企业形象、自身特点、个性作为说服消费者的特殊理由。但这种特点、个性，正是与竞争对手相比较而存在的，没有"知彼"，也就不能完全"知己"；而特殊理由要能够说服消费者，又必须"知心"，知道消费者的需求心理，否则就是无的放矢。对于"从外向内"的定位来说，虽然更侧重于消费者心理因素，使"知心"成为定位分析的第一步，但并非"知己"、"知彼"不重要。比如分析消费心理的市场"空隙"，就离不开"知彼"，而对"知心"的分析，对市场"空隙"的分析，又离不开"知己"，因为只有在网络广告所宣传的产品或劳务能够满足消费者的期望，满足消费者的某些需求心理，能够填补消费心理的某些市场"空隙"时，定位才是正确的。

可以说，在定位分析中，"三知"是缺一不可的。它是定位分析的重要方法。

（4）网络广告定位与费用问题。早期的互联网行业在广告投入上是不计成本的。"烧钱"成为20世纪末网络经济的代名词。经过21世纪初网络经济的大调整，不考虑宣传效果的网络广告攻势有了一定程度的收敛，许多企业面临着如何利用有限的资金取得尽可能好的推广效果这一营销战略的基本问题。

由于评价方法不同，很多咨询公司关于网络广告效果的调查结果大相径庭。虽然一些标志广告的点击率比较高，但很多网络广告的点击率通常在1%以下。即使这样，网络广告仍然是最重要的网络营销手段之一，尤其在吸引新用户方面，具有明显的推广效果。

媒体广告成功的关键就是能够把明确的、具有新意的信息准确地传达给目标观众，相信许多营销专业人员都会同意这种观点。一般来讲，只有在广告信息恰好符合某人兴趣时，他才会表现出较大的注意力，这就是广告定位的基本原理。这种道理也许无须过多解释，但是，营销定位是有代价的，有时代价还很昂贵。

不容置疑，有效定位是营销战略的基本内容。但是，从茫茫人海之中找出符合条件的目标受众，是非常困难并且可能代价很大。在确定网络广告方案时，往往要面对这种情形：是选择一个高度定位的专业网站（也许一天的费用超过60万元人民币，如搜狐主页的通栏广告）呢，还是选用一个费用相对低廉而受众面较宽的网站呢？

要回答这个问题，不仅要明确被宣传的产品或服务的特性，而且还取决于如何对目标受众这一概念进行定义。在现实中，一些广告主对于网络广告的定位与成本之间的关系往往存在比较明显的两种极端的错误认识。

第一种错误：加大定位的成本。如果广告对较大范围内的观众都具有影响力，而广告主没有认识到这一点，只在高度定位的网站投放广告的话，这种定位的成本就会变得比较高昂，因为专业定位的广告媒体价格肯定比公共媒体要高。

第二种错误：降低广告的效果。与第一种错误情形相反的是另一个极端，即为了节省费用，不考虑目标定位，通常是在廉价的广告网站中或者在廉价的时段投放广告。

在正常情况下，应该兼顾广告效果（定位）和广告费用，而不是从一个极端走入另一个极端。以旅游网站的在线广告为例，假设有10 000元的广告预算，在非目标定位网站，可能每千人广告成本（CPM）只需要2元，而在一个高度定位的网站或频道，广告价格每CPM可能需要40元。也可以这样理解，如果在一个面向一般公众的旅游网站可以购买500万次印象（不否认其中可能有相当比例的在线旅游用户），在定位网站也许只能投放25万次标志广告。对于这个问题，广告主应该如何选择呢？两种方案哪个效果更好一些呢？

在这一特定案例中，似乎在公众类的网站中增加广告显示次数更具吸引力，因为网上旅游服务是现在最流行并且发展最快的在线服务，旅游广告可能吸引大部分网民的注意，潜在用户可能出现在网上任何地方，而不仅仅局限于和旅游有关的场合。

关于广告投放方式选择的另一种判别方法是从公众曝光中获得的价值。广告主从目标定位网站获得的直接利益可能是公众网站的20倍。但是，如果将广告投放到数以千计的其他网站，可能会有更多的人看到，从而扩大了广告的覆盖范围。在网络广告中，覆盖范围这一要素可能经常被忽略，事实上，扩大网络广告的覆盖范围，吸引更多的新用户比在一些大型网站重复显示标志广告效果要好。

在某些情况下，购买廉价、非定位的网络广告几乎不可能取得效果，例如，对于一些特殊行业的产品和服务（如B2B网站、医疗网站等），最好选择高度定位的媒体投放广告，或者采取其他广告形式，如E-mail营销或在搜索引擎相关类别中的页面放置标志广告等。如果广告主对网络广告效果的关注是实际的点击率而不是印象的话，采取目标定位广告的方式更为理想。

（5）偏好——网络广告定位策略的重要影响因素。在许多情况下，广告主预期的目标受众可能界于高度定位和大众媒体这两种极端情形之间，应该如何选择合适的广告空间呢？最重要的是首先要了解受众的行为和特点，在没有其他证据可以明确表明广告效果的情形下，"定位"无疑是扩大覆盖范围的首选策略。

定位策略的制定在极大程度上顾及受众的偏好，由此相应制定适宜的网络广告策略。如果一个浏览者登录新浪网，而他又是新浪的注册会员，那么他的个人资料会立即通过一种广告管理系统被广告商获知，这些资料包括这位浏览者的性别、年龄、职业、爱好、所属地区等。根据这些资料及他正在浏览的内容，广告商可以从备选的横幅广告中选出他会乐于接受的广告并发送出去，于是这位浏览者就会在当前的页面上看到这则广告了。也就是说，一位正在浏览时尚生活类内容的年轻女性是绝不会看到IBM笔记本电脑广告的，但很可能会接到某种化妆品的广告。新浪网为其广告客户提供的这种定向投放广告的功能，是在选择了谷歌旗下的

DoubleClick 公司的 DART 广告定向发布系统后具备的，在使用了 DART 系统后，新浪网可以根据广告客户的不同目标用户和投放需求，进行用户的特征甄别，根据用户的基本信息、上网习惯和兴趣取向等因素，确定最符合客户需求的网络用户并进行广告的定向投放，使客户所购买的在线广告发挥出最大的效用。

3. 网络广告定位策略的类型

网络广告定位策略发展至今已进一步得到细分，基本上被划分为产品定位策略、产品附加值定位策略、抢先定位策略、比附定位策略、空隙定位策略、品牌形象定位策略、企业形象定位策略、网络广告文化定位策略等。

1）产品定位策略

广告的最终目的在于促进产品销售。产品能否对消费者产生吸引力，主要在于产品的个性与特色所产生的魅力。而产品的个性与特色不仅存在于产品实体中，也存在于产品的附加值中。网络广告对产品的宣传策略，关键是造成产品的差别化，这是网络广告策划中的灵魂。

广告产品策略首先要运用市场细分的方法，把产品定位在最恰当的位置上，突出产品的差别化，使消费者在接受产品的过程中得到某种需要的满足。产品定位策略有以下几种类型。

（1）市场定位。市场定位就是把市场细分的策略运用于网络广告活动，确定广告宣传的目标。传统广告定位时，根据市场细分的结果，进行广告产品市场定位，不断调整自己的定位对象区域。而网络广告在进行时，存在较多不便，因为互联网是连接整个世界的网络，要准确细分市场存在一定难度。

（2）功能定位。这是指在广告中突出广告产品的特异功效，使产品与同类产品有明显的区别，以增强竞争力。广告功能定位是以同类产品的定位为基准，选择有别于同类产品的优异性能为宣传重点。

（3）质量定位。质量不仅有人的主观感受好坏的问题，还有一个客观质量的高低。因而广告中如果要突出表现产品质量优势，不宜笼统地宣传质量高、品质好，还需要对产品质量因素加以分析，选择有代表性和典型性的质量因素加以表现。

（4）价格定位。价格定位目的在于突出商品价格特点，给消费者造成一种良好的印象，由此吸引他们选择购买本商品。一般来说，由于供应链较短，网络上销售的产品具有价格优势。

（5）品名定位。产品的名称，应像给人起名一样有一番讲究。是否上口，是否易懂易记，字样是否美观，该不该有寓意等都应该有所掂酌。

2）产品附加值定位策略

现代营销学认为，产品是一个复合的概念。产品是指能提供人们使用和消费者可满足某种欲望和需求的东西，包括实物、服务、场所等。在现代市场消费中，对产品概念的理解不能只停留在具体的用途和形状上，而必须从整体上去把握。产品附加值是消费者购买产品时得到的附加利益，如运送、维修、安装、保险、使用培训等。在网络上，这种为产品增加的延伸服务更全面、更及时，已日益成为吸引消费者的手段。

3）抢先定位策略

心理学研究证明，首先进入大脑的信息，常常有不易排挤的位置。抢先定位策略就是利用人们认知心理先入为主的特点，使网络广告所宣传的产品、服务或企业形象，率先占领消费者的心理位置，这被认为最重要的定位策略，也是网络广告界最重视的策略。

这一策略最适宜于新产品上市，特别是那些标新立异能够引导消费的产品。采用高频率强刺激率先抢占消费者心理位置策略，往往能一举成名，使产品成为同类中第一品牌、领导者品牌。当然，一举成了名，并不等于永久占领，还须以持续不断的网络广告沟通与消费者的情感，来巩固这种地位。老产品进入一个新的市场，进入一个还没有竞争强手的市场也可以采取这种抢先定位建立领导者地位的策略。

4）比附定位策略

这是一种攀龙附凤的定位方法。第一品牌、领导者地位已被别人占领，跟进者要想正面抗争十分困难，于是聪明的网络广告主或网络广告人往往委曲求全以比照攀附领导者的方法，为自己的产品争得一席之地。

5）空隙定位策略

这也是跟进者重要的定位方法，它是一种钻空子的方法，即寻找消费者心中的空隙，网络广告宣传的重点是填补这种空隙。有一个空子就可能确立一种定位，没有空子还可以创造空子。下面是几种常用的空隙定位方法。

（1）特点空隙。根据网络广告产品、劳务或企业自身的特点，寻找消费者心中与之相应的需求空隙定位。以产品特点在消费者心理上形成的空隙定位，是最多见的。这种定位常常隐含网络广告产品与竞争产品间的比较。

（2）价位空隙。产品功效、品质如果与同类产品比较没有明显特点时，可采用价格定位策略。一种是低价定位策略，满足消费者物美价廉的需求心理；一种是高价定位策略，满足有的消费者追求高贵、豪华的心理。

（3）性别空隙。以消费者的性别定位。

（4）年龄空隙。针对消费者的不同年龄定位。

（5）时段空隙。比如一些夜间专用化妆品、夜间专用药品就是以时段空隙定位的。一般人用药、用化妆品都在白天，夜间便成了空隙。

（6）消费习惯空隙。根据消费习惯或这种习惯的变化形成的需求空隙定位。美国的"哈维芳醇雪利酒"是一种高级甜味鸡尾酒，但出现滞销。为什么滞销？调查表明，美国的年轻人在鸡尾酒会上有不愿喝甜酒的趋向，却出现了一种晚餐后饮酒的消费习俗，许多人在晚餐聚会终了时要吃点干酪、水果及咖啡，或者选择一杯酒。于是网络广告策划者们决定把雪利酒的定位从鸡尾酒会改为晚餐聚会后，这样就避开了和其他酒在鸡尾酒会上的直接对抗。人们在晚餐后喝咖啡时加饮一杯雪利酒，可能会觉得比别的酒更甜。网络广告词写道"在喝咖啡时永远不要忘了芳醇的雪利酒"，从而使网络广告获得了成功。

6）品牌形象定位策略

根据产品的个性和消费者的审美心理塑造一个产品形象，并将这个形象植入消费者心中。这个形象一旦被消费者所喜爱，就会在消费者心中形成牢固的品牌地位，消费者与其说是为了满足某种物质需要而购买这种品牌的产品而不买其他，倒不如说是因为喜欢这种品牌所表现的一种形象、满足一种精神追求而购买。

品牌形象定位策略可以和抢先定位策略、比附定位策略、空隙定位策略等结合运用。品牌形象策略多运用于高档消费。

7）企业形象定位策略

公共关系网络广告直接或间接推销的是组织自身形象，对于企业来说，就是企业自身的形象。企业的特点，企业的价值观，企业的文化，企业对公众、对社会的责任等，常常是企业公关网络广告宣传的主题，也就是此类网络广告的定位。而企业的特点、价值观、文化及对公众和社会的责任等，正是企业形象的重要表征。

8）网络广告文化定位策略

文化是人们对自然、社会及自身的认识的积淀。由于人类的认知是循序渐进、由浅入深的，因此，文化也就有不同的阶段，即具有不同的发展层次。不同国度、不同民族对自然、社会和自身认知的基本方面一旦形成，往往具有较大的惯性，进而形成相对的特色，呈现出民族文化的多样性和发展的阶段性。

网络广告作为进行网络营销的手段之一，是以文化为基础的。从文化层次发展的非均衡性特点出发，网络广告与传统广告相比，最大的特点就是它所宣传的信息要涉及不同的国家、不同的民族和不同的文化。网络广告作为广告行业的"新贵"，在制作网上所发布的内容时，不能循规蹈矩、千篇一律，而应该特别突出广告的文化风格。尽管对于商业广告活动来说，其目标不外乎是推销商品、追逐利润，而在不同区域的市场上，实现这一目标的方法和手段却不尽相同。网络广告没有放之四海而皆准的灵丹妙药，但有特色文化、宣传目标明确的广告则是最能被网民所接受、最能达到推销商品的愿望的。

网络广告的文化定位离不开本土这一基本坐标点，因此必须先客观分析自身所处文化的优点和不足，合理定位，才能扬长避短、充分发挥优势，同时还要充分了解广告受众所处的文化背景，以其最容易接受的方式进行广告创意，以增强针对性，避免无的放矢。只有这样，才有可能避免因"水土不服"而引起的消化不良。事实上，在网络广告的活动中，与异域文化的交融占了相当的比例。在互联网时代的今天，信息共享是基本原则，制作精美、创意非凡的广告不用花太大的力气推广就会吸引全球的网民参与传播，更会吸引更多的网民登录网站欣赏。所以网络广告制作者所制作的每一幅广告画面，必须使用能被所有相关文化认同的信息符号；设计的每一项广告促销方案，其主题思想、表现手法及传递方式等必须行之有效且富有创意，必须首先能在文化上被目标市场所接受，这样才会产生良好的效果。

由于文化发展的非均衡性，要进行准确的网络广告文化定位，必须对目标市场的消费者行为进行广泛的跨文化分析。这就要求广告制作者必须具备有关文化的基本知识。按照文化学的观点，有关文化知识主要有两类：一是关于文化的事实知识，二是关于文化的释意知识。事实知识相对较容易，如文字符号等掌握起来比较简单。但释意知识则不同，主要包括对目标市场的道德规范、思维特性、价值取向、民情风俗、宗教信仰、文化教育及社会经济发展状况等的确切把握。只有掌握了这两方面的文化知识，才能对各种相关的文化环境进行客观的分析和把握，才能对由此而形成的各种消费需求的特点做出准确的判断。

3.2.3 网络广告市场策略

任何一个企业的任何一种产品，都不可能满足现代社会所有人的需要。这就要求企业必须认定自身产品的销售范围、销售对象。这个被认定的销售对象，就是产品的目标市场，也就是网络广告宣传的目标市场。比如，婴幼儿洗发精的目标市场是年轻的父母，写字板的目标市场是小学生。有的产品目标市场可能是多个，如书架的目标市场有图书馆、学校、机关、知识分子家庭等多类。

认定目标市场，是推销产品的第一步，也是建立网络广告策略的第一步。目标市场不同，网络广告的创意、表现及媒体运用方式都会有所不同。

1. 认定市场的依据

认定目标市场的依据有二：一是网络广告产品自身的功效，即网络广告产品能满足消费者某一种或几种需要的功效；二是市场需求情报，即市场上哪个地区或哪个阶层的人，需要这种产品。

所认定的目标市场，应具备以下两个条件。

其一，目标市场内所有的人必须具备一至二条基本相同的条件，如收入、受教育的程度、职业、消费习惯等，这样才能明确地划分出目标市场的范围。

其二，目标市场必须具备一定的规模。因为太小的目标市场购买力相应也小，如果网络广告投资大，就会得不偿失。

2. 划分市场的方法

划分目标市场的方法有多种，以下几种是常见划分方法。

（1）按经济地位划分。就是按消费者经济收入的不同，划分出不同的目标市场。比如，美国王安家用电脑问世伊始，认定的目标市场是具有一定文化素养的中等经济收入的家庭，根据这一目标市场而确定的网络广告活动策略以展示会为主，并配合以专业性媒体网络广告宣传，结果很快打开了局面。

（2）按地理环境划分。不同的地理环境，会使居住在不同地区的人形成不同的生活需要。同一地理环境，则会使生活在同一地区的人形成某些共同的生活需要。比如，生活在多雨地区的人需要雨具，而居住在高寒地区的人则需防寒用品。因此，雨衣、雨伞、雨鞋等，可把多雨地区居民作为主要的目标市场；而羽绒、裘皮服装和皮靴等则应以高寒地区居民为目标市场。

（3）按人群素质划分。不同社会阶层的人，所受的教育、所从事的工作不同，他们的经济状况、需求水准、兴趣爱好、审美倾向乃至生活习惯都不尽相同。比如，消遣性读物的目标市场主要是文化层次较低的职工群体，而学术性刊物的读者群则必定在高文化素养的学者阶层。

（4）按购买量划分。在广泛的市场调查基础上，把网络广告产品的所有消费者，按照其购买频率、消费速度等，划分为重消费者、次消费者、轻消费者。重消费者是购买产品最多的人，也是网络广告宣传的主要目标市场。

其他还有按照性别、年龄、职业等划分的方法。

3. 适时调整市场

适时调整市场意味着所认定的产品目标市场要尽可能和需求该产品的消费者群体范围相吻合。目标市场确定得过大，势必要增加网络广告投入，造成浪费；目标市场确定得太小，又必然影响产品市场的开拓。不过，即使产品问世之时，目标市场确定得很合理，但随着市场的总体运动，随着消费者的变化，某一具体产品的目标市场也可能发生变化。网络广告主要及时认识自身产品的市场需求变化，及时调整产品的目标市场，才能收到良好的宣传效益。比如，美国有一种儿童洗发香波，原来的销量很好，但由于近年来婴儿出生率下降，它的目标市场逐年缩小。为了提高销量，网络广告主便强调该儿童洗发香波含碱量小、对头发毫无损伤这一性能，把爱好体育运动而因此经常洗澡洗头的青年男女作为新的目标市场，为该产品开拓了新的市场，取得了很好的效果。

4. 网络广告市场与网络广告宣传策略的关系

网络广告目标市场的特点，决定着网络广告宣传的对象、诉求重点、诉求方式及媒体的选择与运用。

网络广告宣传，必须瞄准目标市场的诉求重点；网络广告所采用的诉求方式，应尽可能符合消费对象的心理，为消费对象所喜闻乐见；网络广告所采用的媒体，必须能覆盖目标市场。

1）网络广告投资市场策略

如何分配网络广告资金，或者说网络广告的投资重点应放在什么样的市场，是网络广告市场策略的有机组成部分。

根据产品生命周期确定网络广告投资额是常用的方法。产品生命周期，指的是产品从引入市场到被市场淘汰的过程。这个过程一般可分为引入期、成长期、成熟饱和期、衰退期。不同的时期，网络广告诉求的重点、目标、手法、媒体选择、网络广告投资都有所不同。

（1）生命周期之初即引入期，因为是刚刚问世的新产品，不为人们认识，消费者多对新产品持怀疑态度，网络广告宣传应着重介绍新产品的性能、作用、特点、价格等有关知识，突出新产品比老产品的优越性，使消费者对新产品消除疑虑，产生好感，尽快在消费者心目中树立起新产品的美好形象。这个阶段的网络广告，也称为创牌子网络广告、告知性网络广告。这个时期也是市场开拓期，一般说没有明确的重点市场，网络广告宣传也是试探性的。

（2）产品经过销售，被一部分消费者接受，产品工艺不断改进，这是产品生命周期的成长期。网络广告诉求的重点是突出产品的可靠性，提高企业和产品的知名度，以增强消费者的信任感，从而加强产品在市场的竞争力，并争取潜在市场。网络广告宣传的模式是说服。这个阶段产品的市场占有率不断提高，潜在市场不断显露，网络广告宣传目的是巩固已有市场，开拓新的市场，重点投资潜在市场。

（3）产品的工艺成熟，市场占有率上升缓慢，需求趋向饱和，与对手之间的竞争激烈，这是成熟饱和期，网络广告诉求重点应是产品的优势、售后优质服务等，以便尽可能保持产品的市场占有率，延长产品生命周期中的这个顶峰期。网络广告宣传的模式是说服加提醒。网络广告投资的重点应该是销售量最好的市场。

（4）产品销量大幅度下降，生产过剩，利润降低，企业准备推出新的产品，这是产品生命周期的衰退期。这个时期既要采取多种促销策略推销产品，又要减少网络广告开支，以免造成浪费。网络广告宣传的模式是提醒消费者不要忘了产品，一般十分简短。

还有一种常用的方法是根据产品市场销售指数确定网络广告投资额。这种方法是把网络广告产品在各个市场上的销售量、销售指数，与同类产品的销售总量和总指数加以比较。如果某一市场内，网络广告产品的销售指数比同种类产品在该市场的销售总指数高或与之相近，那么，该市场对网络广告产品来说是运转良好，可以按照上一年的网络广告费安排网络广告；如果网络广告产品销售指数低于同类产品销售总指数，而产品个性又与目标市场需求相符，则应追加网络广告投资，以提高产品在市场的占有率。

2）网络广告促销市场策略

所谓促销策略，就是促销手段，包括由推销员、售货员进行的人员促销和借用媒体进行的网络广告宣传。两种促销手段，运用哪一种，或者以谁为主谁为辅，如何配合，都要根据网络广告目标市场的大小、产品销售时令性的强弱，以及产品的生命周期变化情况而定。一般来说，目标市场大的商品、创牌子商品、时令性强的商品应以网络广告促销为主；而目标市场狭小的商品，非生活消费品的推销，以人员促销为主。有时候，则需要两者并重。网络广告促销的方式可分为两种。一种是通过商品网络广告，直接给消费者以馈赠，实质上是一种奖励购买的策略，以小的奖品换取更大的销售利润。比如在网络广告上附设网络广告赠券，浏览者可以在规定的地方领赠券到指定的商店购买优惠商品或领取购物奖品，这些购物奖品多是一些带有商品标志的小物品，它本身既是奖品，又是网络广告媒体。另一种方式是间接促销，就是通过各种公共关系网络广告建立企业良好形象,提高企业的社会声誉,从而起到促销作用。

3)网络广告目标市场策略

目标市场是指企业为自己产品选择一定的市场范围和目标,满足一部分消费者的需求。所谓目标市场策略,就是企业为自己的产品选定一定的范围和目标,满足一部分人的需求的方法。

网络广告的投放不是无的放矢,根据市场细分,确定用户群体,针对不同地域的用户群制定不同的市场策略,不仅可以使产品迅速得到认可,而且能使产品优化有路可循。

3.2.4 网络广告心理策略

这里所说的心理策略,是指瞄准消费者购买过程中不同阶段的心理特征,进行网络广告诉求,引导消费者从认知产品直至实现购买。

国际上公认的网络广告心理策略的"五字经"是"AIDAS",即:

A(Attention),引起消费者注意。

I(Interest),使消费者发生兴趣。

D(Desire),使消费者产生购买欲望。

A(Action),使购买欲望变成购买行动。

S(Satisfaction),使消费者购买后感到满意。

这五字经是根据消费者的购买心理过程提出来的。

人们的购买心理大致可分为六个过程、三个阶段,即知觉过程、了解过程、兴趣过程、偏爱过程、确信过程及购买过程。其中知觉和了解过程是消费者对产品的认知阶段;兴趣及偏爱过程是消费者对产品的感情阶段;最后的确信和购买过程是消费者对产品由感情升值到占有的欲求阶段。

1. 认知阶段

认知阶段就是消费者对产品的认识了解阶段。网络广告宣传的任务是使尽可能多的消费者尽快了解产品,并诱导消费者的心理过程从认知阶段过渡到感情阶段。这一阶段须引导消费者完成"知觉"和"了解"两个过程。

(1)知觉。知觉是人脑对直接作用于它的客观事物的整体反映,它是在感觉基础上形成的。知觉是比感觉高一级的认识,但它所反映的也是事物的表面现象、外部联系,属于感性认识。

并不是所有外界事物都会引起人们的知觉。知觉是有选择性的,只有那些引起人们注意的事物,才能产生人对它们的知觉。所以,吸引消费者的注意,即把消费者心理活动引向并集中于广告内容,是实施网络广告策略的第一步。

怎样才能吸引消费者的注意力呢?从网络广告的表现手法说,网络广告信息要给消费者以强烈的刺激,如夺目的色彩、动人的声音、优美的形象、幽默风趣的语言等。还可以用悬念手法激起消费者的好奇心,广告游戏就是这种手法的典型应用。从网络广告的内容说,所传播的信息应是消费者需要的。消费者的意向,根植于其心理的需要。

(2)了解。了解的过程,是认识在知觉的基础上深化的过程,是从感性认识到理性认识的过程。消费者不仅知觉到网络广告产品的外部表象,而且了解了网络广告产品的内在性能、功效、品质之时,即了解了网络广告产品能满足消费者的某种需要时,才是认知阶段的完成。

要使消费者了解网络广告产品,诉求重点就必须是产品的个性特征,以及这种个性特征对消费者需求的满足。

2. 感情阶段

感情阶段也叫情感阶段，它是消费者对网络广告产品在认知基础上形成的某种态度的心理体验。人对外界事物的感情总是和内在心理、生理需要相联系的，感情阶段是从认知走向购买的桥梁。培养消费者对产品的兴趣进而形成对产品的偏爱是网络广告宣传的基本任务。

（1）兴趣。兴趣指的是认识、探究某种事物的心理倾向。兴趣和感情有密切的联系。人对某一事物产生好感，就有兴趣，反之，则无兴趣。对网络广告及其宣传的产品发生兴趣，是消费者认知的深化，是购买决策的感情准备。

兴趣心理特征，要求网络广告设计新颖活泼，富有情趣。应当运用各种表现手法，引发消费者的联想，调动消费者的知识储备，培养消费者对产品的兴趣。

（2）偏爱。偏爱是人对人或者物表示喜欢时的一种强烈感情，是一种肯定性的、积极的心理体验。爱的情感和需要有紧密联系，能够满足人某种需要的事物，才可能被爱。

现代市场上，同类产品竞争激烈，要让消费者购买自己的产品而不是别的产品，就必须培养消费者对自己产品的偏爱感情，只有产生了对某种产品的偏爱，才会产生对该产品的购买欲，进而导致购买行为。

向消费者介绍网络广告产品比同类其他产品所具有的特殊功效，介绍网络广告产品能给消费者带来同类其他产品不能带来的特殊好处，创设一个享用网络广告产品的美好形象或美好生活氛围，都有利于消费者对网络广告产品形成偏爱。

3. 欲求阶段

欲求阶段是购买过程的最后一个阶段，这时，消费者对产品已经很了解，并有了偏爱。但是，偏爱并不等于购买，消费者还可能在几种同类产品之间犹豫。只有在消费者对网络广告产品产生了占有心理，并确信该商品能满足自己的需要之时，才会出现购买行为。

（1）确信。确信过程，就是消费者确实相信网络广告产品能给自己带来某些好处，能满足自己某些需要的过程，这是一个决策的过程。

在这个过程中，网络广告宣传的任务是进一步刺激消费者的购买欲望并使其确信网络广告产品能给他带来好处，能满足他的需要；还需有相应的推销保证和消费指导；馈赠、优惠等也是促成购买行为的有效措施。

（2）购买。购买是将决策变为行动的过程。购买的实现，是网络广告成功的象征。

为了使消费者进入商店购买之时，不致因同类商品的引诱而改变决策，售点服务性网络广告就十分重要了。消费指导、售后服务保证等，是帮助消费者顺利完成购买过程的有效措施。

但是，购买过程的完结，并不是消费心理过程的终结，也不应当是推销活动的终结。购买后经过使用，消费者满意或者不满意，才是购买心理过程的最后完结。

消费者购买后满意还是不满意，直接关系着产品的信誉，关系着产品的市场命运。购买后满意，消费者将继续购买，并会带动左邻右舍也来购买，预示着你的产品市场会扩大；购买后不满意，消费者再也不会光顾，还会向左邻右舍、亲朋好友宣传，预示着你的产品将会失去一部分甚至大部分市场。

怎样才能使消费者购买后满意呢？一是保证产品质量；二是网络广告宣传要实事求是，诚实地向消费者介绍产品的性能、特点、用途、销售保证等；三是做好售后服务；四是如果由于产品自身原因造成消费者的不满意心理，应尽快设法改进产品。

3.2.5 网络广告时间策略

网络广告的时间策略，包括网络广告发布的时机、时段、时序、时限等策略。时限策略与网络广告频次有极为密切的关系。

1. 网络广告时机策略

时机策略就是抓住有利的时机，发起网络广告攻势的策略。有时候抓住一个有利的时机，能使网络广告产品一夜成名。一些重大文娱、体育活动，如奥运会、亚运会、APEC 会议等，都是举世瞩目的网络广告良机。订货会、展览会、重要纪念日、重要人物的光临乃至人物生辰日等，也都可能成为网络广告宣传的良机。

2. 网络广告时段策略

为了实现 Web 广告实时传播，让更多的目标受众来点击或浏览你的 Web 页面，保证点击的较高有效性，这就要考虑网络广告的时段安排技巧了。同时，做好时段安排，还有利于费用的节约。显然，在深夜播放针对小孩的广告是不合适的，只有针对你的特定商业用户在较为固定的时间内做远程广告播放，这才会有效。例如，上班族习惯工作的时候上网，学生习惯节假日上网且时间不会很晚，大学老师习惯晚上上网，这些都是不同受众的不同生活习惯，他们的不同生活习惯对网络广告的传播效果会产生很大的影响。在网络广告时段安排时必须要意识到这一点，并根据具体的广告对象、广告预算、所期望广告效果的强弱，以及参照竞争者的情况来做决定。网络广告的时段安排形式可分为：持续式、间断式、实时式。到底该选择哪种广告形式还得在策划平台的基础上根据具体的情况来决定。

3. 网络广告时序策略

网络广告时序策略就是网络广告发布与商品进入市场谁先谁后的策略。有提前策略、即时策略、置后策略三种。

（1）提前策略。就是在产品进入市场之前先做网络广告，提前引起公众注意，为产品进入市场做好舆论准备。有些新产品网络广告，采用提前策略，还具有吊胃口的作用。提前策略必须和连续多次网络广告策略相配合，如果只做很少几次网络广告，待产品上市后再没有网络广告配合，消费者也许等不到购货，就忘了网络广告产品的品牌。

（2）即时策略。就是网络广告发布和产品上市同步，这是采用较多的策略。消费者看了网络广告，如果想购买，即可在商店买到该产品。

（3）置后策略。就是把网络广告放在产品进入市场以后。采取这种策略的好处是，能根据产品上市后的最初市场反映，及时调整事先拟定的某些不适宜的网络广告策略，使网络广告宣传的诉求重点、诉求方式、目标市场更为准确，更符合实际。

4. 网络广告时限策略

网络广告时限策略是指在一次网络广告战役中，确定网络广告宣传时间长短及如何使用既定网络广告时限的策略。

网络广告时限分为集中速决型和持续均衡型两种。集中速决型就是在短暂的时间里，向目标市场大量投资，利用各种媒体发起强大的网络广告攻势，使网络广告刊播的频率高、信息密集，对目标公众的刺激性强，适用于新产品投入期或流行商品引入市场期，也适用于一些季节性很强的商品。采取持续均衡策略，为的是不断地给消费者以信息刺激，以保持消费者对产品的持久记忆，适用于产品成长期、成熟期。由于网络广告活动持续的时间长，如果始终采取密集型信息传播，花费太大，久之也会引起消费者的逆反心理。如果网络广告信息传递太疏，前后网络广告之间相距时间太长，又可能造成消费者对产品品牌的遗忘。因此，科学地利用人们的遗忘规律，合理地安排网络广告推出次数和各次网络广告之间的时距及各个时间段里的网络广告频率，便成为网络广告策略中重要的课题。

事实上，在具体网络广告策划中，人们常常把集中速决型和持续均衡型综合运用，或者交替运用，这样均衡中既有变化，又有不均衡。因此，具体的网络广告推出方式，或者说一系列网络广告组合方式，便呈如下几种样式。

（1）集中式。这是集中速决策略的网络广告组合方式，在短时间内，把密集的网络广告信息通过各个网站送到目标市场。这种方式，在一定意义上说，是"迫使"公众接受网络广告信息。

（2）周期式。周期式又叫阶段式，就是把网络广告时限划分为若干段，比如，把一年划分为6段，每段两个月，逢双月发布网络广告，单月中止；或者每季度头两个月发布网络广告，第三个月中止。这样，网络广告就成为一种周期出现的状态。它实际上是两种网络广告时限的综合运用。总的网络广告时限较长，如一年。每一周期的网络广告时限较短，如一个月或两个月，每一周期形式上是独立的。

（3）闪光式。闪光式可视为周期式的变种，网络广告时间和间隙时间都比较短，比如，网络广告三天、停歇两天，或网络广告一周、停歇一周，等等。由于间隙时间短给人一种连续网络广告的错觉。在网络广告期限内，网络广告像是闪光灯一样，一亮一灭。其主要好处是能够花较少的钱达到连续网络广告的效果。

（4）连续式。连续式是持续均衡策略所采用的网络广告组合方式。在网络广告时限内，以均衡的方式，如每天或隔天连续推出网络广告。网络广告出现的频率较集中式低，其特点概括为一句话是：低频率、长时间、连续不断。但它与前后两个相邻周期又有内在联系，这样就使网络广告具有一种内在的持续性。其网络广告推出的频率，在均衡中又有不均衡。周期与周期之间，时间间距比较均衡，各网络广告周期的时限也较为均衡。然而在整个网络广告活动时限内，网络广告信息频率则又很不均衡。两个周期之间，网络广告中止，频率是零。在网络广告刊播周期之内，频率则高于连续网络广告方式，但比全方位高密度集中式影响广告的频率要低。

（5）脉冲式。脉冲式是连续式和周期式的一种结合形式。它的组合方式是很少量的连续网络广告加上周期性的加强网络广告。少量的连续网络广告能以少量的网络广告费延续网络广告时限，周期性的加强以周期性的频率把网络广告推向高潮。

3.2.6 网络广告形式策略

网络广告具体形式有多种，每一种形式都有其各自的特点和长处，网络广告策划中选择合适的广告形式是吸引受众、提高浏览率的可靠保证。在选择广告形式时，存在一个策略问题。例如，你的广告目标是品牌推广，想让更多的人了解这个品牌的产品，那么你的网络广告形式就可选择旗帜式或背景品牌式。如果你的广告对象是30多岁的成熟女性，那么广告形式就可考虑用交流式的了。另外，竞争者情况、技术难度和费用预算要求也是影响广告形式选择的因素。

3.2.7 网络广告诉求策略

网络广告诉求策略包括理性诉求策略和感性诉求策略。

（1）理性诉求策略。理性诉求策略指的是广告诉求定位于受众的理智动机，通过真实、准确、公正地传达广告企业、产品、服务的客观情况，使受众经过概念、判断、推理等思维过程，理智地做出决定。

（2）感性诉求策略。与理性诉求策略不同，感性诉求策略不是要告诉我们关于产品的特性或好处，而是要通过激发我们的情感或情绪，使我们获得对产品的好感。

广告设计有9个关键字：对谁讲，讲什么，怎么讲。当明确了对谁讲之后，重要的是讲什么，把重点放在消费者的利益而不是产品的特质上。事实上，消费者购买的是产品所能带给他的好处，而不仅仅是产品本身。就像化妆品卖给消费者的是美、青春、幻想，而非单纯的某种膏状物。事实上，当我们发现了核心产品、实体产品、周边产品不同的奥秘之后，我们就可以明白各种广告在诉求点上的不同了。

当大卫·奥格威在美国计划一项反毒宣传时，他发现利用权威人物来劝说青少年不要尝试毒品，并不是一个很好的策略。原因是这些青少年都觉得自己很聪明，有能力来控制自己吸毒的习惯。结果大卫·奥格威找到了一个更有效的策略：让青少年觉得他们正在被毒贩讥笑。因为，对毒贩来说，这些青少年是容易下手的对象。当这些青少年觉得他们正被毒贩讥笑时，他们就会自发抵制毒品，其效果远好于说教式的宣传。

网络广告也一样，一定要把广告的诉求点表现出来，找到一个好的诉求点就能使广告得到事半功倍的效果。

案例

广告策略：一只牙刷做到亿级曝光

1. 策划背景[1]

Oral-B全球首款蓝牙智能电动牙刷新品上市，这是iBrush系列最前沿的产品，需要开始新一轮产品的集中推广，需要向对生活品位有追求的消费者告知Oral-B新品上市信息，快速引爆品牌和产品理念，并进行深度传播。

新浪通过对品牌的用户洞察，了解品牌属性和受众属性，在短时间内利用大数据跨平台的联动，精准营销、实效传播、多频道覆盖。仅1个月总曝光达到3.2亿次，进行有效电商引流，目标完成率达到141%。

2. 广告策略

（1）媒体选择策略：选择拥有强大传播力和品牌公信力的大数据媒体平台新浪网，进行跨平台实效策略传播。

（2）广告设计策略：设计系列广告，突出蓝牙智能电动牙刷的主要特点，用H5生动页面，产生交互体验，让用户身临其境，塑造品牌产品形象，更高质量、更生动地促成移动端的分享

---

[1] 新浪网. 一只牙刷做到亿级曝光营销策略大起底[EB/OL]（2011-01-14）[2011-01-30]. http://case.iresearchad.com/html/201101/14065 85913.shtml#.

传播（见图 3-2）。

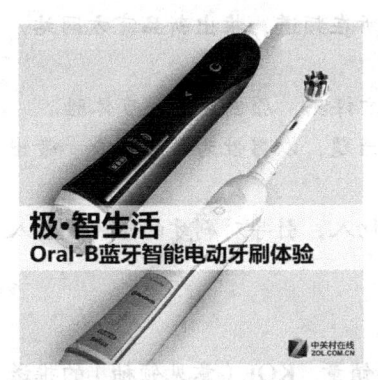

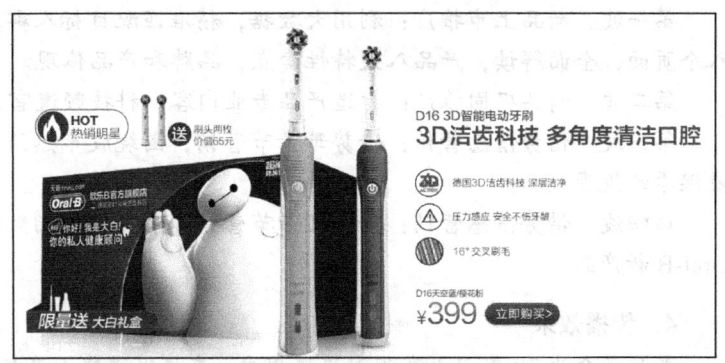

图 3-2 新浪为 Oral-B 全球首款蓝牙智能电动牙刷设计的系列广告

（3）广告推广策略：纵向广告覆盖新浪科技、新浪财经、新浪新闻中心、新浪汽车四大优质内容频道，横向跨越电脑和手机双屏用户，针对受众偏好定制内容，波浪式向客户讲述产品故事，满足电商引流需求（见图 3-3、图 3-4）。同时，利用大数据实现"精准+实效"的策略。实践证明，这是项目成功的关键。

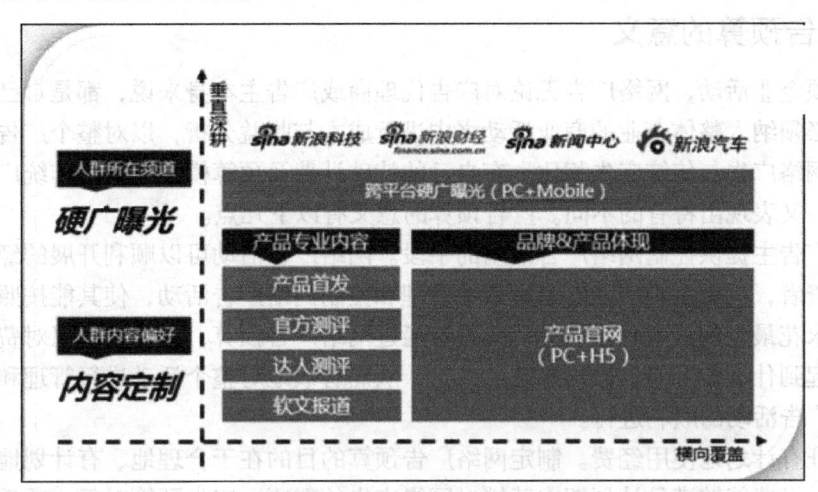

图 3-3 蓝牙智能电动牙刷纵向广告覆盖四大优质频道

图 3-4 蓝牙智能电动牙刷横向跨越电脑和手机双屏用户

3. 项目执行

第一波，新品上市推广：利用大数据，精准匹配目标人群所在频道，推出新品官方网站，八个页面，全面解读，产品八大特性卖点，品牌和产品体现。

第二波，新品巩固推广：打造产品专业内容、科技频道官方评测，原创产品深度体验。

第三波，借势情感营销：借势母亲节营销，围绕股市热门话题，以男性为目标受众，带出最温柔的投资。

第四波，借势情感营销：借势父亲节营销，盘点投资指数切入，引导对刷牙的重视，植入Oral-B新产品。

4. 传播效果

新品受众为30岁以上高收入男性用户，直接促进线上产品销量。KOL（意见领袖）的推送投放，提升新品上市的关注度。此次推广曝光媒体广告投放数据均达预估且表现优秀，达成率141%。

▶ 3.3 网络广告费用预算

3.3.1 广告预算的意义

作为一项企业活动，网络广告无论对广告代理商或广告主本身来说，都是自己经营活动的一部分，它必须纳入整体企业的商业活动之中进行成本与收益分析，以对整个广告计划的效绩进行检验。网络广告与传统广告相比，有自己的特殊计费及预算模式，既与传统广告费用计算有共同之处，又表现出特有的不同。广告预算的意义有以下几点。

（1）为广告主提供控制网络广告活动的手段。网络广告活动可以顺利开展的经济保障是经费。作为出资者，广告主希望能够最有效地管理和控制网络广告活动，使其能按照自己的意愿去进行，力求花最少的钱收到足够高的效益。通过网络广告预算，广告主可以对费用的多少、如何分配、起到什么效果等，做出系统的规定，从而有效地对整个活动进行管理和控制，以确保此次网络广告活动的顺利进行。

（2）保证有计划地使用经费。制定网络广告预算的目的在于合理地、有计划地使用广告经费，使有限的经费能够满足计划期内营销对网络广告的需要。广告预算对每一项活动、每一段时间上应投入多少经费都做了合理安排，并有比例地留出弹性经费以应付突发事件，这就保证了网络广告经费有计划和合理的支出，避免经费支出的随意性和防止工作中的不正之风等造成浪费。

（3）促进网络广告效果的提高。网络广告经费作为企业的一种营销投资，力求发挥其最大的效用，为企业带来尽可能高的效益。通过周密合理的网络广告预算，对经费的支出方向、分配比例做出合理的安排，提出要求，有助于每一项具体的广告活动尽可能达到理想效果，从而可以有效提高整个网络广告活动的效果。

（4）为评价网络广告效果提供经济指标。评价网络广告效果的主要标准是看整个活动在多大程度上实现了网络广告目标的要求。由于广告预算对广告费用的每项支出都做了具体、合理的安排，这就为比较每项广告活动所花费用与所取得的效果提供了依据。所以，通过网络广告预算可以为广告效果评价工作提供经济指标，以更好地评价网络广告活动效果。

（5）广告成本及费用的规模决定了广告活动的范围及深度。成本制约是任何一项商业活动都摆不脱的规律，广告也是如此。有多大的成本才有多大的活动规模，而活动规模也常常为成本预算提供依据。在实践中，网络广告主常常根据广告的计划来进行广告预算，从而获得成本总额。这种制约关系是广告预算最主要的实践功效。

3.3.2 网络广告预算需要考虑的因素

在现代企业经营中，通常都是在一开始就拟定了网络广告预算的大致范围，而且大多是把这项预算设定为长期的固定性的预算，很少编制为可变动预算。

与其称广告预算为固定性的预算，不如称之为固定预算更准确些。它大多采取把一定数额的资金作为广告预算，然后在这个总额范围内进行流动分配的形式。在固定预算情况下，企业的业绩与预算的增减几乎没有什么关系，使用的是早已编制好的预算。这时，若不用完编制好的预算，就会导致下一期的预算减少，所以业务部门很容易会不顾企业的效益而用完预算。

企业在决算期间要对可能的收益进行数次预测，如果估计无法实现预期的收益，就会通过削减预算来改善收益。削减预算当然也包括广告费，不过由于广告费在签订代理合同以后就开始启用了，所以在削减预算阶段通过取消合同来减少经费支出的情况是很少的。

相反，广告预算是提前于某一广告期而使用的经费，其提前的时间有时会达到6个月。如果企业继续存在下去的话，这笔费用在某种意义上应该算提前投资，从费用的性质来看与研究开发费用是一样的。

流动预算是指根据企业业绩的增减而改变的预算，物流经费就是一个例子。按流动预算来编制广告预算，从管理企业损益层面来说是恰当的，但从广告费的性质来看却是做不到的。因为从广告费性质来看，企业的业绩越不好就越要投入广告费来使业绩得到恢复。

如果把广告费定位为提前投资，那么广告预算就不应该只限于本次广告期的预算，而应该把它设定为包含下一个广告期在内的提前数年的预算。但是如果企业效益实在低迷，就很难做到这一点。

企业在运营时必须要把广告预算作为企业的战略预算来对待。可以考虑把广告预算分为用于长期战略需要的部分（如确立和提高企业形象等）和与本期销售有关的、直接用于促销的部分。

制定广告预算时应注意以下三点。

1. 在综合营销领域里考虑广告预算

如何开展市场营销因商品而异，大体上可以分为拉动战略和推动战略。营销战略的展开要随商品所处的阶段而应有所不同，不能因产品价格低就单纯地考虑采用拉动战略。在商品流通阶段，如果能预先估计是采取拉动战略好还是推动战略好，就可以减少失误。

如果在流通阶段采用的是以推动战略为主的流通政策，那么在制定预算时就应该把重点放在如何帮助商家进行促销上；若采取的是鼓动消费者的拉动战略，则应该把预算的重点放在大众媒体上。

2. 在竞争环境下考虑广告预算

当今市场，每种商品所面临的竞争环境都很残酷，其范围已不限于国内，而常常涉及国际市场的竞争。我们从啤酒市场就可以清楚地看到，过去人们都认为国产啤酒与外国啤酒应分别属于不同的市场,而现在则不得不看到它们已属于统一的啤酒市场了。国产商品受到外国商品销售价格的冲击而不得不降低售价已不是什么新鲜的话题了。

加入 WTO 后,必须考虑可以在企业竞争、商品对抗的市场上取胜的广告预算。当我们看到在新产品投放市场时"如果广告做得不充分就会卖不动"就可以明白这一点。是先于竞争企业还是后于竞争企业在市场上推销产品,广告的预算额度将有所不同,采取的策略也会有所区别。

即使同样是后上市,也要根据竞争对手的强弱而采取不同的策略。当后于竞争企业进入市场时,或者考虑使产品成为人们的话题而使用大量的费用,做豪华的广告;或者考虑为了避开竞争而瞄准空隙,做重点促销宣传,以此来编制合理的预算。

3. 从商品生命周期和企业发展战略考虑广告预算

可以说现在的商品寿命都很短,过了 10 年仍然在市场上存在的商品只有一成左右。可以对本企业的商品做出诸如虽然现在的销量少但属于有高成长性的商品,或虽然现在的销量多却属于习惯性销售的商品等定位。也就是说,对于处在成长期的商品要强化其广告,使之在不久之后能成为本企业的拳头商品。

根据目前的市场变化情况,就算是以长期的观念来编制预算,也只能以 3~5 年为准。现在是商品的变化已迫使厂家到了不得不更改企业名称的时代。对于大多数从事销售的企业来说,做广告的目的与其说是带有长远观点,还不如说更多地是为了现在的销售。带有长远观点的广告主要是企业为了保持自身形象而做的。

3.3.3 网络广告预算的程序

网络广告预算是由一系列调研、分析、预测、协调等工作组成的。这些工作应遵循一定的科学步骤进行,以保证预算编制的合理性和有效性。广告预算大致可分为调查研究、综合分析、拟订方案及落实方案等阶段。具体程序为以下几个步骤。

(1)调查研究影响网络广告预算的主要因素。企业在着手编制网络广告预算之前,必须对企业所处的市场环境、竞争环境、经济与社会环境进行全面且系统调查;同时又要对企业自身的情况和竞争者的情况进行详细的比较和研究。正所谓"知己知彼,百战不殆",这是制定网络广告预算的先决条件。

(2)分析企业上一年度的销售额。企业在制定下一年度网络广告活动预算时,应先对上一年度的销售额进行细致分析,以了解上一年度的实际销售数量和销售额是否符合上一年度的预测销售量和预测销售额。通过此项分析,可以预测下一年度的销售情况,从而安排适当的广告经费,以适应实际销售和推销活动的需要。

(3)分析历年来本企业产品的销售周期性。产品销售跟随着该产品的整个经济周期的变化也呈现出周期性变化的规律性,要充分研究计划期产品销售所处周期阶段,对网络广告经费做出合理的预算。大部分产品在一年的销售中,由于受季节、节假日等因素的影响,也呈现出一种周期性的变化,即在某些月份销售额上升,而在另外几个月中销售额又下降,也即有销售的淡、旺季的更替。通过对企业产品销售周期的分析,可以为网络广告的总预算提供依据,从而确定不同月份的广告费用的分配,做到因时而异。

(4)确定广告投资总额。通过上述对市场现状的调研和分析,提出网络广告投资总额的计算方法和理由,从而确定投资总额的多少。

（5）网络广告预算的具体分配。根据前几项工作得出的结论，确定一个年度中广告经费的具体分配。企业可根据自身的实际情况及市场状况，将网络广告费用分配到合适时间和地区，从而使总预算落实到每一个具体的活动细节上。

（6）制定控制与评价的标准。在网络广告预算的编制中，还应确定每笔广告支出所要达到的目的或效果，以及对每个时期每一项广告开支的记录方法。通过这些标准的制定，就可以结合广告效果对广告费的支出进行控制和评价。

（7）确定机动经费。网络广告预算中还应对一定比例的机动支出做出预算，如在什么情况下可投入机动开支、机动开支额的大小、效果如何评价等。

3.3.4 网络广告费用的细分

依据不同的分类标准，广告费用可做如下细分：根据广告主体不同，可划分成自营广告费与非自营广告费。自营广告费是企业自行组织制作广告的全部费用，包括各种直接支出和间接支出。非自营广告费在网络广告中更常见，主要是企业主将广告交给网站去做，网站收取酬金，企业主支付的费用就是非自营费用。在网络广告中，费用更多地属于非自营性质，也有些是混合而成的，这需要分别计费。

从广告业务的角度看，广告费用可划分成直接广告费用和间接广告费用。直接广告费是投入广告信息收集、广告制作、广告传播的费用；间接费用则是与广告有间接关系的花费，如人事管理费、办公费等。

根据广告投入项目不同可以分成固定项目广告费和流动项目广告费。前者不随经营活动而改变，后者则随经营活动的大小、升降而改变。

此外，根据不同的广告媒体，可以把广告费用分成网络广告费用、电视广告费用、报纸广告费用等。

3.3.5 网络广告预算的方法

网络广告预算是网络广告计划的一个重要组成部分，计划的实施必须有预算的财力支持才能实现。广告预算总额要安排得合理，若广告预算过多，就会造成浪费；过少，则会影响必要的网络广告宣传活动，从而影响商品的销售，使企业失去竞争能力。

为了使广告预算符合广告计划的实际需要，在制定广告预算时，要树立正确的指导思想：必须树立对市场、消费者及竞争者进行预测的观点；树立广告效果、营销活动、广告媒体综合运用及各种广告活动密切配合、相互协调的观点；树立检查广告活动进度、发现问题并及时调整广告计划、有效控制广告费用的观点；还要树立合理使用广告费用、杜绝浪费、讲究效益的观点。

同时，网络广告与销售之间的关系是另外一个要特别注意的环节。网络广告费既是一项费用支出，也是一项投资。虽然不是直接参与销售，但它的投入可推动和促进销售活动的顺利进行。合理、有效的网络广告能使潜在消费者熟悉商品特征、性能，能提醒买主购买或使用商品，能提供新产品信息，能以产品潜在的吸引力提高产品的价值。因此，必须根据企业自身的负荷能力来安排必要的网络广告支出。

编制网络广告预算总额的具体方法很多，常用的主要有以下几种。

1. 销售额百分率法

1）销售额百分率法的分类

此方法是根据一定期间产品的销售额，按一定比率计算出经费的方法。这种方法由于计算标准不同，又具体分为四种。

（1）计划销售额百分率法。根据对下年度的预测销售额计算出网络广告预算额。

（2）上年度销售额百分率法。根据上年度或过去数年的平均销售额计算出网络广告预算额。

（3）平均折中销售额百分率法。折中上述二法计算出网络广告预算额。

（4）计划期销售增加百分率法。以上年度网络广告费为基础，再加下年度计划销售增加部分的比率计算出网络广告预算额。

其计算公式为：

$$网络广告费用=销售总额\times 广告费用占销售总额的百分比$$

2）销售额百分率法的优点

销售额百分率法在国外是被比较广泛采用的一种计算网络广告预算总额的方法，它具有以下的优点：

（1）计算简单方便，尤其适用于增长率较为稳定、受市场变化影响较小的一些产品，或者某些经营资料丰富、预测能力较强、竞争环境较稳定的企业。

（2）易于管理预算分配。

3）销售额百分率法的不足

（1）网络广告与销售之间不存在直接的线性关系的假设，因其影响销售的因素不同，其线性关系可能成立，也可能不成立。如当产品已不再适应市场需求、走向产品生命周期的衰退期时，若依然依据上年度销售额制定预期网络广告费用，也不可能推动产品销售额的增加，销售额可能依然依据产品生命周期的发展规律而走下坡路。

（2）此法比较呆板，应变能力较差，难于根据市场变化做出相应的变化。如当商品供不应求时，销售量扩大了，此时企业的主要任务是把资金投向生产，所以可适当地节约网络广告预算；反之，商品销售量减少了，为了促进销售，也可以增加广告预算，以加强广告宣传的力度。

（3）此法不利于销售情况不好、生产新产品的部门。若企业以此法确定下属各部门或分公司所需网络广告经费时，销售情况越好，产品处于生命周期成熟期的部门或公司就会得到越多的广告费。但是，有些部门或公司的销售情况虽不好，但通过网络广告促销并结合其他措施可以重振雄风的部门，或者产品处于生命周期投入期或成长期的部门，却不能得到一笔急需的经费，这种预算方法无疑和实际需求相脱节。

2. 销售单位法

1）销售单位法的概念及公式

此方法首先为产品的每一个销售单位确定一定数量的网络广告费，再乘以计划销售数量，从而形成企业总的网络广告经费。其中，企业网络广告费一般依据上年度资料确定。计算公式如下：

$$网络广告费用=单位产品分摊广告费\times 本年度计划产品销售数量$$

2）销售单位法的优点

（1）预算计算方法简单。

（2）计算产品的销售成本比较方便。

3）销售单位法的不足

（1）需要依赖历史资料及销售预测技术，若预测失误，可能造成网络广告费用不足而延误整个产品的销售计划。

（2）不能适应市场的迅速变化，被动地被销售量所约束。

3. 目标达成法

此方法是依据总的企业目标和销售目标，来具体确定网络广告的制作目标。再根据网络广告目标的要求确定采取何种广告策略，进而计算推行这些网络广告策略所需要的费用。这种方法比较科学，能适应市场营销变化而灵活地决定网络广告预算。

西方一些广告专家把广告目标分为：知名—了解—确认—行为四个阶段。越走向高层次，越需发挥较大的广告功能。如果以其中某一阶段为广告目标，就要决定达到这一目标所必需的各项广告费用，包括广告活动的内容、范围、频率及时限等。如为了增加商品的知名度，就要扩大网络广告的投放量。假设网络广告目标设定要增加 1 000 名妇女看到这则网络广告，经调查计算出每增加 1 名妇女点击此网络广告，平均要花 1 元，一个月预计重复 10 次，则每月广告费为 1 万元。计算公式为：

$$网络广告费=目标人数\times平均每人每天每次广告到达费用\times网络广告次数$$

由于目标达成法是以计划来决定预算的，广告活动的目标明确，因而便于检验网络广告效果。但运用此法有一定难度，应注意在决定网络广告预算时，同运用销售额百分率法结合起来，使预算切实可行。

4. 竞争对抗法

竞争对抗法是根据竞争者的网络广告活动费来确定本企业的网络广告预算，又称竞争对等法。此法整体思路和销售额百分率法及销售单位法不同。销售额百分率法和销售单位法是从企业自身出发确定广告费的多少，对市场的迅速变化反应比较迟缓。而竞争对抗法则是依据市场竞争对手的广告费投放情况来确定应投入的网络广告费的多与少。所以，竞争对手及其所处行业的网络广告费数额越大，本企业的网络广告费也相应增加；反之，则减少。采取这种方法的都是财力雄厚的大企业，资金不足的中小企业使用这种方法具有很大的风险性，这种方法的计算有几种方法。

（1）市场占有率法。市场占有率法先计算竞争对手的市场占有率和广告费用，求得单位市场占有率的广告费后，在此基础上加码，乘以预计本企业市场占有率，即为本企业的广告预算。其计算公式为：

$$广告预算=\frac{主要竞争对手广告费总额}{主要竞争对手市场占有率}\times本企业预计市场占有率$$

例如，某企业的主要竞争对手某商品的市场占有率为 30%，它的广告费为 30 万元，则 1% 的市场占有率需广告费 1 万元，本企业预计市场占有率为 36%，则广告费至少在 36 万元以上才能与对手抗衡。这种网络广告预算的计算方法与传统的广告费的计算方法相同。

（2）增减百分法。增减百分法以竞争对手本年广告费比上年广告费增或减的百分率，作为本企业广告费增或减的百分率参考数。其计算公式为：

$$广告预算=（1\pm竞争对手广告费增减率）\times上年广告费$$

如竞争对手本年广告费比上年增加10%，本企业也至少增加10%。

竞争对抗法的主要缺点是广告费浪费大，对财力有限的企业来说，一般不宜采用。而且，竞争对手广告支出资料不易取得，所收集资讯也不一定准确。所以，只有当市场竞争激烈，广告竞争也激烈，企业财力雄厚，并能及时、准确地掌握竞争对手的活动态势时，才可以使用此法将自己的广告费用定得有竞争力，从而提高企业的整体竞争力。

5. 支出可能定额法

此法也称全力投入法，是按照企业财政上可能支付的金额来确定广告经费的方法，此法符合"量入为出"原则。所以，企业能拿出多少钱来就拿出多少钱做广告，从而在其有限的财务预算上尽可能地支出广告费，最大限度地发挥广告的促销作用，并且可以根据市场情况的变化灵活地加以调整。这是一种较适应企业财政收支状况的方法。但由于此方法不是依据企业的营销目标来制定广告费用，所以具有一定的盲目性。

6. 任意增减额设定法

任意增减额设定法依据上年或前期广告费，将其任意增加或减少，以此设定本期广告预算。一般企业在设定广告预算之初，是任意决定的，但以后可以根据市场需要和企业财力的可能，逐渐加以修正，以达到一定的广告目标。这种方法虽不科学，但计算简便，非常适用于小型企业和临时广告开支。特别是经验丰富的决策者，这样决定广告预算就有可能使广告顺利开展；如果决策者不明形势、决策失误，就会影响广告活动的顺利开展或造成广告费的浪费。

7. 模拟定量计算法

模拟定量计算法是利用计算机通过若干模型对企业的整体营销活动做仿真，并配以数学模型，然后预测企业的广告活动及其所需费用。如汉得利公司发明一个公式叙述广告、市场占有率及利润三者之间的关系。从这一公式中，能决定应花多少广告费获取最佳利润，以及为得到最佳市场占有率应投入多少广告费。这一方法为广告预算的确定开辟了新途径，而且具有一定的科学性。所以一些广告费投入很大的大公司，采用太简单的计算方法已不能适应需要，而必须建立有关系统，选用大量参数，通过计算机及新型数学模型做出分析，从而得出精确的结论。

8. 任务法

此法使广告预算者在决策上扮演重要角色。首先，明确企业的营销目标和广告目标；其次，为达到目标，企业下年度的广告工作应如何安排，例如，进行哪些具体的广告活动，地点、时间、方式如何等；最后，累计出每项广告活动所需总费用，并确定一定比例的机动经费，从而最终确定下年度的广告预算总额。此法的优点与缺点相互关联。如果企业准确地知道下年度需要什么程度的广告以达成某种任务，则此方法非常有效。然而，如果企业不能确定下年度具体的广告活动的话，则此方法就成为高度主观臆断，会影响预算的准确性。此外，即使企业能确定下年度的具体广告工作，但下一年度中仍可能受多种因素的影响，而使预设情况发生较大的变动。机动经费的确定在很大程度上可以减弱此方法的不足。通过机动经费的预设，使企业可以应付下年度中由于市场变化等因素造成的预算失误，及时以机动经费应付新的、突发性广告需求，从而最终达成企业目标，完成广告活动的任务。

上述8种广告预算的确定方法，各有利弊，而且对于不同的企业、不同的市场状况，使用效果也不尽相同。企业在确定广告总预算时，可灵活选择其中适用的一种方法，或者几种方法

3.3.6 网络广告预算的制定

网络广告预算是与广告费用相对应的一个环节，是将广告的投入进行合理配置的过程。一般包括网络广告站点的选择、广告主题与表现方式的确立、预算费用的合理分摊、对网站的要求，以及编制方法。

1. 网络广告站点的选择

网络广告站点的选择对网络广告预算来说是最早要确定的因素，一个好的网站是你广告成功的基础。衡量一个网站是否是一个适合做广告的站点有多种考虑因素。

第一，网站的质量与技术力量以及由此决定的网站信誉。任何一个企业在从事网络广告时，都希望自己能找到一个较安全可靠的网站，否则，网站的破产倒闭也会殃及自己，这不仅会浪费广告费，而且有可能贻误商机。尽管技术力量雄厚的网站的广告费也较高，但仍不失其吸引力。

第二，访问者的性质及数量。网站的访问者一般与网站的特色相关，除了职业、年龄、收入等因素外，地域特色及由此决定的消费偏好也影响广告预算。单就数量而言，不同的统计单位反映出的情况也是不同的。目前，国际上较常用的统计单位是印象，它与页面显示是同一概念。

第三，点击数。页面的每一个图标链接点都产生点击。在对网站访问者进行统计时，明确其统计单位才能确切地反映一个网站的好坏。

第四，对网站管理水平的考察。一个好的网站也会因为管理水平的更改与变换而导致衰落，比如，某个网站的点击数在短时间内有大幅下降，那么及时查清其原因以调整广告预算是非常必要的。一个不规范的管理者会擅自更改你的广告位置、大小或播放时间，这往往是令人失望和生气的。为了避免这一点，就需先对网站进行考察，签订必要的合同也是必要的。

2. 广告主题与表现方式的确立

在任何广告的预算中，都会考虑到广告的主题与表现方式的问题。从预算的角度来讲，对主题与表现方式从选择到确立是关键的。这种确立又不同于广告信息探寻阶段的工作，前者是从信息整合的角度进行主题形成，而预算阶段对主题及表现方式的确立则是在前者的基础上，考虑到费用分摊、效果与成本等关系而做出的比较和最终确定。广告站点或广告制作者会根据供应商提供的产品特点和前一阶段获得的信息制作出可供选择的几则广告，然后要求供应商进行选择。广告预算的作用就是解决如何选择的问题，对广告主来说，这时做出任何明确的选择都是不好的。国外有一套广告测评系统，可以对不同广告效果进行检评，在国内最好的方法是将这种广告在不同时间或同一时间分别播出，然后选择点击率高的进行全面播放。

不同的主题与表现方式对广告的投入要求是不同的，但作为互联网广告，重要的和核心的任务是吸引网民，抓住其"眼球"。在互联网中，信息的容量极其庞大，如何抓住网民的注意力是广告的首要任务，也是广告预算中要重点投入的环节。一个好的主题与表现方式往往对投入也有更高的要求，但只要预算合理、科学，也不一定高出多少，甚至有下降的可能。

3. 预算费用的合理分摊

网络广告最棘手的问题就是如何最有效地花钱，即以合理的成本与广告费用达到相应的广告效果。

其实，网络广告的投入并不是所谓的无底洞，广告费用的多少不应该基于投入数目的大小，而是要从企业整个市场营销的角度，同企业长远的发展战略联系起来。产品本身的特点、消费者的数量、潜在顾客群的数量、利润的数额与比例及竞争对手的力量等因素都会影响广告预算的费用。只要把这些费用进行总体把握，关键环节多投入，合理分摊，那么这种广告费用就是合理科学的。在制定广告预算计划时，一定要站在更高的层次上，将广告投入与企业的未来发展联系起来，把关键环节和重点领域突出，并进行科学决策和合理分摊。

4. 网络广告预算对网站的要求

网络广告的具体内容要在用户点击之后"链接"到广告主的网页上，这就要求速度要尽可能快，网站的运转要正常，以确保这一过程顺利完成。对广告主来说，在进行广告预算时应考虑以下几点：首先是对链接页面计数，页面数量的多少除了影响反应速度外，还说明了网站的技术情况；其次是对不同网站进行比较，可以根据情况建立不同的登录页面，比较的结果有助于选择合适的网站进行投资。网站页面尤其是主页的设计也是一个应考虑的重要因素，如果网民发现的是一个粗糙的页面，则会大大影响其阅读的兴趣。

网站除了提供应有的基本手段配合广告传播外，还应该和广告主进行定期商讨，以探讨广告进一步优化的行为途径。因为一则网络广告既是企业主或供应商传播其产品的工具，又是网站内容的组成部分之一，供应商与网站的合作会使双方获利。比如，将广告与网页的内容相联系，把相关产品广告放在相应内容的网站上，这既保证了广告内容与页面内容浑然一体，又能大大提高广告的访问量。

5. 网络广告预算的编制方法

（1）期望行动制。这种原则或预算方法以购买者的实际购买行动为参照来确定广告费用。一般的做法是，先预期一个可能的购买量的范围，再乘以每一单位购买行动的广告费，取其平均值就得到广告预算结果。预期的购买人数一般参照同类商品以往年份的统计数字，每一单位的广告费用可根据商品及企业的目标来定。这种做法尤其适合于农产品、大众消费品、家用电器等这些有较稳定购买量的商品，它的购买数目较容易得到接近客观的数字。

（2）产品跟踪制。这种预算方法通常只确定每一单位商品用多少广告费，再根据实际成交量来确定预算费用，它一般较客观，但是一种事后行为，所以在制定当期广告预算计划时，常常使用的是以往的数据，具有时滞性。但好处是便于操作，具有一定的客观性。

（3）阶段费用制。这是广告预算中最常用的方法之一，它一般以企业的营销目标为基础，以实际销售目标为依据，根据不同的营销目标来确定广告目标，然后根据不同的营销阶段来确定广告的战略、设计，并制定出完整的广告计划，再运算其费用。

（4）参照对手制。这种方法的主要预算标准来自同种产品同一市场上竞争者的广告预算，要达到与竞争者相抗衡的目的。后来者的广告预算一般不会低于竞争者，广告在这里也成了进行市场竞争的工具之一。在制定预算时，要调查竞争者的广告实际预算情况，掌握其控制的市场范围。

（5）比例提成制。这种预算方法是根据销售比例或盈利比例来制定广告预算。按销售额计算的方法是，确定一定的销售额基数，然后根据一定的广告投入比率计算出广告预算。这种方法简便易行，制定预算的过程也不复杂，有一定的科学性。

3.3.7　网络广告预算的分摊与约束

网络广告预算的另一环节是预算的分摊与约束。根据广告的投入确定广告成本，然后根据广告成本及相应的广告计划来预算广告投入总额，这些步骤都是紧密相连的。但这些工作并不是广告预算的全部，它最后的关键环节是广告预算的分摊与约束。

广告预算的分摊，就是将广告各个环节进行统一协调、整合的过程。在分摊费用时，常常要考虑这些因素。首先是各环节的分摊。一则广告由多个环节构成，从信息收集到最后播出，其间的每个环节都必不可少，各个环节对费用的要求也不尽相同。如何突出重点、整体一致、统一协调就是广告预算环节分配的主要任务。其次是地域分摊。一则广告常常要在多种地域中播放，不同地域对广告的要求不一样。广告的成本也因而有别，预算的地域分配就是在充分考虑地域特点的基础上，对重点地区加以重点投入，同时确保整个广告计划的完成。再次是广告预算的种类分摊。广告可分成自营广告与非自营广告，一个企业在网上从事广告时也常常采取自营与他营同时进行的做法，这时，如何把广告预算在自营与他营之间分摊，也是一个关键性的工作。

与分摊相对应的问题是广告预算的约束问题。广告预算约束的目的在于使广告费用适度，减少偏差和浪费。企业广告的投入与其他生产性投入的本性是一样的，都要求以最低投入获得最大回报。纠正广告费用的偏差是广告预算约束的一种职能，另外一种职能是协助广告策划者有效合理地使用广告费用和广告预算。广告预算约束的前提条件是对企业整体广告计划有清楚明白的掌握，对广告各环节的费用心中有数，否则，没有根据的约束只会起相反的作用。

广告约束的标准也是衡量广告效果的一种尺度，广告计划中有各种参数和指标，任何一种指标的偏差、遗漏都是广告预算约束应当介入的。比如，广告对象如果只限于女性，而广告计划中却将广告对象确定为全体网民。这种目标偏差如果不及时纠正，不仅会浪费广告费用，而且广告的效果也会相应打折扣。有了预算约束，就会对诸如此类的问题做出迅速纠正。

3.3.8　网络广告预算的管理

广告预算在付诸实施后，企业和广告代理商就必须加强对广告费用的有效控制和管理。为了保证广告规划的执行，达到预定的广告目标，使广告费用用得适度、合理，减少和避免偏差和失误，对广告预算进行严格的管理是必要的。

广告预算管理就是以广告计划中的各项目标和指标，去衡量广告预算的执行情况，并纠正执行过程中的失误。从广告预算使用看来，管理行为是和广告活动同时开始的，在广告活动的每个环节，只要有广告费用的使用，就有广告预算的管理。

在对广告预算进行管理的过程中，各个环节应严格按照广告预算计划的内容开展工作，而且要经常性地对广告预算进行检查。同时，将广告预算实施情况整理清楚并与广告预算中的各项具体要求加以对比。一般来说，差异幅度在 5%之内都属于正常情况。

案例

亚马逊书店的网络广告预算

亚马逊网站（Amazon.com）在两年左右的时间里成为毫无争议的网上第一书店，如果仅仅靠商业炒作是绝对不可能的，亚马逊的站点流量绝对不亚于国内任何一个综合性大站，正因为在这样的高流量下，它才有可能每天通过网站卖掉那么多书。

我们也许注意到亚马逊很少发布基于普通尺寸的旗帜广告，但网民经常在网上看到亚马逊的名字和点击机会。作为一种长期预算计划，亚马逊将每行动成本（Cost Per Action，CPA）作为主要的计价模式和大量的专业站点进行合作，比如：

（1）亚马逊选择了Yahoo!和Altavista等搜索引擎作为合作伙伴，在这些搜索引擎的结果页面上将会出现与用户输入的关键字配合的亚马逊广告。例如，当你输入"股票"两个字进行搜索时，结果页面上会有亚马逊的广告："到Amazon去买一本关于'股票'的书"。

（2）亚马逊和专业站点合作，在专业站点的有关页面上加入链接，但所有的链接提示都与该专业站点的特征有关，比如，在天文学站点上说"到Amazon买一本关于天文学的书"；在妇女站点上说"到Amazon买一本烹饪菜谱"。

（3）除以上两种人工的方式之外，亚马逊在其站点上公布了自由参加关联站点的方法，几乎所有的站点均可通过在自己的网页上放置到亚马逊的链接而获得因此带来的销售提成，提成比例在5%~15%。

亚马逊的这种做法确保了其广告预算能和销售收入结合在一起，降低了经营风险，而且由于关联站点急切得到提成收入，一般都会非常卖力地将亚马逊的关联广告放在醒目的位置并做多种推荐。更重要的是，由于亚马逊的图书和唱片能够按关联站点性质分出不同门类，各关联站点的访问者能够看到极有针对性的广告，点击率会成倍上升。广告主以某个CPM单价购买了一定数量的广告显示之后，广告站点必须在保质保量播发广告的同时，提供足够必要的统计数据给广告主，而广告主则有必要去关注这些数据，并从中得到对这家网络媒体的评价和将来投放的参考。

▶▶ 思 考 题

1. 结合美的公司广告策划阐述网络广告策划的作用。
2. 简述网络广告定位策略。
3. 简述网络广告市场策略。
4. 简述网络广告时间策略。
5. 简述网络广告形式策略。
6. 简述网络广告诉求策略。
7. 简述网络广告的预算方法。

第 4 章

网络广告设计

　　网络广告设计是在网络广告策划基础上所进行的第一个具体操作环节,也是最重要的环节。网络广告的设计思路必须开阔,创意要标新立异,设计策略、导向策略和表现策略应符合网络的实际环境。

　　网络广告的整体设计是把握广告整体方向的设计。需要解决三个问题:确定网络广告的设计思路,提出网络广告创意,选择网络广告的设计策略。

　　一个好的网络广告整体设计,必须突出表现以下六个方面的特点:

(1) 主题突出,使人能够很快领悟出广告的内涵。

(2) 创意有新意,包括广告图形的创意或广告文字的创意。

(3) 信息准确。

(4) 布局合理,图形、色彩、动画相互协调,给人以整体美的感觉。

(5) 图片清晰,颜色搭配合理,文字质量高。

(6) 采用先进的制作技术,技术融合量高。

　　网络广告的整体设计与普通广告有区别也有联系。网络广告比普通广告有利的地方在于它有更好的互动性,而不利之处在于网络广告的受众拥有自由选择权,一旦网络广告不能给人以良好的第一印象,便达不到应有的效果。普通广告的受众是被动接受,无论广告本身成功与否,其初步目的已经达到,即让广大受众完整了解广告内容。因此,在设计网络广告时更要注重其与传统媒体不同的地方,对优点加以发扬,对缺点加以改进。

▶▶ 4.1　网络广告的设计思路

　　网络广告虽然与通常意义上的广告有一定的区别,但它们在一定程度上是相通的,所以我们也可以借鉴普通广告的设计思路和方法,并加以一定的改进来设计网络广告。普通广告的设计基本上有以下几种程序。

1. 杨氏程序

杨氏程序是美国著名广告大师詹姆斯·杨（James Young）在其所著的《创意法》一书中提出的，一共有五个步骤：

（1）收集资料——收集各方面的有关资料。
（2）品味资料——在大脑中反复思考和消化收集的资料。
（3）孵化资料——在大脑中综合组织各种思维资料。
（4）创意诞生——灵感实现、创意产生。
（5）定型实施——加工、定型、付诸实施。

2. 奥氏程序

奥氏程序是美国广告学家奥斯伯恩总结了几位著名广告设计家的创新思考程序而提出的，它基本有三个步骤：

（1）查寻资料——阐明创新思维的焦点（中心），收集和分析有关资料。
（2）创意构思——形成多种创意观念，并以基本观念为线索，修改各种观念，形成各种初步方案。
（3）导优求解——评价多种初步方案，确定和执行最优方案。

3. 黄氏程序

黄氏程序是中国香港地区广告学者黄沾先生提出来的，其程序有五个步骤：

（1）藏——收藏资料。
（2）运——运算资料。
（3）化——消化资料。
（4）生——产生广告创意。
（5）修——修饰所产生的创意。

4. 本书提出的网络广告设计程序

综合以上几种设计程序，可以总结出网络广告的设计程序如下：

（1）集中——将相关资料集中起来。
（2）分类——将收集的资料分类整理。
（3）思考——对所得资料进行分析，从而得出各种初步的想法。
（4）选择——将得到的各种创意的雏形进行比较，选出最理想，同时最适合本次广告的发布形式。
（5）实施——将最终创意加以最后的修饰，然后付诸实施。

通过比较我们不难发现，网络广告的设计过程与普通广告绝大部分是相同的，主要的不同在于"选择发布形式"。由于普通广告发布媒体本身的限制，当选择了媒体之后一般就只有一种发布形式，而网络广告却有各种不同的发布形式。因此，在有了各种创意之后，不仅要选择最好的创意，同时还要选择最适合本次广告的发布形式。不然，再好的创意都不能得到发挥。

4.2 网络广告的创意

1. 网络广告创意的含义

著名作家约翰·斯坦贝克（John Steinbeck）在他所著的《伊甸园以东》（East of Eden）一书里，曾这样写道："我们人类是唯一懂得创造的一类，而且只有一种创造工具，就是个人的心智以及精神。"

在广告里，"创意"的作用就相当于火种，设计人员通过自己敏锐的观察与思考煽起火焰，使广告从平凡中提升，结出与众不同的果实，为人所记忆。所以，创意的作用是非常明显的，可以说是成败的关键，倘没有一个强而集中的"创意"，这种广告就显得沉闷、散漫和因袭，而且没有广告效力。

"创意"究竟是怎样形成的呢？加里·斯坦纳博士（Dr. Gary Steiner）在他所著《收看电视的群众》一书中说："每个创意始于脱离现行处理事物的方式。"生长在高度流动和大量传播社会中的广告创意人员，随时尚的演变，要随时引发新的问题，以新的思维迎接新的问题，因此，广告创意人员要有创造性的思维。

斯坦纳博士解释"创造力"为："对任何种类的问题，能够产生及执行比较新、比较好的方案的能力。"一个广告设计人员，经常面对着怎样产生和怎样执行比较新、比较好的方案的挑战。"尤其是受到时间及预算限制压力越大的时候，他们所受的考验也越大。"

美国著名的DDBO广告公司，它的首脑人物威廉·伯恩巴克在综合一个重要的广告运筹计划时说："我们没有时间和金钱不断重复广告的内容。我们呼唤我们的战友——创意，使观众在一瞬间发生惊叹，立即明白商品的优点，而且永不忘记，这就是创意的真正效果。"

什么是有效的广告创意呢？很明显是要抓紧观众的注意力。这样，他的兴趣就会发生，就会对销售发生反应，与销售前提产生连带关系，由于不断关心的结果，观众终于被说服，而且深信不疑，从而改变了他们原有的态度。至于那些既有的客户，则更加深了他们的印象。

要使一个广告在市场上引起一定的反响，有一定的占有率，首先一定要征服广告受众的意念，这需要设计人员有丰富的创意，同时也需要技术实施人员有能力实现。

2. 网络广告创意的作用

（1）引起关注，提高销售业绩。新颖巧妙的广告创意能够引发受众对产品的注意，唤起受众了解和尝试产品的兴趣，从而使广告商品在激烈竞争中处于有利的地位。

（2）确定和提升企业形象。在推出新的企业形象时，恰当的广告创意能为企业创造良好的形象，为将来新产品的推出奠定基础。

（3）引导或创造消费观念、潮流等，为企业的长远发展奠定基础。一则有创意的广告可以促进一款产品的销量，一系列有主体的创意广告则能够影响企业的长远发展。

3. 广告创意的两大原则

美国广告学教授詹姆斯·杨说："创意（Idea）不仅仅是靠灵感而发生的，纵使有了灵感，也是由于思考而获得的结果。"他就创意思考举出两个原则。

（1）创意是一种既存因素的组合。以万花筒为例，万花筒转动后，筒内的玻璃片可呈现很多图案，筒内玻璃片数越多，其所呈现的图案就越多，创意的产生和这种原理是相同的。

(2)创意是引导既存因素使其发展成一种新的事实。例如，可从大标题中把词句的排列顺序变更一下，就能产生一种新的事实，发挥更有效的广告效果。

4. 广告创意的主要阶段

广告创意可分为下列五个阶段。

(1)准备期。研究所收集的资料，根据旧经验，启发新创意。资料分为一般资料与特殊资料。所谓特殊资料，是指专为某一广告活动而收集的有关资料。

(2)孵化期。在孵化期间，把所收集的资料加以消化，在有意或无意之中，使意识自由发展，并使其结合。因为创意的产生，大都在偶然之间，是突然发现的。

(3)启发期。大多数的心理学家认为，印象（Image）是产生启示（Hint）的源泉。所以本阶段是在意识发展与结合中产生各种创意。

(4)验证期。把所产生的创意予以检讨修正，使其更趋完美。

(5)形成期。以文字或图形将创意具体化。

思考创意的各阶段，没有明确的准绳，有时这些阶段会重叠，甚至有些阶段的前后顺序是颠倒的。在经过了这几个阶段后，就可以得出一个完整的广告创意。

案例

海尼根圣诞原装祝福 Share 晶球

1. 案例背景[①]

每到圣诞节，海尼根总会推出相当具有节庆感且分量十足的原装圣诞瓶，在缤纷闪耀瓶身催化下，炒热派对，让彼此的心更温暖贴近！网站营造"原装圣诞"派对氛围，并瞄准网友习性，以创新互动方式，沟通原装体验概念与产品信息。活动上线两周，E-Card 作品数达两万多件，且转寄回访率高达 87%。

2. 案例评价

以富有象征性、兼具使用乐趣的水晶球为创意主轴，配以音乐衬托情境，让网友一登录网站，就立即感受海尼根原装圣诞氛围！借由水晶球贺卡传递祝福，不仅可自行组装水晶球内零件，也可抓起摇晃，产生丰富变化，让收件者惊喜感动，体验海尼根特有幽默。

而为强化扩散效应，设计文字信息，供网友转贴在 Messenger、各式社群上，并运用 QR CODE 创新技术打入手机短信，让作品更具独特意义。另外，通过互动 Blog 贴纸、Widget 圣诞播放器、主题派对布置物等，将虚拟延伸至实体，充分体验海尼根原装圣诞！图 4-1 是海尼根圣诞祝福 Share 水晶球的主页面。

[①] 新媒体营销观察站. 海尼根圣诞原装祝福 Share 晶球[EB/OL]（2009-03-21）[2011-01-30]. 新媒体营销观察站：http://www.to-marketing.com/affiliate-marketing/2975.

图 4-1　海尼根圣诞祝福 Share 水晶球的主页面

IBM 广告设计新尝试

IBM 作为电脑行业的巨头，其网络广告也透露出一种大气。一般的旗帜广告都是采用 468×60px 的横幅形式，而 IBM 公司推出 AS/400 电子商务服务器的时候，大胆采用了 148×800px 的长幅形式（见图 4-2）。

图 4-2　IBM 148×800 长幅网络广告

1. 设计创意

这幅广告的尺寸 148×800px 比较独特，这种广告尺寸在国内大概只有 Zdnet China 一家在用。据 Zdnet China 方面说，这种广告是 Zdnet 英文网站（www.zdnet.com）首创的。因为在国外取得了较好的效果，所以将它引入了国内。当初设计师认为传统的 468×60px 的旗帜广告比较普遍，给人印象较一般，希望通过新的形式使广告为人们所关注。就该广告而言，应该是与 IBM 的平面广告密切联系的。IBM 在传统媒体（主要是报刊）的广告也是这个样子。但是通过网络的加工之后，整个广告就给人一种清新、舒适的感觉，且能够表达得更加清楚。IBM 的广告创意一向给人一种很飘逸、难以捉摸的感觉。虽然飘逸也是一种美，是一种时尚，但是如果能够将广告设计成让人一看就明白的话，不是更好吗？这样可以使人们从很实在的广告进一步体验 IBM 产品切合实际的、稳定的特点。

2. 评价

这个 148×800 的广告的效果比普通的 468×60 的广告好，因为它通过纵向的延伸，可以表达的内容比普通广告多，对于产品和品牌的宣传也是如虎添翼。同时，这种形式的广告在国内几乎没有，可以很好地满足网民的好奇心理。广告的长度使得浏览者即使拉动滚动条，依然可以看见广告，即广告对于网民的可视区域较大，在吸引网民关注度方面也优于 468×60 的广告。Zdnet China 将网站定位于中国 IT 信息服务门户，媒体选择比较到位。据 Zdnet China 方面介绍，这种广告的售价比普通的广告也高出50%以上，点击率方面也高于普通广告。这种广告目前在国内似乎只有Zdnet China使用，获得好效果很大方面是由于比较新奇。但如果其他网站也纷纷使用的话，效果就难以预测了。因为，这种广告吸引了网民很大的视野范围，网民接触多了之后，抵触情绪会高于普通广告。另外，它对设计方面的要求更高。由于广告区域较大，设计师需要将更多的内容合理地设计在广告中，否则很容易出现"盲区"。

▶▶ 4.3 网络广告设计的基本要求

有了创意之后，接下来就要确定网络广告的具体设计了。在进行网络广告的具体设计时，需要注意以下几点。

1. 明确一个具体目标

一个成功的网络广告设计首先需要一个明确的具体目标。这个目标不是模糊的，否则便不能顺利进行下面的工作。比如，提高产品在网民心目中的认知度就不是一个很具体的目标，因为这是所有广告都希望达到这样的目标。而通过网络广告将洁莱雅水果系列 Cocid 新配方能使皮肤透明有弹性的年轻女性从10%提高到30%的理念传达给网民，则是一个比较实际的目标。制定这样简洁而又明确的目标，不仅有利于广告制作人员的整体构思，也有利于营销人员的市场推广和宣传。

2. 塑造品牌个性

一个没有个性、普普通通的人不会引起大众的注意，同样道理，市场上如果一个品牌也遭遇这样的命运，那么该产品离滞销的那一天就不会太远了。如今相同的产品越来越多，产品品牌成为区分一个产品和另外一个产品的重要因素。

比如，同样的两双运动鞋，从"物"的作用上讲没有什么区别，而中学生却总是选择购买名牌运动鞋而不购买一般牌子的运动鞋，这种选择的动因就是由该运动鞋附加的信息决定的，品牌就是这附加信息的灵魂。对于体育用品来说，设计者必须赋予它个性和血肉，使之体现一种体育的精神。否则，设计出的广告就没有生命力。图4-3就是极能体现体育精神的耐克体育用品网络广告。

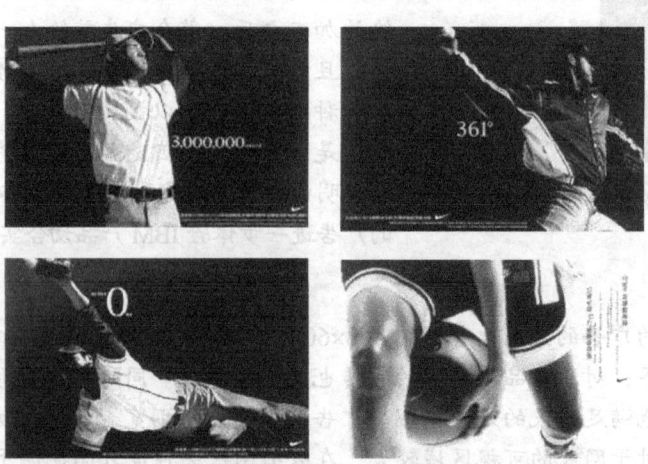

图4-3 充分体现体育精神的耐克体育用品网络广告

3. 深入调查

市场调研是一种通过信息将消费者、顾客和公众与营销者连接起来的职能。市场调研是市场营销运营的出发点，市场调研有助于企业营销管理目标的实现，营销策略和计划的成功与否，在很大程度上有赖于市场调研活动的开展。

广告设计作为市场营销的重要环节，自然也离不开调查，事实上"讲什么、怎么讲"通常不是用脑子想出来的，而是用脚跑出来的。只有不断地调查，才能为后面的广告发布打好基础。

4. 语言要充满戏剧性

夸一个女孩越看越漂亮，如果仅仅说一句"这女孩越看越漂亮"，给人的印象就不深刻。而如果说："这女孩乍一看很漂亮，仔细一看比乍一看还漂亮。"同样一句话，后者给人的印象就深刻多了。

不要以为经过市场调查找到了正确的策略就一定能成功，如果缺乏"怎么讲"的能力，同样会令一个好策略湮没在市场里。好的策略一定要用活泼生动的语言表现出来，才不会被市场遗忘。好的网络广告通过好的用语，可以让点击率大幅度提高。

通常情况下使用具有震撼力的词汇也不失为一种好的方法。在旗帜广告设计中，最值得使用的词汇便是"免费"、"有奖"、"Click Here"或"请点击"等字样。这里需要注意的是："免费"不一定是免费赠予产品或某种服务，如销售软件，可以是提供免费下载的试用版。

5. 切忌内容过多

如果你想一口气逮住 7 只兔子，最后你可能一无所获。现在的猎人实在太多，你看上的猎物，极有可能也同时被另外 6 个人看中。竞争已经如此激烈，所以你更不能分心。选择一个适合你的定位，并且去坚持它。网络广告由于所占空间的关系，不可能在同一时间内表现出所有的内容。因此你必须在有限的空间把你最想表现的内容，或者最能吸引人的内容表现出来，这一点是非常重要的。

▸▸ 4.4 网络广告的导向方式

这里说的网络广告导向方式，是指网络广告作品引导公众接受网络广告信息的方式。它是网络广告定位、目标公众心理研究和网络广告设计的有机结合，也可以说是定位策略、心理策略的综合体现。下面是常用的几种导向方式。

1. 利益导向方式

所谓利益导向，就是抓住消费者注重自身利益的心理特点，注重宣传网络广告产品能给他带来的好处。如宣传产品的特殊功效能满足消费者的特殊需要等。利益导向和网络广告定位密切相关，不同的定位，应针对消费者不同的需要进行引导。

情人节来了，为赶这场情人的游戏，养生堂制作了清嘴含片情人节系列广告，并在情人节期间投放。在其清嘴含片网络广告中，突出宣传"清嘴"在两人世界里的重要性，抓住了消费者注重自身利益的心理特点。选择情人节前后投放广告也符合产品本身特色，清嘴产品的用户就是最需要"清嘴"的人。网络广告的文案："两人世界 qing 嘴很关键；清嘴的情人节"，与电视广告具有性挑逗意味的文案——"想知道 qing（qin）嘴的味道吗？"遥相呼应，两者的一致性符合整个企业产品的营销目标。图 4-4 是清嘴含片的网络广告。

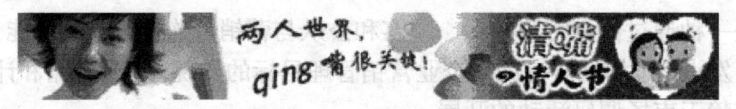

图 4-4　体现利益导向策略的清嘴含片网络广告

2. 情感导向方式

网络广告宣传侧重调动消费者的某种情绪，以实现其网络广告目的。图 4-5 是哈根达斯冰激凌的网络广告。该广告正是利用情感与消费者进行沟通。

图 4-5　哈根达斯冰激凌的网络广告

3. 观念导向方式

网络广告侧重宣传一种新的消费观念、生活观念，可以扩展消费者的视野，开拓其需求领域，为新产品创造市场。采取观念定位产品网络广告，必然采取观念导向策略。三星手机在其广告中使用了这样的广告词——"品味决定成功"，就是希望消费者建立一种新观念，从而接受与这种新观念并生的新产品（见图 4-6）。

图 4-6　体现观念导向策略的三星网络广告

第4章　网络广告设计

4. 生活导向方式

采用生活导向方式，就是网络广告宣传生活化。生活化的网络广告给人以自然、亲切、可信之感。生活导向常常把理性诉求和情感诉求融为一体，能创造一种亲密或轻松快乐的生活气氛，给消费者以强烈的感染。

硅谷商城在吸引客户的方式上多姿多样，其中最有创意的是一则将生活导向策略引入网络的广告，让人回味（见图4-7）。

图4-7　体现生活导向策略的硅谷商城网络广告

5. 权威导向方式

借权威人物、机构、事件的影响，以提高企业或产品的知名度和可信度。比如企业国际、国内评比获奖，某产品被认可为奥运会指定产品等，都可以运用于广告宣传策划。图4-8是具有这样权威作用的鲁花花生油的网络广告。

图4-8　体现权威导向策略的鲁花花生油网络广告

6. 名人导向方式

借名人的社会声誉,提高企业或产品的声誉,因为人们相信名人用的产品总是高级的、时髦的。名人导向是创名牌的重要网络广告策略。

康师傅绿茶饮料虽上市已有一段时间,但鉴于市场上类似产品种类繁多和统一绿茶的强劲竞争,在产品销售旺季来临前期,为进一步扩大其市场占有率,突显其市场领导品牌的形象,康师傅绿茶发起全国范围的营销活动——"苏有朋票选广告片女主角"。这次活动实际上是一次事件营销,每个营销环节都紧紧相扣,网络广告作为其整体事件营销的重要组成部分,承担了"网上票选广告片女主角"的功能,利用网络的互动性,可直接通过点击选择你喜欢的"最佳女主角"。

康师傅绿茶饮料的网络广告投放由两部分组成,在网站主页上投放了前端广告,采用以苏有朋形象为主的极富动感的移动图标形式获得较高的点击率。点击前端广告可进入终端网站,清新明快的 Flash 画面将康师傅绿茶所体现的青春活力洋溢其中。整个广告结构设计简洁清晰,一目了然,人们很容易被吸引参与到活动中来(见图 4-9)。

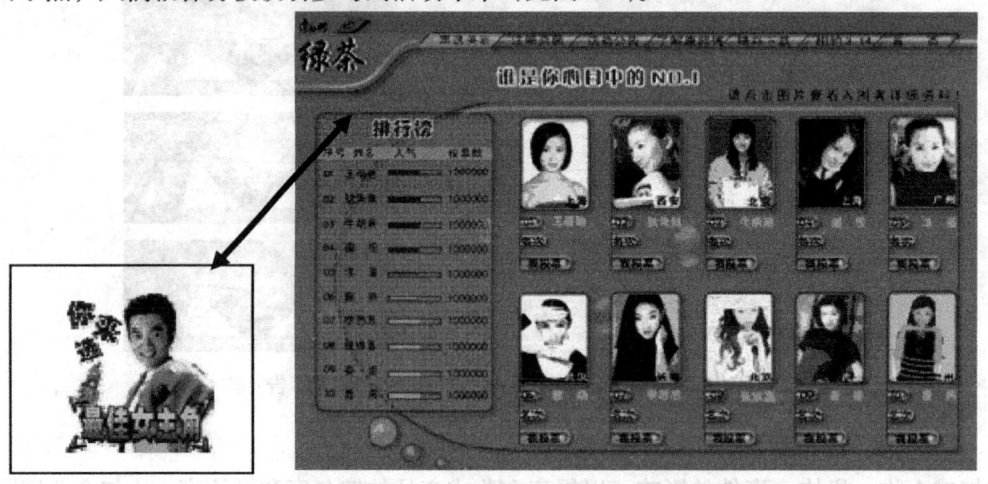

图 4-9　康师傅绿茶饮料在 minisite 页面投放的前端和后端广告

7. 反成导向方式

反成导向方式就是以逆反思路取胜。无论是产品网络广告还是公共关系网络广告,一般都只讲产品或企业的优点,而不讲缺点,有些网络广告甚至大吹大擂,引起公众的心理逆反。反成策略就是针对这种逆反心理而采取的以逆反逆的办法,网络广告宣传不是讲产品或企业的优点,而是讲缺点,以短衬长,使公众觉得网络广告诚实可信,从而取得好效果。例如,美国某刀片公司的网络广告写道:"我公司的刀片十分锋利,经久耐用……缺点是易生锈,用后须擦干保存,才能久放。"瑞士一家表店的网络广告写道:"本店的一批手表走时不太精确,每 24 小时慢 24 秒,望君看准选择。"

以上两则网络广告,都坦率地讲了自身产品的不足,但这些不足是消费者能原谅的,因为他们知道其他产品身上的不足,比这更为明显。这些不足所说明的都是产品质量的相对优良性,但网络广告给人以诚实无欺的印象。

还有些网络广告讲的缺点正是它本身的切入点,给人以好奇感,让人捉摸不透,形成一种诱惑力,从另一个角度来激发浏览者的点击兴趣。图 4-10 是某制衣公司在推销新产品——T 恤衫

第4章 网络广告设计

的时候利用反成导向策略所做的网络推广广告。

图 4-10 体现反成导向策略的某制衣公司 T 恤衫网络推广广告

案例

欧莱雅——焕肤三部曲

1. 广告背景

中国女性一向致力于对于自身肌肤的美白护理，欧莱雅为此专门推出了 WHITE PERFECT PEEL 美白焕肤套装，能够让使用者在家里只需要花 1 个月的时间，通过专业、集中的调理，实现完美净白肌肤。同时，设置有奖注册和购物有礼的活动回报所有参加的网民，只要注册成为欧莱雅的会员，均有机会参加幸运抽奖，获得时尚手机大奖。整个推广在短期内迅速提升了欧莱雅网站的访问量和注册量，形成对欧莱雅新产品的关注，并促进了消费。图 4-11 展示了欧莱雅网络广告效果图。

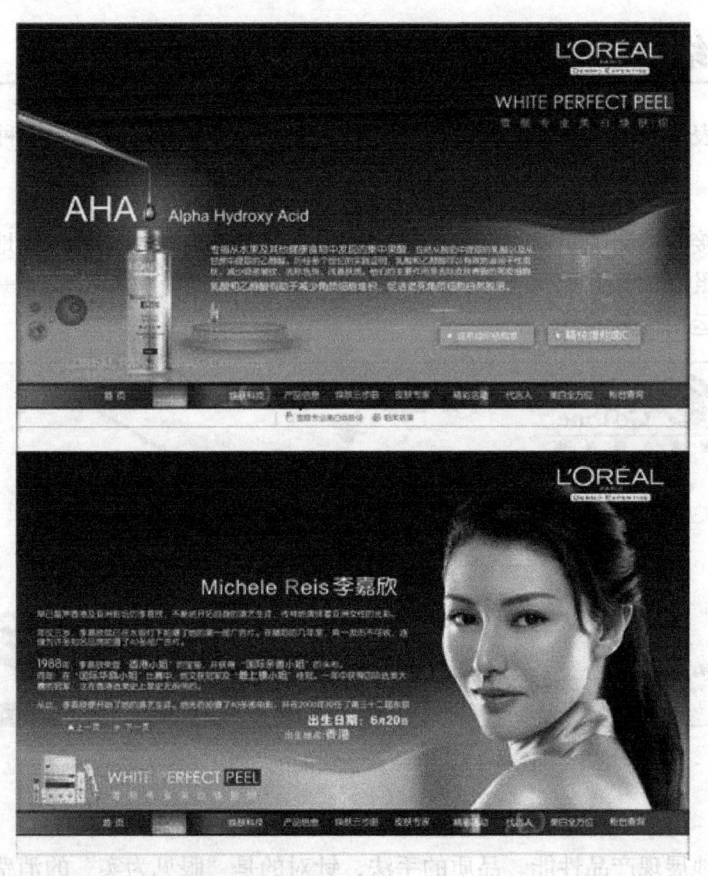

图 4-11 欧莱雅网络广告效果图

2. 案例点评

针对目前中国女性对于美白焕肤的追求，锁定目标受众，欧莱雅通过焕肤三部曲的在线动态演绎，配合有奖注册活动提升目标用户的兴趣，同时选择非常有针对性的媒体，通过有效的广告投放聚集海量访问，通过利益导向方式、名人导向方式、情感导向方式等多种网络广告方式渠道，成功获得预期目标。通过对欧莱雅的品牌分析和本次产品的消费者洞察，Allyes 将本次推广的目标受众准确界定为"珍爱自己，了解品牌，紧跟时尚步骤"的都市白领女性。根据她们的网络行为习惯，制定出针对性很强的推广计划。本次推广的首要任务是吸引受众的关注和参与。

如何盘活这些人气是欧莱雅考虑的第二个问题，于是设计了一个带有皮肤测试功能的焕肤三部曲，测试她们是否适合该产品使用，很好地迎合了目标受众的兴趣点，在盘活人气的同时又促进了第二轮的主动传播。让这些受众尽可能地成为欧莱雅的注册用户甚至是消费者是最根本的目标，本次推广采用的是最有效的方法——奖品刺激。通过时尚大奖的激励和购买产品即送搭配套装的活动刺激，促进了网民由基础访问者向注册用户乃至消费用户的顺利转变。

通过富有创意的产品介绍和使用流程展示，并结合有奖注册营造兴趣点；针对性的媒介策略，达到效果营销，实现用户注册数提升和极高的用户访问量。通过本次推广，在短短的 1 个月活动期间，欧莱雅该网站的唯一网民访问量累计达到 800 万人次，非常好地达到了客户预期的推广目标。

▶ 4.5 网络广告的表现手法

网络广告的表现手法很多，最常用的有写实、实证、对比、衬托等十余种。

1. 写实

写实就是直接叙述和说明网络广告的内容，如产品的功能、用法、购买地址等，可以用文字叙述，可以用照片、实物展示，还可以用图说明（见图 4-12）。写实手法是一种最朴素、最平实的手法，也是运用最多的手法。

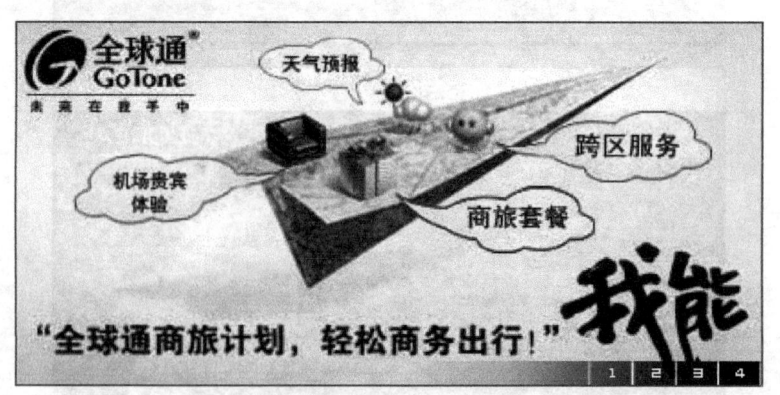

图 4-12 全球通新功能的写实广告

2. 实证

实证就是实地展现产品性能、品质的手法，针对的是"眼见为实"的消费者心理。实证的具体表现方法多种多样，可以进行实地操作、实地试用，也可以进行破坏性试验。

国外有一家织袜厂生产了一种统一尺寸的男袜，从 36 号直至 43 号的脚都可以穿，这在当时是一种新产品。该厂做网络广告说："无论你穿36 号鞋还是穿43 号鞋,穿这个袜子都合适……"画面同时出现了三只大小各异的脚，穿上袜子都很合适。

3. 对比

"不识货，货比货"，通过比较，更好地显示网络广告产品的优点。有内容的比较，有画面的比较，有自家新老产品的比较，也有自家产品和竞争对手产品的比较，后一种比较又称为挑战性策略。

美国利明顿刮脸刀片网络广告中，将自家新产品和老产品做这样的比较：以前每片刮 10 次，后来刮 13 次，现在可刮 20 次。

4. 衬托

衬托是创设网络广告意境、展示产品形象、表现网络广告主题的重要手法，它可以把产品的形象、个性清晰地显示出来。比如，有这么一则吉普车电视网络广告：几辆吉普车在高低不平的鹅卵石路面上急速行驶，翻山越岭，过河滩如履平地。这山、河、鹅卵石不仅衬托了吉普车行驶中轻捷、矫健的外在形象，也显示了它性能优异、质量过硬的内在品质。

德国有一家水果公司做了一则苹果网络广告，画面是一个硕大的苹果，同时也是一位姑娘红润健美的脸蛋。苹果的芳香和姑娘的芳容融为一体，引来一只蜜蜂流连其上。网络广告词写道："一天一个，健康快乐。"这里，姑娘的形象衬托了苹果，也暗示了苹果给姑娘的健美带来的好处。

5. 夸张

夸张也是生动有力的网络广告表现手法。夸张不同于虚夸。虚夸属于弄虚作假的不当行为。夸张属于艺术的范畴，是一种表现手法，它不会造成消费者对产品的错误认识。

6. 渲染

宣传产品，但不直接出现产品形象，甚至不直接介绍产品功效，而是通过使用产品者的表情、行为间接渲染，犹如文学作品中的间接描写法，有人称这种策略是"以迂取直"战术。例如，向女人推销润肤霜，只展示迷人的脸蛋；推销丝织袜，只展示修长漂亮的腿等。

在索尼发烧音响网络广告的画面上，网络广告词写道："你可不是唯一在欣赏你的索尼发烧音响的人"。通过人、鹿、虎都来欣赏索尼音响这一画面和简洁的网络广告语，创造出一种生动情景，它告诉人们索尼音响的效果是这么好，连动物都听得如此入神，并没有直接诉求索尼音响的品质，但给人留下深刻的印象。

7. 悬念

创设悬念为网络广告主题的出场埋下伏笔，是有效的网络广告手法之一，可收到出奇制胜的效果（见图 4-13）。

图 4-13　搜狐主页上的悬念广告

8. 娱乐

寓网络广告宣传于娱乐之中。一般是把网络广告内容编成各种文艺形式或编成游戏上传到网站上。

9. 幽默

幽默是很有力的一种表现手法，广泛应用于文学、艺术乃至政论文中。网络广告作品运用幽默也可收到事半功倍的效果。例如，一则批评美国通货膨胀的网络广告，画面是一只象征美国的老鹰戴着近视镜，文字写道："美国是不是近视了？"图 4-14 是英国沃丽斯（Wallis）公司的一则时装广告，它以幽默的形式告诉人们，正在为客人修面的理发师由于分心观赏店铺前走过的女子及其着装，差点刮破客人的脸颊。

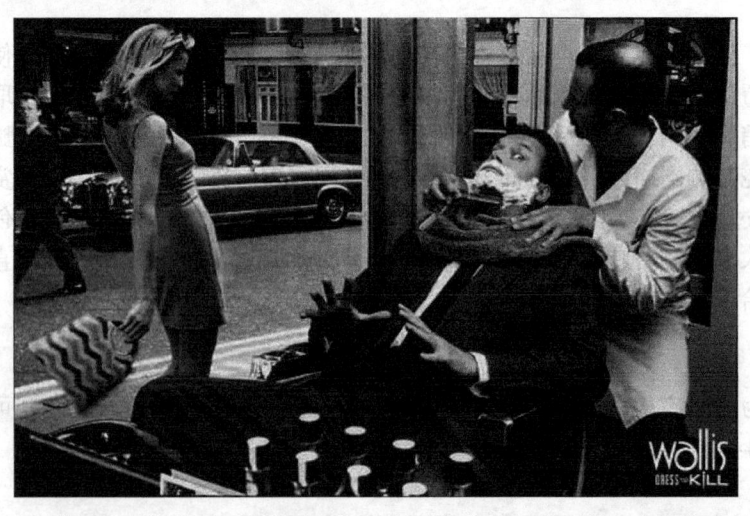

图 4-14　英国沃丽斯公司"服装杀手"系列时装广告中的一则富有幽默感的广告

第 4 章 网络广告设计

10. 象征

用消费者比较熟悉的某些事物的性能特征，象征网络广告产品的某些性能。例如，国外一则沃尔沃850轿车网络广告，用箭头象征轿车的快速，用装运鸡蛋的盒子象征轿车的平稳安全，用厚实平坦的木架象征轿车的宽敞耐用。这种手法和间接渲染策略有一共同特点是不直接诉求产品性能，都能给人新颖深刻印象。当然，对所选用的象征性事物，须全面考察它们在消费者心目中的形象，以避免象征事物在消费者心理上引起消极联想，从而损害产品形象。

11. 定格

定格是在一定的时间里，某产品或某企业形象网络广告的诉求重点、网络广告词、画面、色彩、布局等保持不变。定格的好处是使网络广告信息及外部表情多次重复，易于在消费者脑中留下印象，进而建立熟悉感。每推出一次网络广告，消费者的印象重复一次，按照记忆规律，重复的次数越多，印象越深。定格，也易于使消费者把各厂家、各不同产品的网络广告区别开来。倘若一次网络广告一个样，就根本形不成有利于产品销售的熟悉感，花再多的网络广告费也是白搭。建立消费者对品牌的熟悉感是占领市场的第一步。美国波立兹调查公司总经理阿夫来德·波立兹说："知道的事物比不知道的事物更易激起人的信心。"

12. 相似

相似手法是定格策略的表现形式之一。在一次大的网络广告战役中的一系列网络广告里，既有固定不变的成分，又有变化的内容，虽有变化，但又很相似。它的好处是既具有定格的优点，又不拘一格，可因时、因地、因宣传需要有所变动，以便更完美地传达网络广告主的意图。

网络广告的相似性包括三个方面。

（1）视觉相似性。如相似或统一不变的画面、字体、布局。

（2）音响相似性。以独特的前后一贯的音响烘托网络广告主旨。

（3）语言相似性。网络广告词相似，主要是网络广告标语和标题相似或相同（见图4-15）。

图 4-15 LG 手机广告中"爱巧克力哟"与"I chocolate you"相似

思 考 题

1. 简述网络广告设计程序。
2. 结合海尼根圣诞原装祝福 Share 水晶球的创意,阐述网络广告创意的含义和作用。
3. 简述网络广告设计的基本要求。
4. 试论述网络广告的导向方式。
5. 试论述网络广告的表现手法。

第 5 章

网络广告制作

网络广告具有传统媒体无法比拟的优势，如交互直接、及时反馈、易于更新、海量储存、不受版面与颜色等因素的制约、无时空差异等。而其费用一般只是报纸的 1/5，电视的 1/8。因此，网络广告理所当然地成为企业广告的选择之一。因此，我们有必要学习网络广告制作的基本技巧。

▶ 5.1 网络广告制作流程

图 5-1 是网络广告制作的基本流程。

图 5-1 网络广告制作的基本流程

▶ 5.2 网络广告构思

5.2.1 网络广告构思的基本含义

网络广告构思是依据确定的网络广告创意所进行的具体策划活动。网络广告制作是使用艺术手法表现构思的过程。

例如，广告创意人员为一种婴儿鞋确定的广告主题是柔软，怎样去表现柔软？这就是广告构思要思考的问题。如果只是说："××婴儿鞋，真柔软！"这不是构思。用于广告表现的语言有两种：一种叫"第一语言"，也叫直言；另一种叫"第二语言"，也叫婉言。"××婴儿鞋，真柔软！"是"第一语言"，广告有时也需要用这种语言；但只有"第二语言"才称得上是构思，例如，"××婴儿鞋，像妈妈的手一样"。然后，画上一只美丽的、无限柔软的手，托起婴儿娇嫩的小脚丫……

在更多情况下，网络广告构思指的是意象的创造和意境的经营，有时还是情节的组织和安排。意象、意境都是文艺学的术语，指的是有意之象、有意之境。在网络广告创作中，网络广告构思是将自己所理解的网络广告主题和创意，寄托在象、境当中，所形成的也叫意象或意境。

就目前情况看，网络广告构思主要是意象和意境的问题，基本不涉及情节。也就是说，网络广告目前以平面设计为主，主要是页面的设计和网幅、图标的设计。植入式广告的出现，把产品及其服务具有代表性的视听品牌符号融入影视或舞台产品中，给观众留下深刻的印象。以冯小刚导演的《手机》为例，将手机巧妙地与电影情节融为一体，没有喧宾夺主，至少还算为情节服务，不会给人明显的广告感。微电影也是新出现的一种带有情景的广告形式。德国宝马汽车在新车 MINI PACEMAN 上市之前，推出微电影《MINI PACEMAN 城市微旅行》（见图 5-2）。该微电影选择了三座各具特色的城市：北京、上海、杭州，并邀请著名作家、企业家驾驶 MINI PACEMAN 旅游，为新车上市成功做了宣传铺垫，又让这款全新车型成为城市微旅行的代名词。在微电影中用一种新的概念唤起消费者需求，需要通过构思使其与所推品牌或产品巧妙地联系在一起。

图 5-2　微电影《MINI PACEMAN 城市微旅行》宣传海报

从工作流程看，网络广告构思应该是由网络广告策划人员和创意人员在全面策划的基础上，先行提出本次网络广告活动的主题和创意，再由网络广告制作人员就如何表现主题来进行艺术构思。这和一般广告构思毫无二致，因此，网络广告构思首先应该遵循广告构思的一般原则。

5.2.2 网络广告构思的基本原则

要使广告脱颖而出、引人注目，除了靠正确的受众定位和个性化的内容，更重要的就是靠创新能力，这种创新能力能够将受众的目光牢牢吸引住。

怎样才能做到创新，让理念达到升华，达到想要的效果呢？

法则 1：不要盲从任何法则。真正的构思是不受任何限制的，如果想要获得属于自己的独特创意，就必须让自己的思维不被任何约定俗成的东西所左右。这句话说起来容易，但真正要做到，却颇有难度。

法则 2：以感性的画面去表现。表现独特的销售理念，表现与竞争对手的差异，表现产品的持久性。例如，劲量十足的小兔子、无所事事的修理工等广告形象都充满了感性化色彩。

法则 3：制定一个蓝图，使之成为整个工作的指南。蓝图中将包括一个复杂的消费群前景利益分析，其中应该包含地域等一系列详细的分类信息，内容越具体、越详细越好。这个利益分析表将用于说服高层管理人员支持广告宣传。蓝图中还应包括用户的喜好、憎恶、职业等众多细节，确定广告宣传的受众。

法则 4：敢冒风险。今天我们看见的许多广告推广活动都好像一个人策划出来的，从大方面到小细节几乎一模一样。要克服这种状况，必须策划一个与众不同的推广活动，一个杰出的广告或推广活动是建立在过目不忘的基础上的。这就意味着，广告需要给人惊奇、震撼的感觉，这样才会让受众牢牢记住广告宣传的产品。新奇的创意会吸引无数目光。要时刻留心每个有价值的创意，不要去考虑那些陈词滥调，不要过于担心失败。

创造性不仅仅指那些灵光一闪的主意，它不是奇思怪想，而应该是成熟可行的。所以，广告制作者应当去想、去尝试、去分析、去改变、去完善。在思考的基础上，如何将构思的广告内容转化成可见的形式，这就是网络广告的构思技巧问题。网络广告构思的灵魂就是别出心裁、标新立异。我们应当从创造的角度来思考这个问题。

5.2.3 网络广告构思的基本思路

一个经过精心设计的广告和一个创意平淡的广告在点击率上会相差很大。在构思概念上，我们必须对网络广告所链接的目标站点内容有通盘的了解，找出目标站点最吸引访问者的地方，转换为网络广告设计时的销售理念，不要夸大目标网页，否则上过一次当的访客很难再次点击这个网络广告。

1. 主旨明确

一个专业的、有营销意识的网络广告，应该让访问者能够很快理解广告的含义及其业务。如果网络广告缺乏主旨，没有连贯性，没有完整性，那么这个网络广告就没有灵魂。

网络广告的文案和图形都是用以实现网络广告经营战略的手段，其内容是决定网络广告能否吸引人的内核。图 5-3 是获得 2014 中国广告长城奖的铜奖的作品《中国移动关键时刻系列——消防员篇、警察篇、护士篇》[①]。该作品利用文字和图片，从消防员、警察和医生三个方面较好

[①] 中国广告协会. 第 22 届中国国际广告节[EB/OL]（2015-10-23）[2015-11-20]. http://www.chinaciaf.org/index.php?m=content&c=index&a=show&catid=67&id=178.

地反映了手机在关键时刻的作用，有效地实现了手机广告营销的目的。

图 5-3 中国移动关键时刻系列广告

2. 引起注意

消费者对网络广告的认识离不开注意。引起消费者的注意，是网络广告成功的第一步，也是网络广告设计的基本要求。因为有了注意，人的认识才能够离开周围现实中的其他事物而集中精力于虚拟社会的网络广告上来。人在同一时间内不可能感知周围的一切对象，而只能感知其中的少数对象。因此，要使本网络广告成为消费者注意的中心，使其他网络广告处于注意的边缘或处于注意的范围之外，就必须采取措施加深人们对这一网络广告的注意程度。

传统的广告构思，往往追求的是认同和接受。因为无论是电视广告还是报纸广告，不管消费者是否愿意，他都必须被动地接受广告宣传。而在网络上，消费者则有了独立的选择余地。他可以根据自己的时间、根据对网络广告的初步理解来决定是否点击网络广告进一步浏览广告的详细内容。因此，互联网上网络广告的构思，追求的是广告的吸引力。也就是说，网络广告的构思需要提出新颖可行的方法，把本国的或异国的网络用户吸引到自己的站点上来访问，使他们能够在自己的网站上停留更多的时间，更多地浏览自己的产品信息。

由于网络广告主要是在互联网这一特殊的载体上运行的，具有不同于传统广告的个性特点，所以，网络广告的构思不仅需要一般广告设计专家的参与，而且需要网络技术专家的参与。

注意程度的大小与刺激的强弱成正比。突出的目标、移动的画面、鲜艳的色彩都会引起人们不同程度的注意。正确地使用各种先进的设计手段，才能够使广告收到良好的效果。例如，燕京啤酒在 2008 年北京奥运会期间在搜狐网上投放的广告，利用"奥运金牌 0 突破"来吸引网民的注意力，提升企业品牌（见图 5-4）。

图 5-4　燕京啤酒在搜狐网上投放的奥运赞助广告

3. 内容新颖

顾客最终掏出钱来购买商品要经过货类和货主两个选择。前一种选择是究竟购买什么样的商品，后一种选择是究竟购买谁的商品。企业在掌握了需求信息和消费信息的基础上开发出一种新产品，还只是满足了第一种选择。要满足第二种选择，必须使顾客了解你的新产品，这就需要进行商品销售中的广告宣传。如果开发新产品的厂家不止一家，这种广告宣传的竞争就会十分激烈。大家都希望自己的新产品不但为顾客所知，而且希望在顾客头脑中留下深刻的印象。根据心理学原理，旧的东西已经产生心理疲劳，只有独到的、新颖的刺激才容易留下深刻的记忆痕迹。所以，广告宣传要求构思别具一格，要求具有内容新颖的品质。

4. 与产品特点和企业精神的结合

网络广告构思不仅仅只是一句口号、一条标语或一个画面，而是经过深思熟虑后提炼出来的企业理念和精神与宣传方式的完美结合。

图 5-5 是伊利公司在腾讯网上做的营养舒化奶广告。该广告将产品形象、功能特点、受众利益点等信息潜移默化地向目标消费者渗透，而左上角鲜明的伊利公司图标又使人们对该公司留下深刻印象。

图 5-5　伊利公司在腾讯网上做的营养舒化奶广告

▶ 5.3　网络广告文案的撰写

网络广告主要由网络广告文案和网络广告图形两部分组成。文案主要由标题、正文和标号组成；而图形主要由插图和色彩组成。有关网络广告的插图和色彩组成将在下一节讨论。

5.3.1 网络广告文案的撰写

1. 网络广告文案撰写的重要性

是图像重要还是文本重要？这是每个网络广告都必须面对的问题。流行的观念是：图像比文本重要，一提"网络广告"，大家以为就是由图像组成。这是对网络广告的肤浅理解。其实，网络广告是以实现广告经营战略为目标、对网络广告各要素展开的综合规划，文案的表述是第一位的，而图像是辅助性的。如何在简短的文字中融合网络广告目标、经营策略、读者定位、风格塑造、图像设计等，是一个相当复杂的问题。因此，网络广告文案的写作必须被高度重视。

很多网络广告技术挂帅，不注意网络广告文案的写作，以为采用的技术越复杂、越时髦越好。因为互联网是年轻人的乐土，所以他们追逐时髦的兴趣也体现在广告上。对于以表现自我为主旨的个人主页，这一特点颇有可取之处，然而对于有明确商业目标的网络广告，情况就不一定是这样了。从促进营销的角度看，突出文案内容，才能使网络广告的效益达到极致。所以，在网络广告文案内容的安排及文字风格处理上，需要做精心的安排。

2. 网络广告文案写作程序

网络广告文案写作程序可以分为四个阶段（见图5-6）。

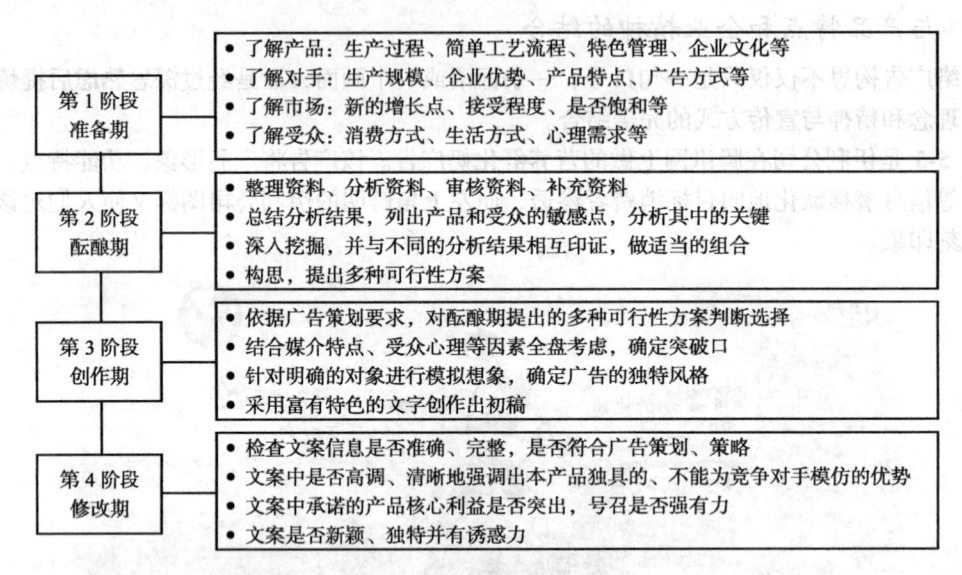

第1阶段 准备期	• 了解产品：生产过程、简单工艺流程、特色管理、企业文化等 • 了解对手：生产规模、企业优势、产品特点、广告方式等 • 了解市场：新的增长点、接受程度、是否饱和等 • 了解受众：消费方式、生活方式、心理需求等
第2阶段 酝酿期	• 整理资料、分析资料、审核资料、补充资料 • 总结分析结果，列出产品和受众的敏感点，分析其中的关键 • 深入挖掘，并与不同的分析结果相互印证，做适当的组合 • 构思，提出多种可行性方案
第3阶段 创作期	• 依据广告策划要求，对酝酿期提出的多种可行性方案判断选择 • 结合媒介特点、受众心理等因素全盘考虑，确定突破口 • 针对明确的对象进行模拟想象，确定广告的独特风格 • 采用富有特色的文字创作出初稿
第4阶段 修改期	• 检查文案信息是否准确、完整，是否符合广告策划、策略 • 文案中是否高调、清晰地强调出本产品独具的、不能为竞争对手模仿的优势 • 文案中承诺的产品核心利益是否突出，号召是否强有力 • 文案是否新颖、独特并有诱惑力

图5-6 广告文案的写作程序

3. 网络广告文案写作的"爱达公式"

爱达公式也称 AIDA 法则，它是以消费者的接受心理为出发点提出的广告文案创作模式。其基本思路是通过广告文案改变或强化消费者的思想观念。具体包括四个方面的内容。

（1）标题。引起消费者注意（Attention）。

（2）正文开头。使消费者产生兴趣（Interest）。

（3）正文中间。增强消费者的信任感，并引发其购买欲望（Desire）。

（4）正文结尾。让消费者从心动转为行动（Action）。

5.3.2 网络广告文案的构成

网络广告的文案主要由标题、正文和标号组成。

1. 网络广告的标题

1）网络广告标题的职能

网络广告的标题是用来说明网络广告正文的中心思想的，是网络广告的一个非常重要的组成部分。网络广告标题的职能是点明广告的主题，立刻吸引消费者的注意，引起消费者的兴趣和好奇心，从而诱导消费者阅读广告的正文。

好的网络广告的标题有四个基本的职能。

（1）点明主题，引人注目。
（2）引起兴趣，诱读全文。
（3）加深印象，促进购买。
（4）抓住目标对象。

其中使消费者立刻注意是首要的职能。因为一般情况下，人们看广告只看标题，如果标题不能吸引消费者，他们就不会阅读广告的正文，这样就大大地降低了广告的宣传效果。

网络广告的标题就像路牌一样，要连接到你的网站，全靠它指路了。标题要意义清晰、描述性强，有人喜欢用花里胡哨的词汇，的确很酷，但会增加广告受众的负担，让人家不得不多琢磨下你究竟是什么意思。做标题极为重要。广告受众一般只是寻找某些特定的信息，而不是什么都看。他们会掠过一行行文字，捕捉感兴趣的关键词、句子或段落，如果你用清晰的标题指引，会使他们浏览起来便利一些。

2）网络广告标题的制作

（1）陈述式标题的制作。陈述式标题也称新闻式标题，这种标题开门见山，将产品的主要情况、产品所能提供的收益等直接地告诉消费者。这种标题的最大特点是简明，在采用这种标题时，要注意采用有效的表达方式。例如，采用大号字或黑体字，给标题配上插图，等等（见图5-7）。

图 5-7 梦芭莎官网广告上的陈述式标题

（2）疑问式标题的制作。这种标题与陈述式标题正好相反，它本身并不直接介绍产品的情况，目的是让消费者产生一种好奇感，诱导消费者去阅读广告的正文。这种标题的最大特点是有趣味性，能引起消费者的好奇心。在采用这种标题时，可采用具有煽动性的文字。图 5-8 是乐蜂网所做的疑问式标题广告。

（3）祈使性标题的制作。此类标题的特点是礼貌地命令消费者做某事。它常常利用规劝、叮咛等语气，要求消费者立即行动。图 5-9 是一则祈使性标题广告。

图 5-8　乐蜂网的疑问式标题广告

图 5-9　雀巢公司饮料产品的祈使性标题广告

2. 网络广告的正文

1）网络广告正文的职能

网络广告的正文主要是对标题及网络广告内容主题的解释，是网络广告的主体部分。网络广告的职能就是满足消费者的好奇心，促使消费者走向广告宣传的最终目标——采取购买行动。

2）网络广告正文的写作原则

广告学大师大卫·奥格威的广告正文写作原则至今仍是广告文案人员尊崇的原则。

（1）要直截了当地用准确的语言来写作。

（2）不要用最高级的形容词、一般化字眼和陈词滥调，要讲实事并且把实事讲得引人入胜。

（3）要经常运用用户经验谈广告信息。

（4）向读者提供有用的咨询或服务，而不仅仅单纯地讲产品本身。

（5）避免文学派的广告。

（6）避免唱高调。

（7）用消费者的通俗语言写作文案。

（8）不要贪图写作获奖广告文案。

（9）衡量优秀广告文案人员的标准是看他们使多少新产品在市场上腾飞，而不是用文字娱乐读者。

3）网络广告正文的制作

在制作正文时，最吸引人的应当先说，然后再将其他内容依次展开。或者说，把你的独特内容包裹成一个悬念，吸引人家注意。读者看一篇文章，前三段注意力最集中，如果这"寸土寸金"的前三段用不好，人家就要和你拜拜了。具体要注意以下几点。

（1）措辞要讲究。适当使用形容词及修辞手法，吸引力会更大。例如，"功能强大的新软件包将改变你的一生"和"新软件包真好"相比，是不是更吸引人？总之，要有些想象力，花点心思，琢磨琢磨用怎样的文字，才能最大限度地激发广告受众的好奇心和注意力。

（2）要富有亲和力。让读者喜闻乐见，使读者在思想上、视觉上都产生愉悦感。在写作时，要有"群众"观念，也就是说，你的网页可能会被成千上万的人浏览。如果内容让人家觉得是专门为他而写，那么你的广告对他们的吸引力就会大得多。别自顾自地讲大道理，自得其乐，自我陶醉。实在点、直接点、轻松点，就像和你的一位好朋友面对面聊天一样，让人家看得下去。

（3）着笔尽量要简洁清净。让读者能在最短的时间内，了解你想呈现给人家的是什么，给人家一幅清晰的画卷。要做到这一点不是很容易，"简洁是才能的姊妹"。如何抓取核心内容，如何清晰表达，如何尽可能缩减笔墨，如何适当使用修辞手法和形容词，等等，都是问题。因为我们只能在有限的篇幅和范围内做文章，所以不能不惜墨如金。

（4）将读者置于第二人称。比方说，可以写"你一定很关注北约轰炸我大使馆事件，你知道全国处在怎样的愤怒之中"，也可以写"最近北约轰炸我大使馆的事件，使全中国都处在愤怒之中"，两相比较，从吸引注意力的角度出发，前者是不是更好些？因为它视读者为"你"，营造出了较强的参与感，无形中拉近了与读者的距离，增加了吸引力。

（5）开门见山，直截了当。大家都知道，与一般媒体的受众相比，网友的耐心尤其少。你能提供的信息或许对他们有益，但如果要人家没完没了地找下去才能找到，恐怕极少有人有这份耐心。因此"立片言以居要"，让人直接了解你的目的何在，你要讲的主要意思是什么，这样会更好一点。

（6）句子越短越好。一个句子最好十来个字，最多别超过25个字，太长了会让读者接不上气儿。段落也要尽量简短，6~8句足矣。

（7）把握好每行字的宽度。就文本内容的表现而言，记住尽量别让一行文字的宽度横跨整个屏幕。否则，段落一多，一整行一整行地看起来很费劲，而且读者的浏览器还可能和你的差别很大，不得不拐来拐去地看。所以，每行文字最好别超过屏幕宽度的一半。

（8）保证阅读效果。内容主体部分的文字字体最好使用软件的默认值，这可以保证大多数人的阅读效果。为加强效果，文字大小可以时不时地变一下，不过要适度、得体，别喧宾夺主，也别让人眼花缭乱。

（9）应该适度地使表现形式活跃起来。不过最好别用下划线，因为这容易和链接标识相混淆，误引来点击。可考虑颜色、粗体、斜体等手段。

（10）每页都得有个"栏头"。就是页面最顶端出现的那行文字，英语为"Title"，国内也常翻译成"标题"。为避免和文本内容的标题相混淆，还是翻译成"栏头"为好。有的人不知道这个"Title"的重要性，随意来点或者根本就忘了。要知道它和文本内容的标题一样，都是广告的一个路标，是绝对不能省的。

3. 网络广告的标号

在网络广告文案中，标号的作用在于标明语句的性质和作用。常用的标号有9种，即引号、括号、破折号、省略号、着重号、连接号、间隔号、书名号和专名号。

5.3.3 网络广告文案写作的技巧

1. 提供免费

这是一个屡试不爽的做法。人们常常有占便宜的想法。世界上所有的网民都是在"免费"的培育环境下急剧增加的，你打破了这个习惯是不一定会成功的，所以强调"免费"、"不花钱"，也算好点子，如果能送钱那就最好不过了。

例如，赛龙地产通网（www.sinoi.com）上的广告词——"快，租房子不花钱"；农夫山泉在新浪网上投放的广告——"有机会与冠军同游千岛岛"等（见图5-10），都是利用免费作为吸引网民的广告词。

图5-10　农夫山泉在新浪网上投放的利用免费吸引网民的广告

2. 设置悬念

好奇心也是可以利用的，文字中设些悬念，吸引好奇的人去点击，应该也有很好的效果。例如，卓丽养生的广告，"2010年神秘发型？"（见图5-11），这很容易引起人们的好奇"可能养生是最好的护发途径"，收到很好的广告效果。

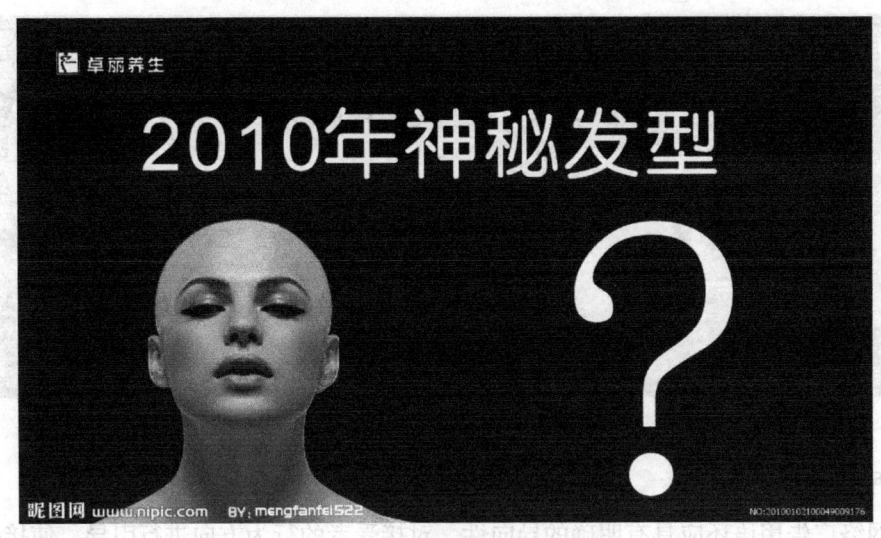

图 5-11　卓丽养生的悬念广告

3. 满足需求

把"需求"作为招数之一好像有些勉强，实际上消费的根本因素是需求，这里是指语句很有针对性，直接挑明目的，有针对性地传递广告信息。

例如，中国招聘求职网（www.528.com.cn）的广告"招招招，招聘人才……寻寻寻，寻找工作……"就是很典型的满足需求的网络广告（见图 5-12）。

图 5-12　中国招聘求职网上有需求针对性的网络广告

4. 简单明了

英语中有句话，Keep It Simple，Stupid，简称 KISS，意思是说干什么事都要简单、明了、直截了当，甚至让人感到你有点愚蠢也没有关系。这个原则用到网络广告中更有意义。因为网络广告的大小非常有限。在有限的空间里，要让浏览者用目光一瞥就能引起注意，明白你的意思，且又不致误解，最好的办法是直截了当，采用简短、明确的广告用语及醒目的标题引起广告目标对象的注意和记忆。例如，珀莱雅公司的化妆品广告仅用了 9 个字，清楚地传递了广告需要传递的信息（见图 5-13）。

图 5-13　珀莱雅公司的化妆品广告

5. 明确导向

好的网络广告用语还应具有明确的导向性，对接受者的行为方向进行引导，使接受者能按照广告设计者的意愿进行动作。如广告用语"不用再找客户了，让客户来找你！"（见图 5-14），就带有导向性的特点。也有的网络广告用语常常采用富有刺激性或挑战性的语言，例如，Are You Smart Enough to Click Here?（点击这里说明你很聪明，或者傻瓜才不点击这里。）

图 5-14　雅虎网页上的导向性广告

案例

西门子 SX1 手机：简单的创意，不简单的生活[①]

1. 广告创意

西门子 SX1 手机新品上市，希望雅虎用户了解并熟悉 SX1 多种强大功能，培养消费意见领袖。

---

① Jack 网络广告先锋.网络广告精选（第 37 期）[EB/OL]. http://www.wisecast.com/ia_choice/review_37.shtml.

2. 解决方案

（1）构思活动主题。提出"简单的创意，不简单的生活"广告语。

（2）针对 SX1 拥有图片制作功能，举办"简单的创意，不简单的生活"图片创意大赛。鼓励网友参与，在比赛中体会 SX1 图片制作的乐趣。

（3）在雅虎通为 SX1 定制专属聊天背景，加强 SX1 的亲和力，吸引更多网友浏览 SX1 功能。

（4）与雅虎电邮联合举办"注册雅虎免费电邮，送 SX1 手机"活动，强调 SX1 强大的商务功能。

3. 效果

活动时间为 1 个月，提交图片创意大赛作品 800 多份，近 2 万人下载使用聊天背景，18 万个新用户抢注雅虎电邮。

图 5-15 是部分网友提交的作品。

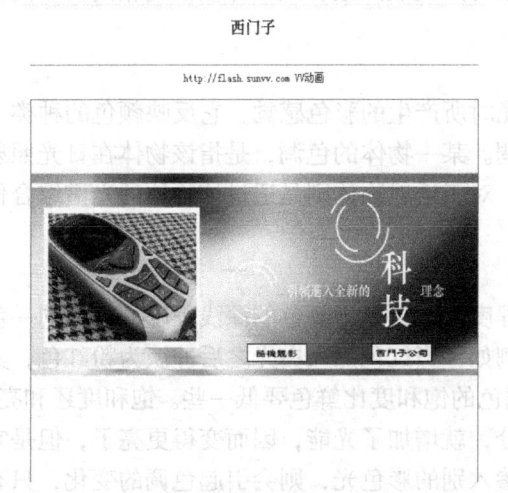

Minsite　　　　　　　　　　Yahoo! Messenger

Sponsor

图 5-15　部分网友提交的作品

5.4 网络广告的图形与图像

5.4.1 基本概念

1. 色彩

1) 亮度

色彩可用亮度、色调和饱和度来描述,人眼看到任一彩色光都是这三个特征的综合效果。亮度是光作用于人眼时所引起的明亮程度的感觉,它与被观察物体的发光强度有关。由于其强度不同,看起来可能亮一些或暗一些。显然,如果彩色光的强度降至使人看不到了,在亮度标尺上它应与黑色对应。同样,如果其强度变得很大,那么亮度等级应与白色对应。对于同一物体照射的光越强,反射光也越强,称为越亮;对于不同的物体在相同照射情况下,反射越强者看起来越亮。此外,亮度感还与人类视觉系统的视敏函数有关,即便强度相同,不同颜色的光照射同一物体时也会产生不同的亮度。

2) 色调

色调是当人眼看到一种或多种波长的光时所产生的彩色感觉,它反映颜色的种类,是决定颜色的基本特性。红色、棕色等都是指色调。某一物体的色调,是指该物体在日光照射下,所反射的各光谱成分作用于人眼的综合效果,对于透射物体则是透过该物体的光谱综合作用的结果。

3) 饱和度

饱和度是指颜色的纯度即掺入白光的程度,或者是指颜色的深浅程度。对于同一色调的彩色光,饱和度越深,颜色越鲜明或越纯。例如,当红色加入白光之后冲淡为粉红色,其基本色调还是红色,但饱和度降低。换句话说,浅色的饱和度比鲜色要低一些。饱和度还和亮度有关,因为若在饱和的彩色光中增加了白光的成分,就增加了光能,因而变得更亮了,但是它的饱和度却降低了。如果在某色调的彩色光中,掺入别的彩色光,则会引起色调的变化,只有掺入白光时才能引起饱和度的变化。

通常把色调和饱和度通称为色度。亮度表示某彩色光的明亮程度,而色度则表示颜色的类别与深浅程度。

2. 彩色空间

自然界常见的各种颜色,都可由红(Red)、绿(Green)、蓝(Blue)三种颜色的不同比例相配而成。同样,绝大多数颜色光也可以分解成红、绿、蓝三种色光。这就是三基色原理,三种颜色必须是相互独立的,即任何一种颜色都不能由其他两种颜色合成。由于眼睛对红、绿、蓝三种色光最敏感,所以一般都选取这三种颜色作为基色。

1) RGB 彩色空间

在多媒体计算机技术中,用得最多的是 RGB 彩色空间表示。因为计算机的彩色监视的输入需要 R、G、B 三个彩色分量,通过三个分量的不同比例,在显示屏幕上合成所要的颜色。所以,不管多媒体系统运作过程中采用什么形式的彩色空间表示,最后的输出一定要换成 RGB 彩色空间表示。

RGB 彩色空间是电子输入设备普遍使用的色彩语言,如显示器、扫描仪和数字照相机等。

这些设备是通过放射光线或吸收光线来再现色彩的。RGB 彩色空间能产生多达 1670 万种颜色。人们称 RGB 模式为加色空间，因为颜色是通过光色与光色相加而产生的。因此，组合出的第二种颜色总比原色更明亮。最大强度的红、绿、蓝三原色相加产生白色，相同数值的红、绿、蓝相加产生中性灰，数值越低产生的中性灰越暗，反之越亮。RGB 彩色空间是与设备有关的，不同的 RGB 设备再现的颜色不可能完全相同。

2）YUV 彩色空间

所谓 YUV，其实与 RGB 一样，也是一种彩色空间表示。其中 Y 表示亮度值，U 表示偏蓝的程度，V 表示偏红的程度。

在现代彩色电视系统中，通常采用三管彩色摄像机或彩色 CCD 摄像机，它把摄得的色图像信号，经分色棱镜分成三个分量的信号，分别经放大和校正得到 RGB，经过矩阵变换电路得到亮度信号，偏蓝或偏红的色差信号，最后将三个信号进行编码，用同一信道发送出去。这就是我们常用的 YUV 彩色空间。采用这种彩色空间的好处是：

（1）亮度信号解决了彩色电视机与黑白电视机的兼容问题。

（2）人眼对彩色图像细节的分辨本领比对黑白图像低得多。用亮度信号传送细节，用色差信号进行大面积涂色，能够保证图像色彩的质量。

3）HSL 彩色空间

采用 HSL 彩色空间能够减少彩色图像处理的复杂性，增加快速性，它更接近人对颜色的认识和解释。例如，色调（Hue）是颜色的属性，它描述真正的彩色，如纯红、纯黄、纯蓝、纯紫及它们之间的某些颜色。饱和度（Saturation）是颜色的另一个属性，它描述纯颜色用白色冲淡的程度，高饱和度的颜色含有较少的白色。亮度（Lightness）是非彩色属性，它描述亮还是暗。彩色图像中的色基对应于黑白图像中的灰度。

3. 图形（图像）格式

图形（图像）格式大致可以分为两大类：一类称为位图；另一类称为描绘类、矢量类或面向对象的图形（图像）。前者是以点阵形式描述图形（图像）的，后者是以数学方法描述的一种由几何元素组成的图形（图像）。一般来说，后者对图像的表达细致、真实，缩放后图形的分辨率不变，在专业级的图形（图像）处理中运用较多。另外，提到图形（图像）格式有必要介绍一下图形（图像）的一些主要指标——分辨率、色彩数、图形灰度。对于分辨率，一般有屏幕分辨率和输出分辨率两种。前者用每英寸行数表示，数值越大，图形（图像）的质量越好；后者衡量输出设备的精度，以每英寸的像点数表示，当然也是数值越大越好。对于图形（图像）的色彩数和灰度级，我们用位（Bit）表示，一般写成 2 的 n 次方，比如，某图形（图像）是 16 位图像，即 2 的 16 次方，共可表现 65 536 种颜色。当图形（图像）达到 24 位时，可表现 1 677 万种颜色，即真彩。常见的色彩位表示一般有 2 位、4 位、8 位、16 位、24 位、32 位、36 位这几种。随着现今价廉物美的高质量彩喷和 Photo 打印机的不断涌现，高品质表现自然景色已是轻而易举了。

计算机中使用的图形文件都有其特殊的特征后缀名，不同的特征后缀名表示不同的图形文件格式。

（1）BMP（Bit Map Picture）：PC 机上最常见的位图格式，有压缩和不压缩两种形式，它的诞生得益于 Windows OS/2 操作系统。Windows 中附件内的绘画程序的默认图形格式便是此格式。一般 PC 图形（图像）软件都能对其进行访问。以 BMP 式存储的文件容量较大，但在位图文件中它对图形（图像）的描述算比较"到位"的。该格式可表现从2位到24位的色彩，分辨率也可从480×320至1024×768。该格式在Windows环境下相当稳定，所以在对文件大小没有限制的场合中运用最为广泛。

（2）GIF（Graphics Interchange Format）：在各种平台的各种图形处理软件上均可处理的经过压缩的图形格式。它是可以在Macintosh、IBM机器间进行移植的标准位图格式。该格式由Compuserver公司创建，存储色彩最高只能达到256种。由于存在这种限制，目前已经较少被使用。

（3）JPG（Joint Photographics Expert Group）：可以大幅度地压缩图形文件的一种图形格式。同样一幅画面，用JPG格式储存的文件是其他类型图形文件的1/10～1/20，一般文件大小只有几十k或一两百k，而色彩数最高可达到24位，所以它被广泛运用于互联网上的Homepage或互联网上的图片库，以节约宝贵的网络传输资源。但这样做的结果是牺牲了图像质量。不过，一般使用者大可不必担心，因为JPG的压缩算法是十分先进的，它对图形（图像）的损失影响并非很大，一幅16M（24位）JPG图像看上去与照片没有多大差别，外行甚至无法分辨。即使在互联网上VRML三维图形（图像）技术日益成熟的今天，在表达二维图像方面，JPG仍有强大的生命力。

（4）PSD（Photoshop Standard格式）：Photoshop中的标准文件格式，专门为Photoshop而优化。

（5）CDR（CorelDraw格式）：CorelDraw的文件格式。另外，CDX是所有CorelDraw应用程序均能使用的图形（图像）文件，是发展成熟的CDR文件。

5.4.2 网络广告图形构思

图形是广告设计构成中的重要组成部分。一般来说，人们对于图形的感受与认知要比文字直接得多。图形越直观，越能抓住观察者的注意力，对于广告语言的阐述就越明了。脱离了好的图形，网络广告设计也显得毫无生机。因此图形的表达在网络广告设计表达中也是十分重要的。

在总面积不大的网络广告中，广告用语的所占面积不可能太大，所以，应当用尽可能少的语言清楚表达你的意图。图形的构思、色彩和图形的动态设计，应当明确为文字服务，不能喧宾夺主。因为浏览者不可能从图形、色彩和动态中明白你的意图。但是，图形的构思、色彩和动态在视觉上应当是能够吸引人的。当人们浏览信息服务商的页面时，对于富有创意的图标都会禁不住多看一眼。所以，在构思网络广告时，将文字与图形很好地结合起来，综合运用色彩、动态及声响的功能是网络广告成功的关键。

图形演变的过程实际上是一个以意生象的过程，根据具体的内容而创造图形。使人们可以直观地感受图形所表达的含义。这就需要图形具有高度的概括性，以图形来打破语言文字的局限性，带给人们无尽的联想。好的广告画面一定要能够"勾住"浏览者的眼光，能够唤起浏览者点击的欲望，能够给浏览者点击网络广告的理由。

在网络广告中，我们使用图形图像设计软件（Photoshop、Autocad、Coreldraw、Flash、3Ds Max等）构思图形，但设计者的美术功底仍然是非常需要的。因为相对于软件设计，手绘草图能够更好更快地反映设计者的创意。图5-16是服装广告手绘草图。这是八月未央加盟设计师现场绘制的服装图，反映了设计师对服装的深度理解。这样的草图为以后服装广告设计打下了良好的基础。

图 5-16　服装广告手绘草图①

案例

马爹利时尚派对①

1. 广告背景

马爹利由简·马爹利（Jean Martell）创办。他于 1715 年抵达干邑区，为其他商家购酒。简·马爹利的家族于 1807 年将公司注册为 J&F MARTELL。1874 年金牌马爹利正式推出，深受欢迎。马爹利干邑至今，产品除三星、金牌、名士、蓝带、XO、远年及金王之外，还有一些趣味性的产品如蓝钴瓷瓶或水晶瓶庄，囊括了上中下档的品种及市场，深受欢迎。

金秋十月，马爹利"形象 2000"新闻发布会在北京、上海、广州三地分别举行，正式拉开了马爹利全球品牌推广的序幕。而自 2000 年 10 月 13 日开始的"蓝火闪亮"露天酒吧马爹利品酒会，更是掀起了一股蓝色风暴。马爹利以 20 岁至 35 岁时尚人士为目标，针对不同的消费人群召开十大主题派对：为金融界人士的流金岁月；为主持人、艺术家等人士的灵感之光；为互联网用户的情系网络；为音乐发烧友的另类风情……马爹利这个古老品牌的系列活动演绎其全新概念的新世纪形象，给酒类市场带来一股强有力的冲击波。

马爹利为配合这次活动，由新浪网人机界面部客户组为施马洋酒有限公司设计制作，以马爹利时尚派对为主题，在新浪网站上设立了专门的网页对此进行宣传，并在新浪首页投放了一定量的旗帜广告和按钮广告，终端页面为 http://stat.sina.com.cn/market/martell。如此规模的线上和线下结合的推广活动，可谓开酒类广告之先河。广告图形如图 5-17 所示，深蓝色的背景透着一丝神秘的气息。左边的美女照片出自知名的艺术摄影师 Matthew Rolston 之手，该美女已成为马爹利新广告的形象代表，外表冷艳、性感、奔放，但秀外慧中、自信独立，完全符合马爹利高贵深沉、敢作敢为的新形象。

---
① 中国广播网.八月未央 T.A 引领国内定制潮流，首推 D2C 电子商务平台新模式[EB/OL]．（2011-09-08）[2013-09-20].http://roll.sohu.com/20110908/n318816038.shtml.

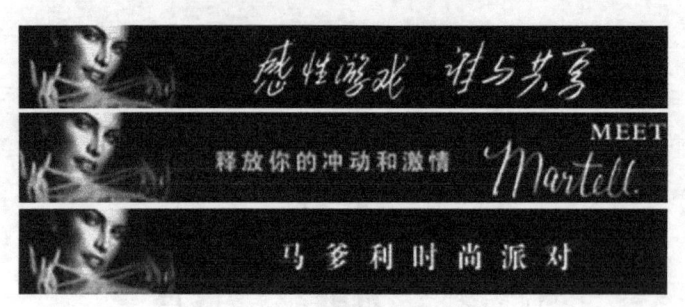

图 5-17　马爹利的网络广告

2. 总体评价

在新的世纪里，马爹利一改以往高贵、神秘的形象，转而开始面向年轻的消费者，以时尚的形象出现，力求把马爹利这一古老品牌塑造成时尚的标志。这样的转型存在很大的风险，毕竟目前年轻人并不是洋酒消费的主力军，要把这种情况扭转过来是比较困难的，要创造一种流行是不容易的！

这则广告文字变化简单明了，"感性游戏，谁与共享"几个字使用了马爹利标志性的花体字，而其他文字则缺乏变化，显得比较呆板。作为一个活动推广的旗帜广告，它缺乏吸引浏览者进一步点击的要素，但作为品牌推广，还是很到位的。

5.4.3　网络广告色彩技巧

目前，国内大多数作品的满意程度还远不尽如人意。一个主要的原因，是一些设计者懒得去关心色彩再现的基本常识，或者好高骛远，或者想当然地做出决定，而大多数错误本来是容易得到解决的。第二个客观原因是，人眼对于色彩的感受能力有着显著的差异，而显示器、扫描仪、模拟及数码相机等在再现色彩的各种方法之间也存在很大差别。因此，我们应该对图像色彩空间的本质及其各种描述形式加以关注，并合理地应用于数字成像的不同阶段，才能得到令人满意的作品。

1. 色彩的定位

人们阅读广告时，对于色彩的反应是相当灵敏的。鲜艳的颜色往往可以吸引人们的注意力。在广告中，色彩处理如果运用得好，能够充分刺激人们的视觉神经，加深对广告的印象。对色彩的嗜好，因人而异。根据消费者性别、年龄、职业、经历的不同，对色彩的感受也不同。广告创作人员在设计色彩时，虽然不可能满足所有人的嗜好，但针对不同的商品、不同的广告目标对象，在色彩处理时也应有所侧重。

有些网页页面结构很简单，图像也不复杂，但看上去十分典雅，有品位，令人赏心悦目，这主要是色彩运用得当。

当人们感受色彩时，色彩能够影响人的情绪、行为和性格。正因为各种色彩给人的感受各不相同，其表现力和象征性也各具特色，所以，要想熟练地运用色彩技巧，必须了解色彩的定位。

根据色彩给人们的感受，可将其分为暖色（红、橙、黄）、冷色（蓝、蓝绿、蓝紫）和中性色（绿、紫、赤紫、黄绿）。

（1）红色。红色是最具影响力的一种色彩，一般代表着喜庆、活力、通俗、冲动。在网络广告中，红色通常用来表达食品的可口美味、用品的喜气华贵，表达出人性的光明愉快面。

（2）橙色。橙色也属于激奋的色彩，代表着活泼、热闹、欢迎和温馨。由于橙色的色彩强大，不易和其他色彩调和，在应用时要注意适度。在网络广告中，橙出现最多的是食品广告。

（3）黄色。黄色是明亮效果最强的色彩，代表阳光的颜色。黄色也带有少许的兴奋性质，能给人较强烈的、快乐的印象。像柯达彩卷的广告和包装都以黄色为基调。

（4）绿色。绿色是大自然的色彩，象征着青春、和平、宁静、生命、自然、安全和纯情。绿色给人以轻松柔和的感觉。在狭窄的地方，绿色能给人以空旷感，使人神经松弛。

（5）蓝色。蓝色是天空和大海的颜色，体现着一种宁静的气氛。在夏季商品的网络广告中，如家用电器，应用蓝色能给人清凉舒爽和清新愉快之感。在厨房用具的广告中，也常用蓝色。但在食品广告中较少用蓝色，因为世上很少有几种食品是蓝色的。

（6）紫色。紫色是一种表现高贵、威严和神秘气质的颜色。一般来说，紫色的使用较为困难，所以运用的场合不多。对于高级贵重的化妆品或衣料、时装，可以选择紫色作为基色。

（7）白色。白色象征着纯洁、和平、神圣，有时也给人恐怖的感觉。它给人的印象最为薄弱，因此，在广告中，白色很少作为主体色彩出现。

（8）黑色。黑色象征着严肃、庄重、文雅，同时也是一种最容易引起人们悲观情绪的色彩。在网络广告中，黑色应用得很多。近年来，黑色在男士用品广告中出现频繁，尤其是高级品竞相采用，表达了高雅、朴素、深度和强烈个性。

（9）银色。银色是带有金属光泽的灰白色，象征冷静、优雅和高贵。

（10）金色。金色也是带有光泽的色彩，象征财富、地位、富丽、华贵、气派和贵族气质。

2. 色彩的调和

任意两种颜色可以调和成复色。比如红、黄两色等量调和，就成了橙色；红、橙、黑三种颜色可以调成棕色。白色、黑色和棕色为中性色。当色彩反差太强烈时，可以用它们进行缓冲。比如，任何一种颜色，加上白色，可以增加明亮度；加上黑色，则会变得深暗；若加上棕色，则趋于中性色调。

色彩的调和有三个原则关系，即色彩协调、色彩对比和色彩抵触。

（1）当两种以上的色彩结合在一起，看上去悦目，就可以称为色彩协调。色彩协调是网络广告色彩表现的最基本原则。为了取得色彩的协调，最简单的办法是进行单色调处理，即只在色彩的浓度和明暗度上进行变化。

（2）色彩对比是为了显示广告主体的背景反差，表现商品的质地。如首饰的广告，为了显示出钻石黄金的质地，背景应采用暗红或黑色。色彩对比主要是通过色彩的反差，如冷与暖、浓与淡、明与暗等，来刺激消费者的视觉，给他们留下深刻的印象。对比强烈的色彩组合有黑与白、红与黑、橙与黑、红与绿、蓝与黄等。

（3）色彩抵触即色彩不协调，是失败的色彩调和。当广告色彩出现这种情况时，会给人混乱、无序、不和谐的感觉，大大影响了广告的效果。

▶▶ 5.5 网络广告平面画面的制作

虽然对于专业广告人员来说，他们仍希望使用专门的广告软件来制作网络广告，如使用苹果系列软件制作广告。但对于大多数人来说，利用软件制作网络广告已不再是天方夜谭，而且制作出来的广告也能够满足广告的基本要求。本节将介绍网络广告平面画面的制作。

平面画面制作软件工具的选择，首先应根据自己对各种图像处理软件的掌握程度，选择不同的软件。同时应考虑广告内容的表达要求。除功能全面的 Adobe Photoshop 和 FrontPage 外，Dreamweaver 和 CorelDraw 等也都是制作平面广告的不错选择。

5.5.1 利用 Photoshop 制作广告图片

Adobe Photoshop 是公认较好的通用平面美术设计软件之一。它功能完善，性能稳定，使用方便，所以在几乎所有的广告、出版、软件公司，Photoshop 都是首选的平面工具。本实例介绍利用 Photoshop CS6 版本制作汽车网络广告平面画面。

1. 总体设计

这是一个汽车网页的设计方案。考虑到要体现现代豪华汽车的高贵和灵活，采用了"圆"的设计思路，主要通过椭圆形状绘制工具与画笔工具表现图像效果。在画面构思时将 4 幅素材图片都融合在圆框中（见图 5-18）。

图 5-18 最终的广告制作页面效果

2. 广告图片制作步骤

（1）打开 Photoshop CS 6 软件，新建一个文件。使用菜单（文件、新建）或快捷键 Ctrl+N。在弹开的控制面板中设置文件尺寸：像素宽度为 1024 像素、高度为 750 像素、分辨率为 72 像素/英寸（见图 5-19）。

第 5 章　网络广告制作

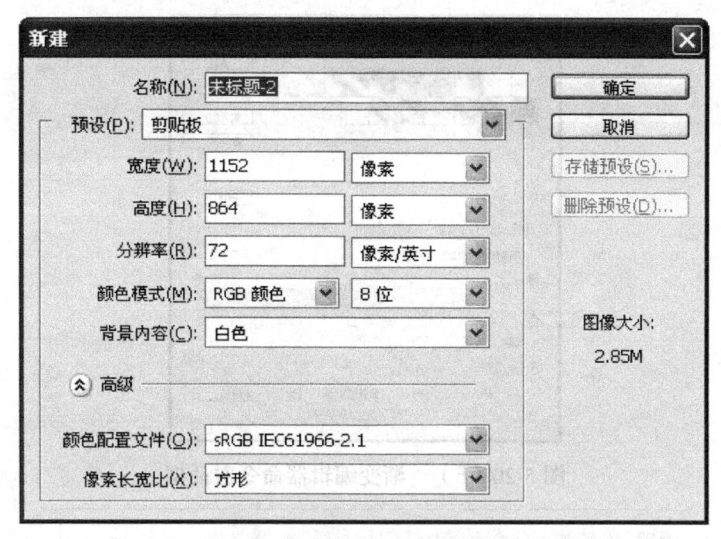

图 5-19　新建文件对话框设置

（2）制作渐变背景。使用矩形选框工具在画布中间绘制一条如图 5-20（a）所示的矩形选区。在工具箱中选择线性渐变工具，单击渐变显示框（线框框住部分），设置弹出的"渐变编辑器"对话框，如图 5-20（b）所示。在渐变编辑器对话框中，从左至右各个色标的颜色值为：#dcf1fa、# 62b3e0、# 4671a5。然后在画布上从选区的左下方向右上方绘制渐变。按 Ctrl+D 键，取消选区，得到如图 5-20（c）所示的效果。

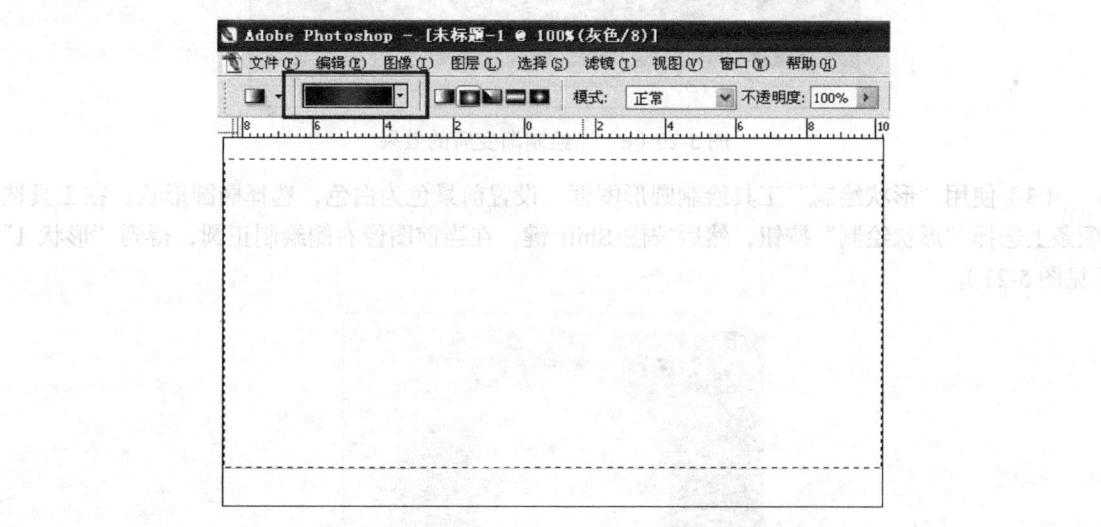

图 5-20（a）　矩形选区

图 5-20（b） 渐变编辑器命令对话框

图 5-20（c） 绘制渐变后的效果

（3）使用"形状绘制"工具绘制圆形图框。设置前景色为白色，选择椭圆形状，在工具选项条上选择"形状绘制"按钮，然后按住 Shift 键，在当前图像右侧绘制正圆，得到"形状 1"（见图 5-21）。

图 5-21 绘制的"形状 1"

（4）编辑刚才绘制的"形状 1"。在工具箱中选择"直接选择"工具，点击"形状 1"，使它的矢量蒙版线条处于选中的状态，在工具箱中选择"添加锚点"工具，分别在正圆的左下侧和右下侧添加锚点，锚点呈实心状态（红色圆内的锚点），如图 5-22（a）所示。再结合"直接选择"工具、"转换锚点"工具，调整个别锚点直至得到如图 5-22（b）所示的效果。（在编辑形状

第 5 章　网络广告制作

时，若对形状不满意，可以随时添加、减少锚点，不断切换相应的工具，调整更好的形状。若对绘制的形状位置不满意，可以使用路径选择工具，调整形状的位置。）

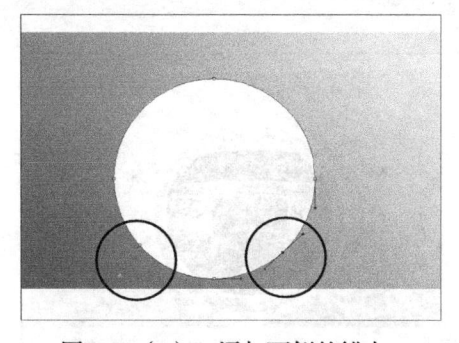

图 5-22（a）　添加两侧的锚点　　　　图 5-22（b）　调整锚点后的效果

（5）新建一个图层，并选中该图层，再选中工具箱中的"椭圆形状"工具。设置前景色的颜色值为#58a8d8，在上一个完成的形状上再画一个正圆，得到"形状 2"，如图 5-23（a）所示。使用"直接选择"工具选中"形状 2"，并按下组合快捷键"Ctrl+Alt+T"，执行"变形并复制"命令。使用"直接选择"工具选中刚画的两个形状，再结合从形状区域减去命令按钮 ，得到如图 5-23（b）的效果。

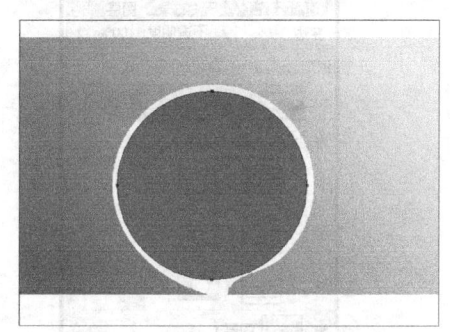

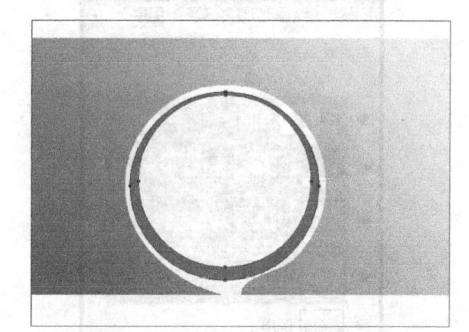

图 5-23（a）　绘制正圆形状　　　　图 5-23（b）　执行"复制并变形"命令，再结合从形状区域减去命令按钮

（6）新建一个图层，并选中该图层；再选中工具箱中的"椭圆形状"工具，设置前景色的颜色值为#000000，在上一个完成的形状上再画一个正圆，得到"形状 3"（黑色的正圆形状，是为下面操作的图层创建剪贴蒙版而绘制，可以随意设置颜色值）(见图 5-24)。

图 5-24　绘制"形状 3"

（7）在 Photoshop 中打开一张汽车的图片，使用工具箱中移动工具，将它拖到现在的文件中，并将该图层放置在图层"形状 3"的上面［见图 5-25（a）］。按组合快捷键 Ctrl+Alt+G，执行"创建剪贴蒙版"命令［见图 5-25（b）］。

图 5-25（a）　素材图片效果　　　图 5-25（b）　创建剪贴蒙版后的效果

（8）选择"图层 2"，按住 Shift 键，单击"形状 1"的图层名称，将它们之间的图层选中［见图 5-26（a）］。按 Ctrl+G 键，对选中的图层进行编组，得到"组 1"。此时展开"组 1"后的"图层"控制面板状态［见图 5-26（b）］。

图 5-26（a）　选中"图层 2"与"形状 1"之间的图层　　　图 5-26（b）　图层编组后

（9）按照步骤（4）~（9）的操作方法，制作另一个圆框焦点效果。将图层"组 2"放置到图层"组 1"的下方，得到如图 5-27 所示的效果。其中"形状 5"的颜色值为 #cf1034。

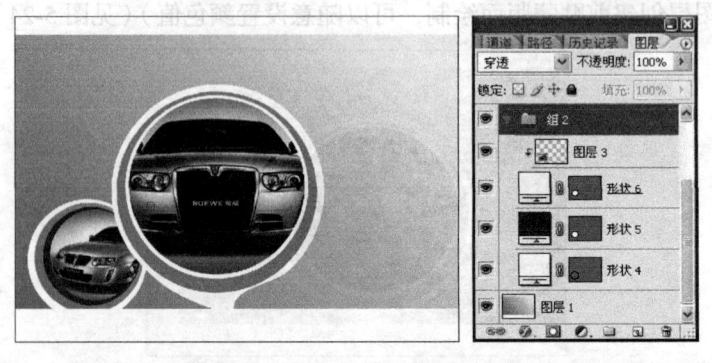

图 5-27　制作的另一个焦点效果及图层"组 2"展开图

第 5 章 网络广告制作

（10）按照步骤（3）~（9）的操作方法，再制作一个焦点效果，得到如图 5-28 所示的效果。其中"形状 8"的颜色值为# cf1034。

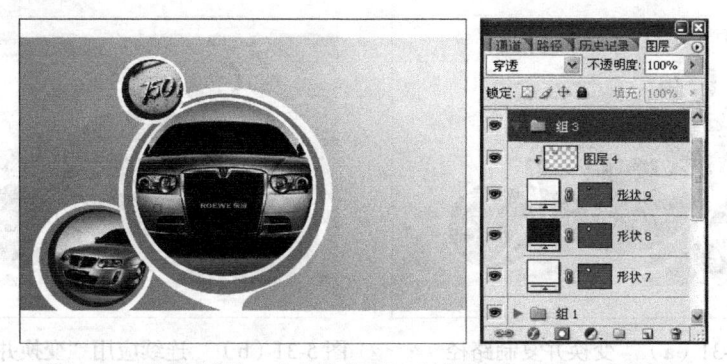

图 5-28　制作的另一个焦点效果，以及图层"组 3"展开图

（11）按照步骤（3）~（8）的操作方法，制作另一个焦点效果，得到如图 5-29 所示的效果。其中"形状 8"的颜色值为# cf1034。

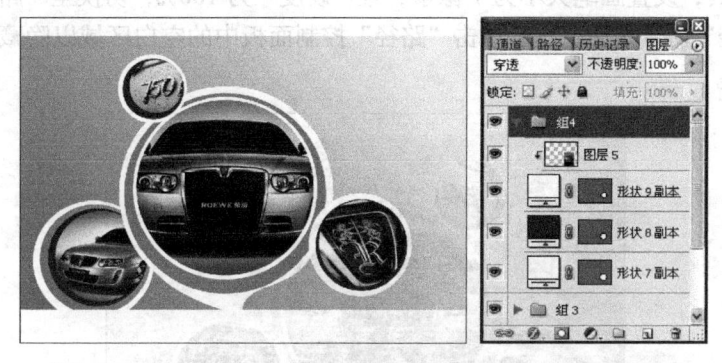

图 5-29　制作的另一个焦点效果，以及图层"组 4"展开图

（12）下面利用钢笔工具及"用画笔描边路径"命令来制作特殊的曲线装饰线条。选择工具箱中钢笔工具，并单击其工具选项条上"路径"按钮，在画布上绘制一条类似如图 5-30 所示的路径。

图 5-30　构造机身透视效果

（13）使用路径选择工具选中上一步绘制的路径，按 Ctrl+Alt+T 组合快捷键，弹出自由变换

并复制控制面板，向下移动到如图 5-31（a）所示的位置，按 Enter 键确认变换并复制操作。再重复执行变换并复制操作 3 次，得到如图 5-31（b）所示的效果。

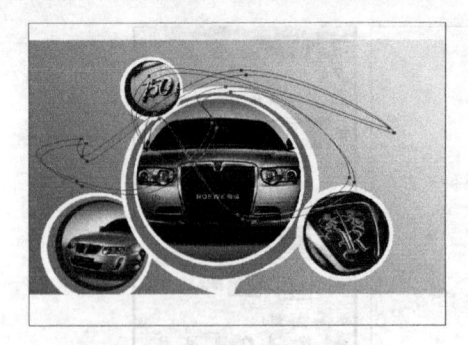

图 5-31（a）　变换并复制路径　　　　图 5-31（b）　连续应用"变换并复制路径"
　　　　　　　　　　　　　　　　　　　　　　　　　　　命令后的效果

（14）新建一个图层，得到"图层 4"，将其拖至"图层 1"的上方，设置前景色的颜色为白色，选择画笔工具，设置画笔大小为 1 像素，且"硬度"为 100%，切换至"路径"调版，单击"用画笔描边路径"命令按钮，然后单击"路径"控制面板中的空白区域以隐藏路径，得到如图 5-32 所示的效果。

图 5-32　应用"用画笔描边路径"命令后的效果

（15）输入文字并进行相关设置。选择"横排文字"工具，设置前景色的颜色值为# cf1034，并在工具选项条上设置适当的字体和字号。在画布的右上部分输入文字，得到相应的文字图层，将文字移动到合适的地方（见图 5-33）。

（16）选择横排文字工具，设置前景色的颜色值为# cf1034，并在起工具选项条上设置适当的字体和字号。在画布的右上部分输入其余的文字，得到相应的文字图层，将文字移动到合适的地方（见图 5-34）。

（17）在工具箱中选择"铅笔"工具，在工具选项条上设置直径为 1 像素，硬度为 100%，再新建一个"图层 7"，设置前景色为白色，按 Shift 键，绘制一条线，并使用"矩形选区"工具，选择填充前景色（见图 5-35）。

第 5 章 网络广告制作

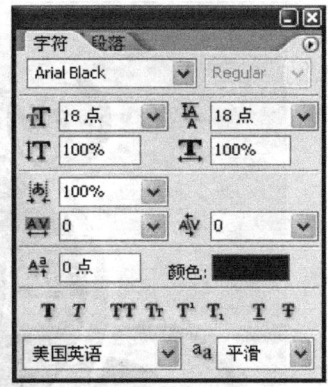

图 5-33 输入的文字及其相关参数设置

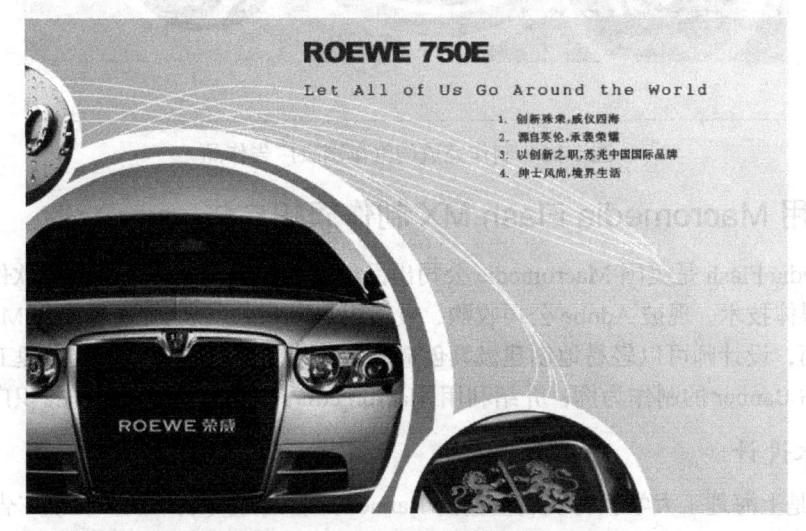

图 5-34 输入其他的文字并进行排版

图 5-35 装饰线条的绘制

（18）作品最终完成效果（见图 5-36）。

图 5-36　制作完成的汽车网页广告作品

5.5.2　利用 Macromedia Flash MX 制作旗帜广告

Macromedia Flash 是美国 Macromedia 公司出品的矢量图形编辑和动画制作软件，是一种交互式矢量多媒体技术，现被 Adobe 公司收购，最新版本为 Flash CSA。通过使用 Macromedia 统一的用户界面，设计师可以轻易地创建极具创造性的图形文件。本实例以上海理工大学教育发展基金会网站 Banner 的制作为例，介绍利用 Macromedia Flash MX 软件制作旗帜广告的方法。

1. 总体设计

图 5-37 是上海理工大学教育发展基金会 Banner 广告的最终效果图。在该广告播放时，最先出现的是由虚到实的一个基金会标志（图最左边的 Logo）；然后是基金会的英文标题，该标题可以像一幅画卷一样从中间向两边打开；然后是刻有校训的磐石，由虚到实渐渐展现在我们眼前。最后，这些元件依次一件一件退出画面，只留下一个蓝色条纹的背景。本实例需要的素材包括上海理工大学教育发展基金会标志、基金会英文标题、刻有校训的磐石。

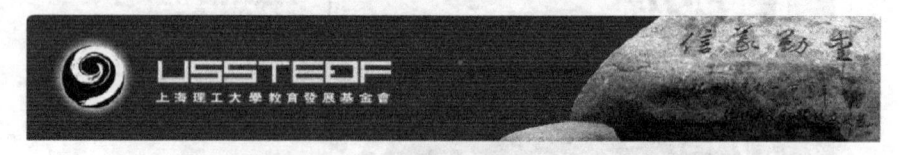

图 5-37　上海理工大学教育发展基金会旗帜广告的最终效果

2. 广告制作步骤

（1）打开 Macromedia Flash MX，新建文档，在文档属性中修改尺寸，把高设为 825，宽为 124，标尺单位选"像素"（见图 5-38）。

（2）导入一张用 Photoshop 软件已经完成的背景图片，并调整背景图片的位置与舞台（做图区域）重合，并将该图层改名为"蓝底"（见图 5-39）。

第 5 章　网络广告制作

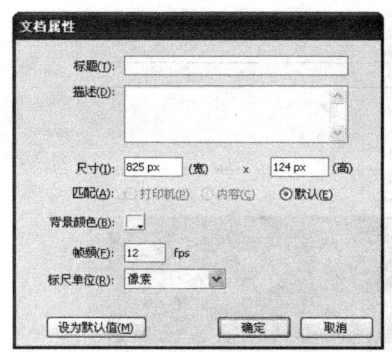

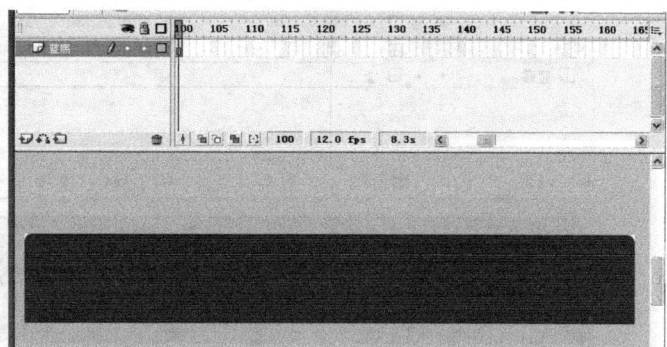

图 5-38　设置场景属性　　　　图 5-39　导入背景图片，并更改图层名称为"蓝底"

（3）在时间轴上的第 70 帧处插入帧（因为整个动画的过程需要 70 帧的时间来完成）。

（4）新建"图层 2"，并改名为"标志"。在该图层的第 5 帧处按功能键 F6，插入空白关键帧，然后导入上海理工大学教育发展基金会的标志。调整标志大小与位置，效果如图 5-40 所示。

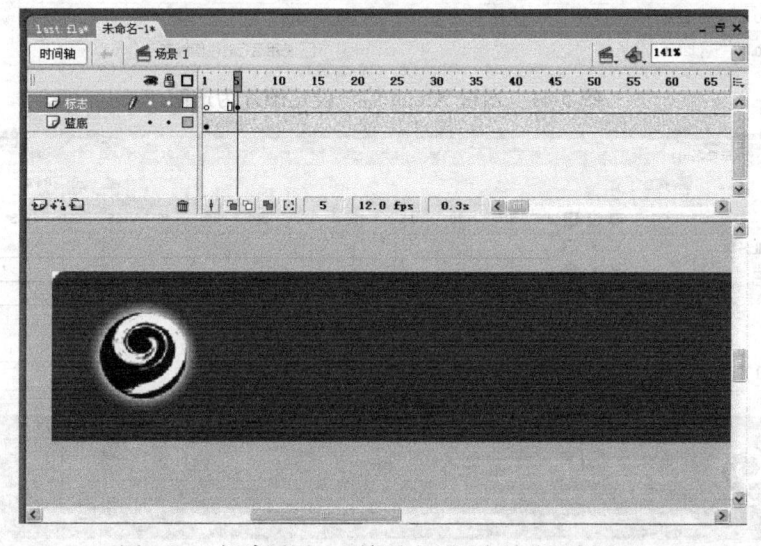

图 5-40　新建图层 2，并更改图层名称为"标志"

（5）在"标志"图层上第 10 帧处插入关键帧。点击"标志"图层时间轴上第 5 帧处，再点击舞台上的标志图形，使其处于被选中状态。在属性面板上，点击"颜色"下拉框，选择"Alpha"选项，并将"Alpha"值设定为"0"，这样，该标志图形就处于完全透明状态（见图 5-41）。

（6）在"标志"图层的第 5 帧至第 10 帧之间任意一帧处，右键单击，在弹出的快捷菜单中选择"创建补间动画"。

（7）新建"图层 3"，并改名为"企业名称"。在该图层的第 10 帧处按功能键 F6，插入空白关键帧，并调整大小与位置（见图 5-42）。

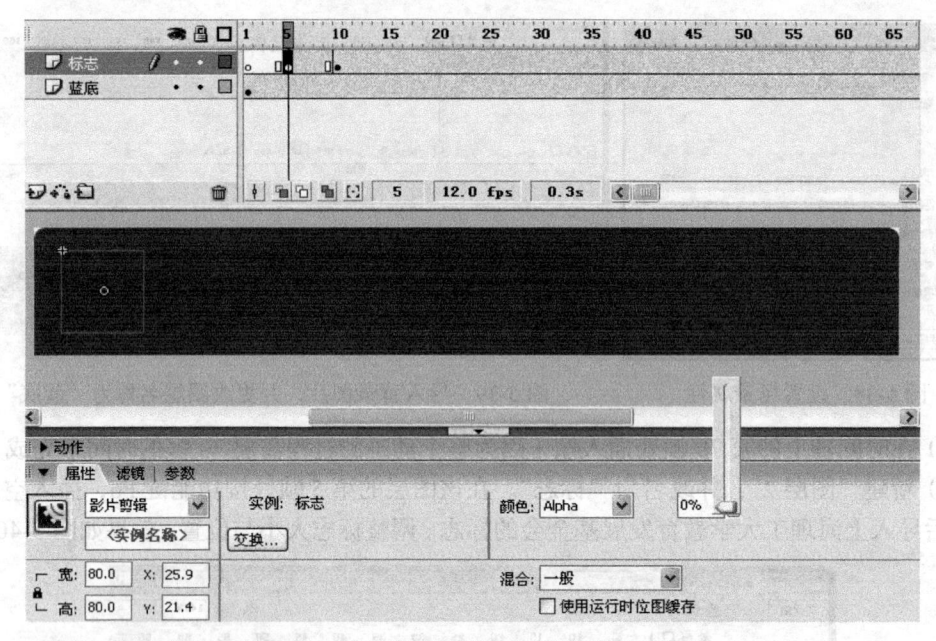

图 5-41　通过 Alpha 值，设定图片为透明

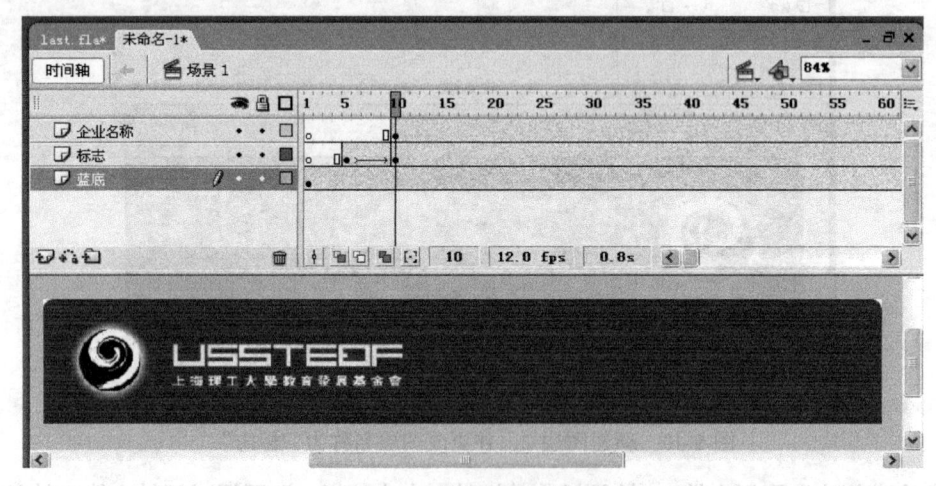

图 5-42　导入企业名称图片

（8）新建"图层 4"并改名为"企业名称遮照"。在该图层的第 10 帧处按功能键 F6，插入空白关键帧，然后使用"矩形工具"（选取工具栏下方磁铁工具）。外框设置为无，颜色为黑色。画一个黑色的矩形，遮住图形"企业名称"（见图 5-43）。

（9）在"企业名称遮照"图层的第 20 帧处插入关键帧。再点击该图层的第 10 帧处关键帧，选取工具箱中的"任意变形工具"，点取舞台中的黑色矩形，配合功能键 Alt，进行对称的横向挤压，直至几乎消失（见图 5-44）。

第 5 章 网络广告制作

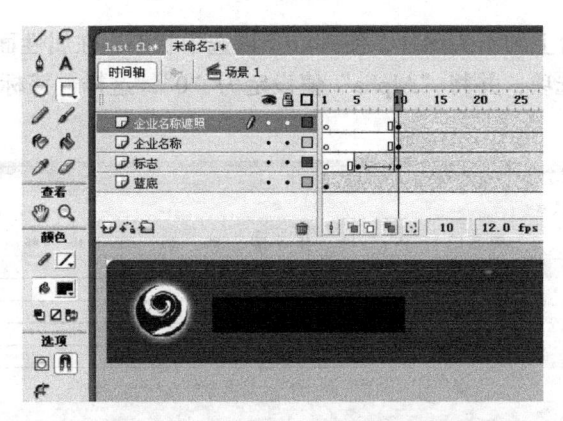

图 5-43 新建图层，绘制矩形遮照

图 5-44 将黑色矩形遮照挤压

（10）在"企业名称遮照"的第 10 帧至第 20 帧之间的任意一帧上，右键单击，在弹出的快捷菜单中选择"创建补间动画"。用右键单击该图层名称，将该图层转换为"遮照层"（见图 5-45）。

图 5-45 将普通图层改换为遮照层

（11）新建"图层 5"，并改名为"校训石"。在该图层的第 20 帧处按功能键 F6，插入空白关键帧，然后导入校训石头的图片，并调整大小与位置（见图 5-46）。

（12）在"校训石"图层上，第 30 帧处按功能键 F6，插入关键帧。点击"校训石"图层的第 20 帧处，再点击舞台上的石头图片，使其处于被选中状态。在属性面板上，点击"颜色"下拉框，选择"Alpha"选项，并将"Alpha"值设定为"0"，这样，该标志图形就处于完全透明状态（见图 5-47）。

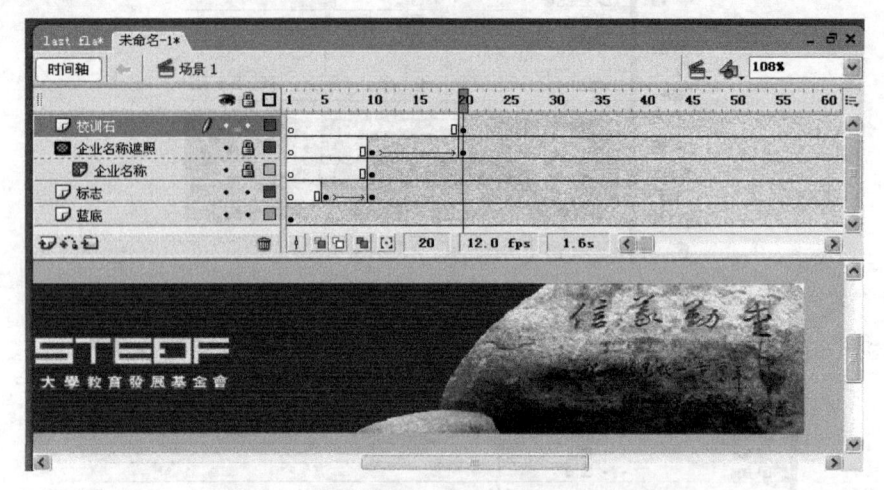

图 5-46 新建图层，导入"校训石"图片

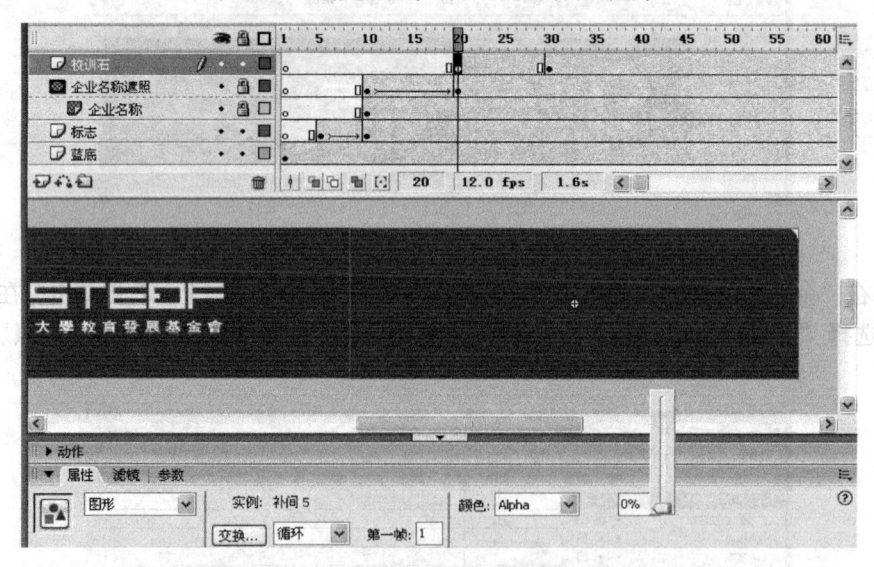

图 5-47 通过 Alpha 值，设定图片为透明

（13）在"校训石"图层的第 20 帧至第 30 帧的任意一帧上，右键单击，在弹出的快捷菜单中选择"创建补间动画"。

（14）通过命令"复制帧"、"粘贴帧"，并配合"创建补间动画"命令，将时间轴上的帧的分布，按照图 5-48 所示调整。

（15）动画制作完毕，最后在工作区直接预览或发布影片，并把它插入到网页，效果如图 5-49 所示。

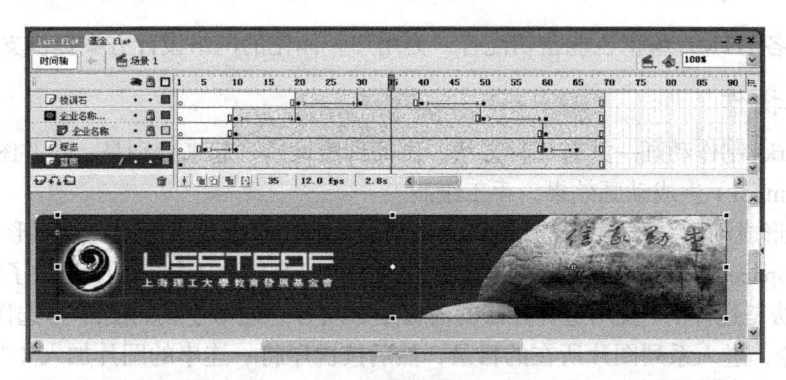

图 5-48 在原有的基础上，通过对帧的操作，迅速实现意想不到的效果

图 5-49 将做好的 Banner 插入网页中的效果

▶▶ 5.6 网络广告动画画面的制作

5.6.1 利用 Fireworks 制作动画广告

　　Fireworks 是一个强大的网页图形设计工具，用它可以创建和编辑位图、矢量图形，还可以非常轻松地做出各种网页设计中常见的效果，如翻转图像、下拉菜单等。设计完成以后，如果要在网页设计中使用，可以将它输出为 HTML 文件，还能输出为可以在 Photoshop、Illustrator 和 Flash 等软件中编辑的格式。同时它还能与 Dreamweaver、Flash 等实现网页的无缝链接，与

其他图形程序各 HTML 编辑也能密切配合，为用户一体化的网络设计方案提供支持。

1. 基本操作

用 Fireworks 制作动画一共有三种方法，由简到难地排列起来分别是：合并图像形成动画，使用符号（Symbol）生成动画效果，手工绘制。

合并图像形成动画，顾名思义就是将一系列图片按序排列生成不同的帧而形成动画（很像 Director 中的 Space To Time 功能），不过这种排列完全是程序自动执行的，免去了大量的手工操作。具体的方法是这样的（使用这种方法的前提是必须有一连串连续的图片）：选择"File→Open Multiple"命令，进入系列图片所在的目录，然后按次序将一连串的图片加入（"Add"命令）对话框左下部的窗口，并且激活"Open as Animatio"选项，再单击"Done"按钮就行了。

在动画生成后，按下"Windows→Frame"（Ctrl+Alt+K）命令，可以看到原来的一系列图片按次序地从 Frame1 往下排。按下屏幕右下角的播放键就可以浏览动画效果了。

不过，要是手头没有现成的连续图片，那只能自己亲自动手了。而许多图画中有规则的动态效果若是用手工制作，既费时间也未必能够达到理想的效果。所以 Fireworks 提供了一个 Tween 功能，使用户可以指定程序生成动态过渡效果。

动画由不变的物件（Object）和会变的物件两部分组成。通常不变的物件是指如背景之类始终在动画中显示的物件，而会变的物件是指通过变化形成动画的物件。所以在制作动画之前得先制作不变的物件，为此 Fireworks 2 提供了一个共享层的概念（Share Layer）。

动画是由一个个不同的帧（Frame）组成的，而共享层就是在所有帧中都显示的一个层，这样我们只要将动画中不变的物件全放在这个层中，以后只需要修改一个帧的共享层中内容就可以使所有的帧都达到相应变化，大大减少了工作量。设置共享层的命令是 Layer 面板的弹出菜单中的"Share Layer"命令，设置为共享的层在 Layer 面板中都有一个特定的共享符号（Wegb Layer 是系统自动设置的共享层，用于放置热点、切割区）。

在完成不变的物件后就可以使用 Tween 功能制作动画效果了。Tween 功能的原理是将物件转化为符号（Symbol），然后确定符号的初始和结束样例（Instance），再将这些样例转换为具有过渡效果的连续帧。Tween 功能支持物件的位移、旋转、缩放、扭曲，以及透明度和层效果的过渡。

2. 广告制作步骤

下面以云南民族精品馆的广告为例，介绍利用 Fireworks 制作动画广告的步骤。

（1）新建一个文件，宽 468 像素，高 60 像素，分辨率 72 像素/英寸，画布颜色为白色。

（2）单击工具箱中的画矩形工具 ▭，在画布上画一个矩形刚好撑满画布，在工具栏中颜色处将笔触改为黑色（#000000），填充色改为红色（#FF0000）（见图 5-50）。

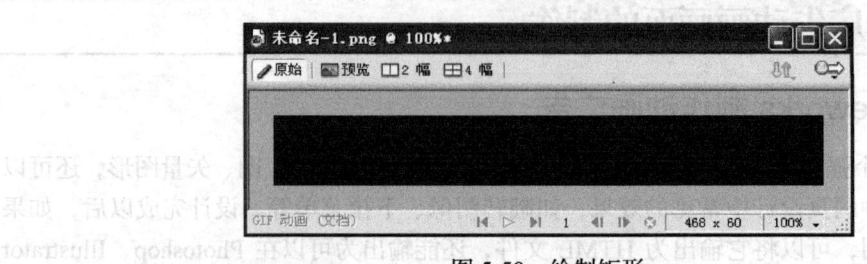

图 5-50　绘制矩形

第 5 章 网络广告制作

（3）点取帧（Frame）面板中的帧 1（Frame 1），点击右上角的选项按钮，在弹出的菜单中选择"添加帧"。

（4）随后出现"添加帧"窗口，将其中的"数量（N）"设为 2，在"插入新帧"复选框中选中"当前帧之后（C）"（见图 5-51）。

（5）单击"确定"按钮后，则在帧面板中增加了帧 2 和帧 3（见图 5-52）。

（6）用鼠标单击帧 2，用选择工具 选中矩形，点击面板右上角的选项按钮，在弹出的菜单中选择"复制到帧"。

（7）随后出现的窗口中选中"所有帧（A）"（见图 5-53）。

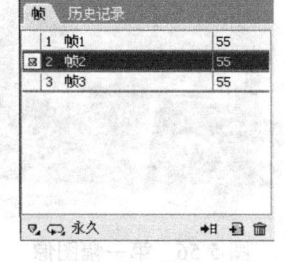

图 5-51　"添加帧"选项　　　　图 5-52　帧选项　　　　图 5-53　复制到帧选项

（8）单击"确定"按钮后，则在帧 2 和帧 3 中都出现了一样的矩形。

（9）单击帧 2，用选择工具选中矩形，点击下方属性面板的填充类别的下拉菜单键，选择填充选项，选择渐变模式为"椭圆形"，点击"编辑"，选择"蓝、红、黄"，并调整位置，如图 5-54 所示。

（10）单击帧 3，用同样方法将填充模式设为"波浪"，并将填充渐变色设为"深蓝"，如图 5-55 所示。

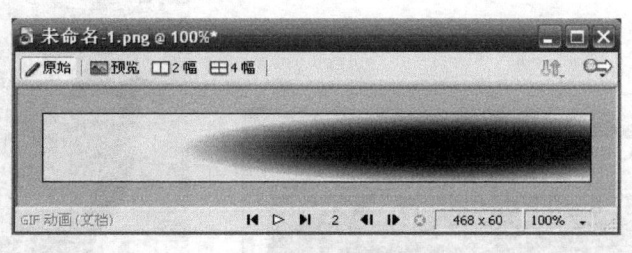

图 5-54　帧 2 的渐变效果

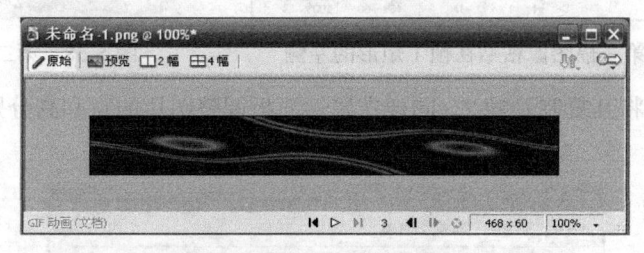

图 5-55　帧 3 的渐变效果

（11）单击帧 1，按 Ctrl+O 打开第一幅图像（见图 5-56）。

（12）按 Ctrl+A 将对象选取，然后按 Ctrl+C 进行复制。按 Ctrl+W 关闭该图像文件。

图 5-56　第一幅图像

（13）按 Ctrl+V 将图像粘贴进帧 1 中，在属性面板调整图片的宽和高分别为 50 和 60，放在矩形左侧（见图 5-57）。

（14）单击帧 2，按 Ctrl+O 打开第二幅图像（见图 5-58）。

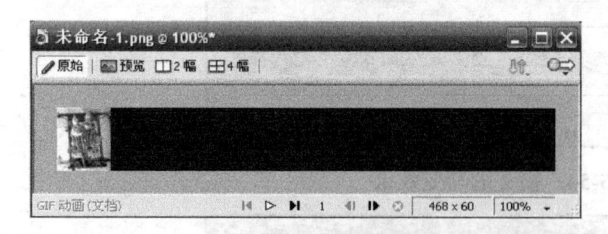

图 5-57　将第一幅图像粘贴在帧 1 矩形的左侧　　　　图 5-58　第二幅图像

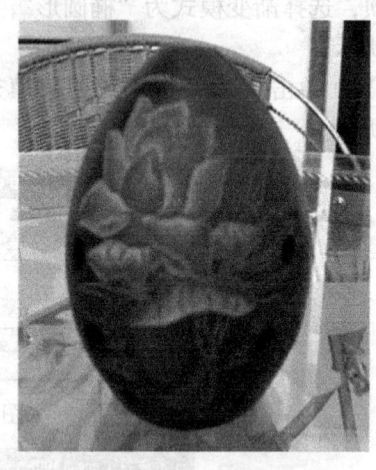

（15）按 Ctrl+C 将其复制到帧 2，同样在属性面板调整图片的宽和高分别为 50 和 60（见图 5-59）。

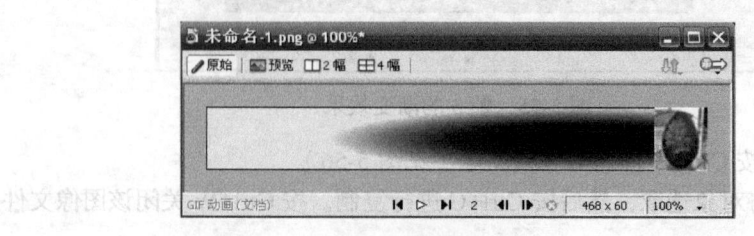

图 5-59　将第二幅图像粘贴在帧 2 矩形的右侧

第 5 章　网络广告制作

（16）单击帧 3，同样用上述方法在里面加第三幅图像（见图 5-60 和图 5-61）。

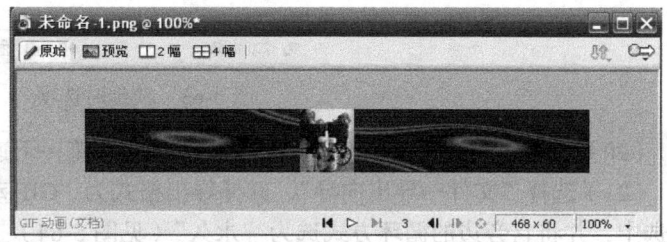

图 5-60　第三幅图像　　　　图 5-61　将第三幅图像粘贴在帧 3 矩形的中间

（17）分别在帧 1、帧 2 和帧 3 中使用矢量面板中的文本工具加入相应的文字（见图 5-62）。

图 5-62　在帧 1、帧 2、帧 3 中加入相应的文字

（18）单击 VCR 控制条中的播放按钮　　　　　预览，发现速度太快了。
（19）单击帧 1，选取面板右上角的选项按钮，在弹出的菜单中选择"属性"，在出现的文本框中将数值改为 70（见图 5-63）。

图 5-63　帧延时选项

（20）对帧 2 和帧 3 都执行上一步操作。最后预览一下速度是不是变慢了。

（21）选择"文件→导出向导"，选择导出格式为"GIF 动画（A）"，将"动画"中的循环按钮选中，并将它旁边的循环方式选为"永久"（见图 5-64）。

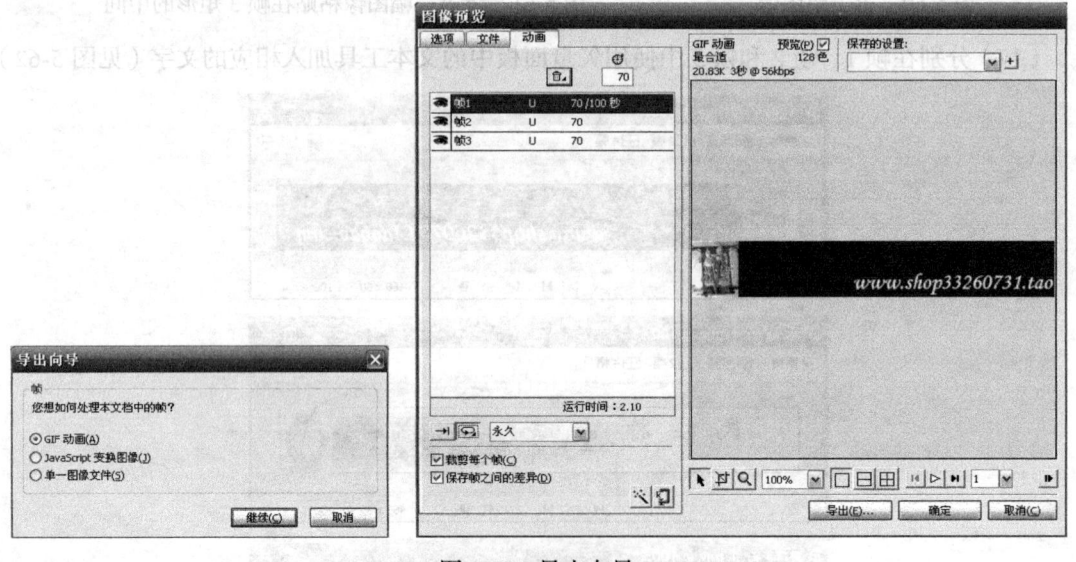

图 5-64　导出向导

（22）一切设定好后，按右边预览窗里的播放按钮检查最后效果，如没什么需要改动的，按"导出"将文件保存。

5.6.2　利用 Dreamweaver 8.0 制作会移动的广告条

Dreamweaver 是美国 Macromedia 公司开发的集网页制作和管理于一身的所见即所得编辑器，它是第一套针对专业网页设计师特别发展的视觉化网页开发工具，利用它可以轻而易举地制作出跨越平台限制和跨越浏览器限制的充满动感的网页。Dreamweaver、Flash 及 Fireworks，三者被 Macromedia 公司称为 Dreamteam。

本实例使用 Dreamweaver 8.0 软件制作移动的广告条[①]。

[①] 本实例编写参考：佚名. 如何制作会移动的广告条[EB/OL][2011-02-20]. http://www.jcwcn.com/article-6501-1.html.

第 5 章　网络广告制作

1. 基本操作

（1）制作会移动的广告条，要用到 Macromedia Dreamweaver 中的 Layer（层）和 Timeline（时间轴）功能，还要准备两张大小基本相同的广告图片。

（2）用 Dreamweaver 打开任意一个网页，空白页也可。选择"插入（Insert）"栏的"布局"类别→单击"绘制层（Ap Div）"按钮，即看到网页中多了一个空白 Layer 1。再将光标点到空白 Layer 1 内，选择"插入（Insert）"栏的"常用"类别→单击"图像（Image）"按钮，插入广告条的第一个图片，调整层大小，使层尽可能与图片大小相近，并设置图片链接。然后把层移到动画的起始位置。

（3）在菜单栏选择"修改（Modify）"→"时间轴（Timeline）"→"添加对象到时间轴（Add object to Timeline）"。单击后，弹出对话框，提示只有图像和层才能添加到时间轴。对话框确定后，我们选中 Layer（单击层标记或层边界）或用层面板选择一层。当一个层被选中时，层边界会显示出调整大小手柄，按住鼠标左键不放，拖进时间轴动画栏的第一频道，即面板上垂直标尺（标有 1，2，3 等数字）中的"1"那行，时间轴里面马上增加了一个默认的 15 帧动画，如图 5-65 所示。

图 5-65　增加默认动画

（4）单击动画栏最后关键帧标记，再选中页面中的层 Layer 1，将它拖到动画的结束点，或者在"层的属性面板"改变层的"左（L）"属性大小来确定结束帧层的位置。此时，页面中显示从动画起始位置到结束位置有一线条，这就是层的运动轨迹。要想让页面打开时候它就开始运动，就在"时间轴（TimeLine）"面板上的"自动播放（Autoplay）"前打钩（见图 5-66）。按住时间轴上中部的"→"箭头不放，就可以直接预览直线动画了，或者单击 F12 键预览。

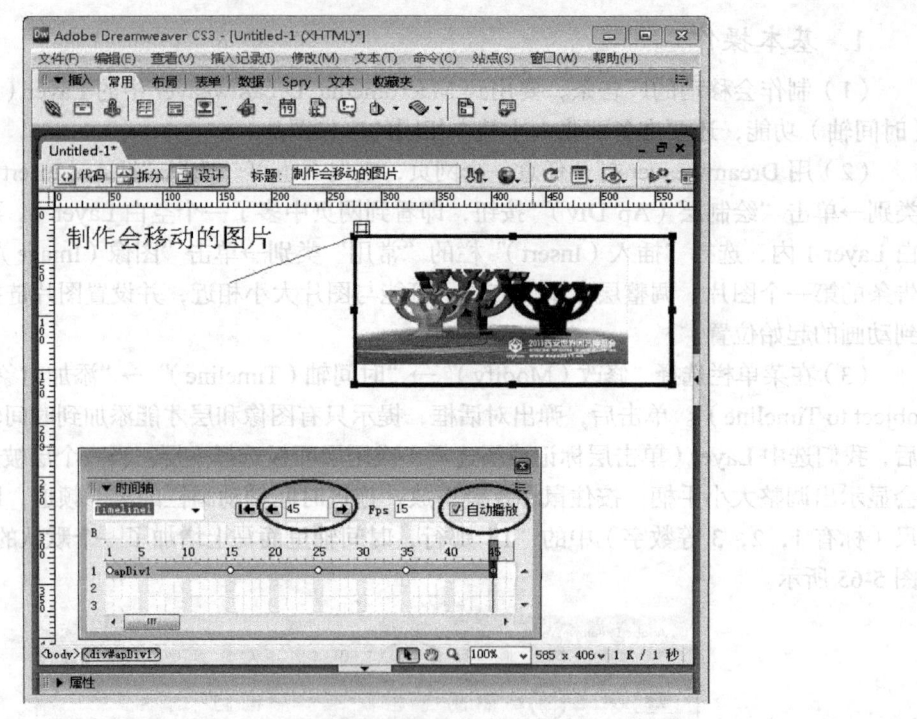

图 5-66 自动播放的设置

2. 改变时间栏的属性产生移动变化

（1）在动画移动距离不变的情况下，改变动画移动速度。因为我们将层拉进时间轴面板时候的帧数是默认的 15 帧，在上面预览时候就感到速度有点快。要改变速度，我们就得改变动画总共帧数。鼠标左击选中"时间轴面板"中的"第一频道"结束帧不放，向右拖动至你所想要的结束帧，如 45 帧处，放开鼠标。此时，结束帧的空白小圆也移至到了第 45 帧处。单击 F12 预览一下，动画的移动速度明显变慢。但要注意的是，我们只是在保持动画运动轨迹的长度不变的情况下，改变了动画移动的速度，即时间轴上的帧数。如果再同时改变起始和结束帧层的位置，就会产生各种不同速度效果（见图 5-66）。

（2）产生曲线的运动。上面做的动画只是简单的直线运动，如果改变成曲线的运动，美观程度就大大加强了。曲线运动中最主要的就是关键帧的设置。

- 在"时间轴面板动画栏"上添加一个关键帧。选择动画栏的第一频道中你想要添加关键帧处，按住 Control 键单击，即刻在插入点位置添加一个关键帧。或者鼠标右击选择动画栏的第一频道中想要添加关键帧处，在弹出的快捷菜单里面选择"添加关键帧（Add Keyframe）"，也可以加入关键帧。
- 在添加的关键帧处移动层。在保证选中了后来添加的关键帧下，选择页面中的层，移动层至所想要的地方。此时直线变化成了曲线。可以多添加几个关键帧，再移动层，使产生的曲线移动更加光滑。单击 F12 键预览，曲线效果比以前的直线效果大有改善（见图 5-67）。

第 5 章　网络广告制作

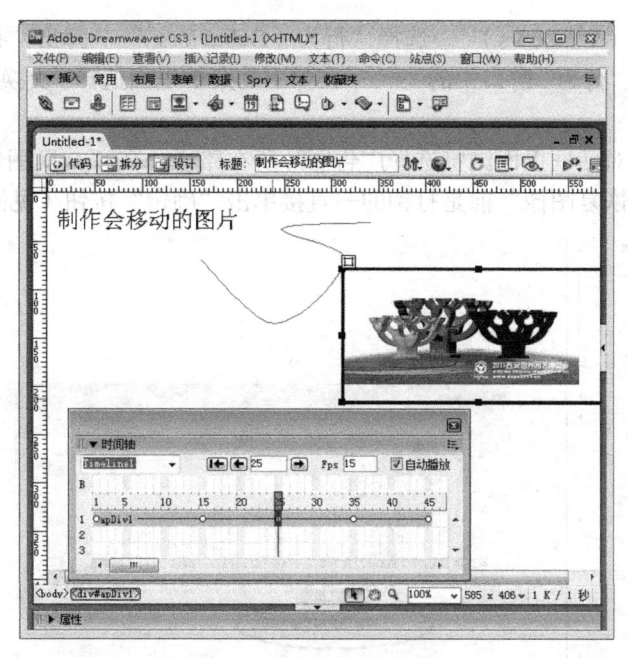

图 5-67　产生曲线的运动

- 直接通过拖动层，生成路径，产生动画。从最初的插入一个层后→选中该层，并一直保持该层的被选中状态→移动层到动画起始位置→打开菜单"修改（Modify）"→"时间轴（Timeline）"→"记录 AP 元素的路径（Record Path of Layer）"→在页面上拖动层，创建想要的运动路径→在动画结束处松开鼠标，时间轴内自动生成了一个动画栏，并且定义了一定数目的关键帧（见图 5-68）。

3. 添加鼠标触发属性，产生广告图片的交替变化

鼠标触发的各种属性，能产生各种变化。这里我们要用到的是鼠标移上（onMouseout）和鼠标移开（onMouseover）两个属性。

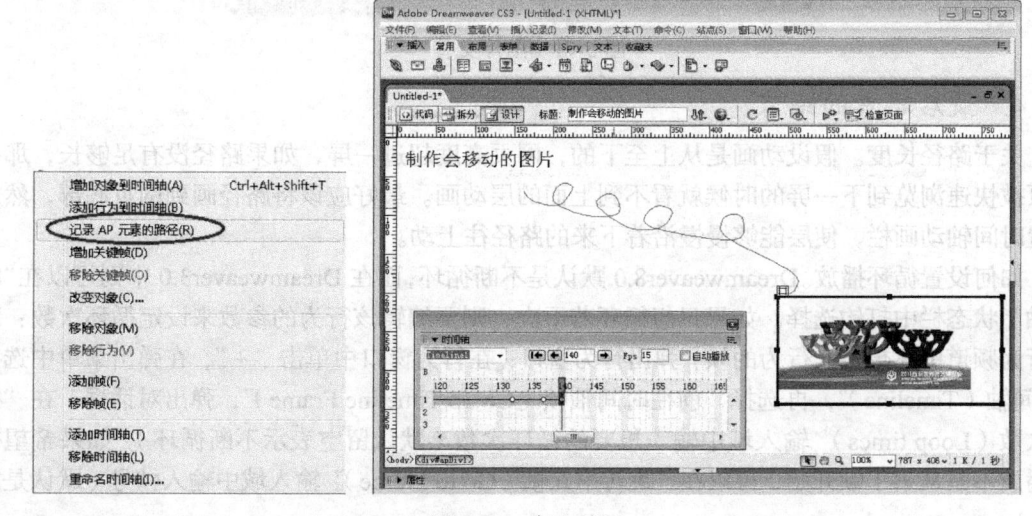

图 5-68　产生动画

打开菜单"窗口（Windows）"→选择"行为（Behaviors）"→弹出"行为"窗口→选中层中的广告图片→点击"行为"窗口中的"+"→在弹出的菜单里面选择"交换图像（Swap Image）"（见图5-69）。

在"交换图像"对话框里面浏览选择广告图片所在路径→在"交换图像"对话框里系统默认有个"鼠标滑开时恢复图像"前是打钩的→直接单击"确定"按钮（见图5-70）。

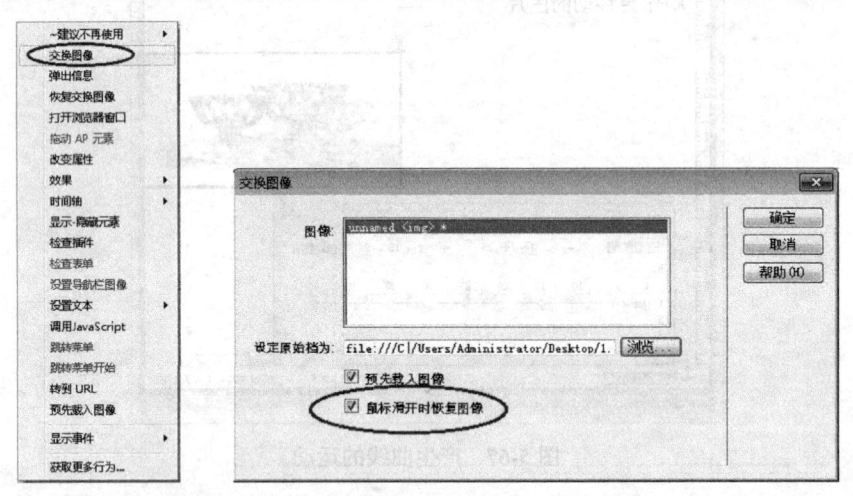

图5-69　交换图像　　　　图5-70　浏览广告图片所在路径

"行为"状态窗中多了我们前面说到的onMouseout和onMouseover两个鼠标触发事件。按F12键预览，移动鼠标到图片上，观看是不是图片变化了。再移开鼠标，又恢复到原来的图片。这样简单的图片交替行为就完成了（见图5-71）。

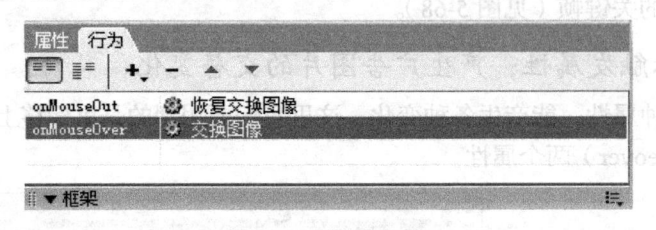

图5-71　图片交替

4. 最后思考的细节

关于路径长度。假设动画是从上至下的，网页高度超过一屏，如果路径没有足够长，那么网页被快速浏览到下一屏的时候就看不到上面的层动画。最好应该将路径画到网页底部，然后设置时间轴动画栏，使层能够慢慢沿着下来的路径往上动。

如何设置循环播放。Dreamweaver8.0默认是不断循环，而在Dreamweaver3.0中则可以在"时间轴"状态栏中打钩选择。如果只想循环若干次，则要编辑该行为的参数来设定循环次数：双击行为频道中你想加入行为的帧，弹出行为窗口；在行为窗口中单击"+"，在弹出菜单中选择"时间轴（Timeline）"，再选择"前往时间轴帧（Go To Timeline Frame）"，弹出对话框；在"循环次数（Loop times）"输入域中输入想要的循环次数（默认留空表示不断循环）。如果希望循环播放不是从第1帧开始，可以在"跳转第几帧（Go to Frame）"输入域中输入帧号（默认是第1帧）。

5.7 网络广告立体画面的制作

5.7.1 电脑三维立体广告简介

三维立体画是一门独特的艺术，是科学与艺术完美结合的产物。它的历史可以追溯到20世纪。当时，人们在观察壁纸时，发现通过调节视焦可以产生立体视觉效应。有人将其称为壁纸效应。此后，人们对这种视觉效应进行了长期的、大量的研究。由于利用壁纸效应产生的立体画无须借助眼镜或其他仪器，便可用眼睛直接看到，而且立体画是在一幅图像中产生的，因此这一三维立体技术受到了广泛重视。

我们周围的世界是三维的，但是我们眼睛看到的是空间景物的平面图形，立体视觉是通过两只眼睛获取的同一景物不同角度地通过大脑活动产生的视觉信息。人们对于用各种方法产生景物的立体图像的研究已有100多年的历史，已经发明了很多产生立体图像的技术，例如，20世纪初的视差屏蔽技术，20世纪50年代的立体电影，60年代的全息立体成像技术等都让人们目睹了三维图像世界的玄妙。

产生三维图像的方法大体可分为辅助观察型和非辅助观察型三维成像技术。辅助观察型三维成像技术需要借助各种观察仪器才能观察到立体图像，可进一步分为动态和静态两类，动态立体图像可将运动引入三维图像；非辅助型不需要借助各种观察仪器便能观察到立体图像，可进一步分为全息和非全息成像技术。

20世纪90年代以后，由于计算机软硬件技术的飞速发展，三维立体技术有了突破性进展，利用计算机技术产生三维图像的技术越来越受到广泛重视，电脑三维立体广告技术便是在这样的条件下产生的。由于观察电脑立体广告无须借助眼镜或其他仪器，因而属于不需要观察装置的三维图像成像技术，电脑立体广告因此进入实用阶段。

电脑三维立体广告有非常广泛的应用前景，它是真正的计算机艺术产品。目前，这项技术已经应用于广告、服装、印染、建筑装饰、墙纸、地板砖、年历、贺卡、明信片、礼品包装等方面，存在着巨大的市场潜力。

5.7.2 搜房网上的电脑三维立体广告

随着网络技术的发展，人们已经习惯于在网上浏览房产家居，但同时人们也发现了一个遗憾：当他们高兴地在各个房地产项目和各种家居用品间来回欣赏时，发现所有的场景都是静态平面的。

搜房网和美国 iPIX 公司共同推出全球领先的三维制作技术，它使每位浏览者通过实景演示清楚地看到自己感兴趣的房产，并对邻居、家具、环境进行评价，由此取得一个更好的判断。搜房网的全景360°图片是房地产业的一场变革，它将真正引导房地产业进入电子商务新时代，使购房者领略真正的360°×360°互动、立体和三维的实景（见图5-72和图5-73）。

图 5-72　小区环境展示 　　图 5-73　室内环境展示

单击图 5-72 和图 5-73 下方的按钮 ，可以从不同方向观察房屋的情况。图 5-74 和图 5-75 是分别从不同角度观看的小区环境和室内环境。

图 5-74　从另一角度观察到的小区环境 　　图 5-75　从另一角度观察到的室内环境

5.7.3　电脑三维立体广告的制作工具

3ds Max 是当前世界上销售量最大的三维建模、动画及渲染解决方案。3ds Max 广泛应用于视觉效果、角色动画及下一代的游戏。至今，3ds Max 获得过 65 个业界奖项，而它将继承以往的成功并加入应用于角色动画新的 IK 体系，为下一代游戏设计的交互图形界面，业界应用最广的建模平台并集成了新的 Subdivision 表面和多边形几何模型，集成了新的 ActiveShade 及 Render Elements 功能的渲染能力。同时 3ds Max 提供了与高级渲染器的链接，比如 Mental Ray 和 Renderman，来产生特殊的渲染能力如全景照亮、聚焦及分布式渲染。

3ds Max 拥有增强的角度变形器，包括接缝、变形或隆起来完成动画中复杂的形态弯曲；拥有强大的动画功能；可以通过示意视窗来控制场景，显示物体、建模和材质的层级，并可以显示其中复杂的层次关系。

三维立体图像制作大师 v3.15 也是常用的一款三维立体图像制作软件，它具有如下特点：

（1）超级简单的操作，三步骤即可完成。
（2）专业的立体效果，真正多层次的立体图制作功能。
（3）专有的网络下载服务，不断带来新的创作素材。
（4）随意创作材质立体画或者随机点立体画。
（5）可将现有的 3D 模型（3D Max 文件）转换为深度图像。
（6）功能将不断升级。

美国美迪豹（Mediabop）开发的立体广告制作软件™p3D4U 被广泛应用于广告、印刷、包装业等行业。运用 3D4U3.8 专业超强版立体数码印刷软件，可自行设计或通过大型喷绘设备，激光照排机直接输出狭缝光栅来生产价格低廉的巨幅立体广告灯箱，是立体广告策划、立体广告制作的利器。

5.8 富媒体网络广告的制作

5.8.1 富媒体网络广告简介

富媒体（Rich Media）网络广告又称扩展创造性（Extensive Creative）网络广告，一般指使用浏览器插件或其他脚本语言、Java 语言等编写的具有复杂视觉效果和交互功能的旗帜广告。这些效果的使用是否有效，一方面取决于站点的服务器端设置，另一方面取决于访问者的浏览器能否顺利查看。

Rich Media 直译过来就是富媒体。在这里，富媒体的内容包括多媒体（二维和三维动画、影像及声音），如 HTML，Java Scripts，Interstitial 间隙窗口，Microsoft Netshow，RealVideo 和 RealAudio，Flash 等。如果仅仅直观地理解，富媒体主要是一种应用，这种应用采取了所有可能采取的最先进技术，以最好地传达广告主的信息，与用户进行互动。

一般来说，富媒体网络广告要占据比一般 GIF 网络广告更多的空间和网络传输字节，但由于能表现更多、更精彩的广告内容，往往被一些广告主采用。国际性的大型站点也越来越多地接受这种形式的网络广告。

相对于传统的动画 GIF 的网络广告，富媒体网络广告提供更优表现。富媒体使消费者享受于网络广告，增强了广告的效果，先进的技术使用户可以在更高的水平上与广告进行互动。

过去的网络广告仅仅是一个入口、一扇门、一面旗帜或一段信息。富媒体的使用使单一旗帜广告在同一页面无须刷新就可以实现更多的功能，以 Blue Streak 提供的服务为例，这种技术名称为"E*Banner"，它允许富媒体广告在页面从任意尺寸扩展至任意尺寸。在扩展出来的空间中，按照广告目标可以实现：用户注册及数据收集、购物、申请邮件服务、填写邮箱地址、互动游戏、树立品牌等。

大量使用 Flash 技术的网络广告早已到处可见，从中可以看到使用这种技术减少了文件体积，增强了画面的表现力，可以实现的互动性更丰富了。关于富媒体的使用还有一些极端的例子，比如，网络广告先锋专题推荐中的通用汽车的横幅广告，通过程序的控制，使鼠标置于其上使整个浏览器发生震动，画面也从车头变化成车厢内部，从而提供越野汽车的驾驶体验。

通过以上的例子，我们看到的是一种努力，不论它们背后的技术是 Flash 还是 Java Applet，这种努力的方向是使 468×60 像素的空间具备更多的功能，扩展它的表现能力，更大可能地方便用户，增加其娱乐性和互动性。作为网络广告从业人员来讲，需要的是理解他们背后的技术表现能力，然后至关重要的是完成具备关联性、独创性、冲击力的创意。

宽带时代没有了带宽的限制，富媒体广告将会更广泛地得到应用。由于富媒体技术丰富的娱乐表现技巧及资料库的特性，使得宽频广告能达到更有效传达商品信息的目的。宽频广告能同时具有电视广告的影音娱乐性、平面广告的文字力量与情感、直邮（Direct Mail）广告的精确度，可以说真正整合了目前各项媒体的优点。同时，这种网络广告将会是具备一种完全交互的虚拟现实能力，这种能力超越目前为止的任何一种广告所能带给我们的体验。作为网络广告的从业者或研究者，需要的是不断开发、研究、实践能够最有效传递信息的广告形式。

5.8.2 富媒体网络广告创作工具

富媒体创作系统介于富媒体操作系统与应用软件之间，是支持应用开发人员进行富媒体应用软件创作的工具，故又称富媒体创作工具。它是能够用来集成各种媒体，并可设计阅读信息内容方式的软件。借助这种工具，应用人员不用编程也能做出很优秀的富媒体软件产品，极大地方便了用户。与之对应，富媒体创作工具必须担当起可视化编程的责任，它必须具有概念清晰、界面简洁、操作简单、功能伸缩性强等特点。目前，对优秀的富媒体创作工具的判断标准是，应该具备以下八种基本的能力，并能够不断进行增强。

（1）编辑能力及环境。
（2）媒体数据输入能力。
（3）交互能力。
（4）功能扩充能力。
（5）调试能力。
（6）动态数据交换能力。
（7）数据库功能。
（8）网络组件及模板套用能力。

从系统工具的功能角度划分，富媒体创作工具大致可以分为四类：媒体创作软件工具、富媒体节目写作工具、媒体播放工具及其他各类媒体处理工具。

1. 媒体创作软件工具：用于建立媒体模型、产生媒体数据

应用较广泛的有三维图形视觉空间的设计和创作软件，如 Macromedia 公司的 Extreme 3D，它能提供包括建模、动画、渲染及后期制作等诸多功能，直至专业级视频制作。另外，Autodesk 公司的 2D Animation 和 3D Studio（包括 3ds Max）等也是很受欢迎的媒体创作工具。而用于 MIDI 文件（数字化音乐接口标准）处理的音序器软件非常多，比较有名的有 Music Time，Recording Session，Master Track Pro 和 Studio for Windows 等。至于波形声音工具，在 MDK（多媒体开放平台）中的 Wave Edit，Wave Studio 等就相当不错。

2. 富媒体节目写作工具：提供不同的编辑、写作方式

第一种是基于脚本语言的写作工具，典型的如 Toolbook，它能帮助创作者控制各种媒体数据的播放，其中 OpenScript 语言允许对 Windows 的 MCI（媒体控制接口）进行调用，控制各类媒体设备的播放或录制。第二类是基于流程图的写作工具，典型的如 Authorware 和 IconAuther，它们使用流程图来安排节目；每个流程图由许多图标组成，这些图标扮演脚本命令的角色，并与一个对话框对应，在对话框输入相应内容即可。第三类写作工具是基于时序的，典型的如 Action，它们通过将元素和对检验时间轴线的安排来达到富媒体内容演示的同步控制。

3. 媒体播放工具：可以在电脑上播放，有的甚至能在消费类电子产品中播放

这一类软件非常多，其中 Video for Windows 就可以对视频序列（包括伴音）进行一系列处理，实现软件播放功能。而英特尔公司推出的 Indeo 在技术上更进一步，在纯软件视频播放上，还提供了功能先进的制作工具。

4. 其他各类媒体处理工具

除了三大类媒体开发工具外，还有其他几类软件，如多媒体数据库管理系统、Video-CD 制作节目工具、基于多媒体板卡（如 MPEG 卡）的工具软件、多媒体出版系统工具软件、多媒体 CAI 制作工具、各式 MDK（多媒体开放平台）等。它们在各领域中都受到普遍欢迎。

5.8.3 利用 Ulead Video Studio 10.0 制作视频广告

目前流行的视频制作软件有 Ulead Video Studio（会声会影）、Adobe Premiere、Ulead Media Studio Pro、Ulead DVD PictureShow（Ulead DVD 拍拍烧）、Ulead DVD MovieFactory（Ulead DVD 制片家）等。多媒体视频编辑制作的广告，不仅融入了声音、图像等元素，更重要的是，这样的广告更注重创作立意，经常由一个或多个小故事组成，不仅让观众欣赏到了美丽精致的画面，同时也引发思考，更能深入人心。下面就以会声会影 1.0 为例，简单说明视频广告的制作过程。

（1）打开会声会影编辑器，将准备好的视频（Video）、图片（Image）等文件插入到"素材库"（见图 5-76）。绘声绘影支持的输入格式包括：视频、音频及图像等各种媒体格式，其中支持的输入视频格式包括：AVI、MPEG-1、MPEG-2、AVCHD、MPEG-4、H.264、BDMV、DV 等。

（2）将素材库中的文件拖动到"视频轨"，并调整好顺序和播发时间，并可对视频进行剪辑（见图 5-77）。

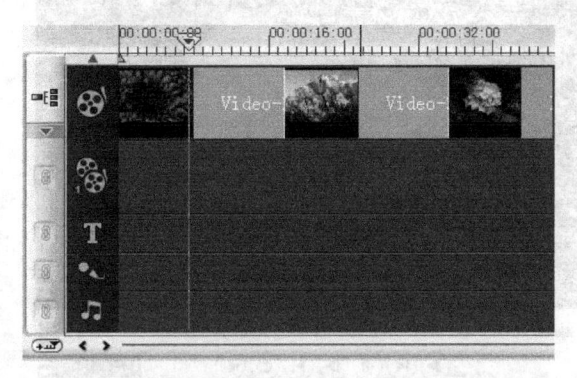

图 5-76　选择文件到"素材库"　　图 5-77　视频轨上按顺序排列的视频及图片文件

（3）为每个视频片断加入转场效果，选中的转场效果用鼠标拖至两个短片之间，转场效果如图 5-78 和图 5-79 所示。

图 5-78　转场效果选择项

（4）添加"画中画"，可以将素材拖动到主视频轨下面的视频轨，形成"遮罩层"，通过调整遮罩层的位置、大小等使效果更具有层次感（见图5-80）。

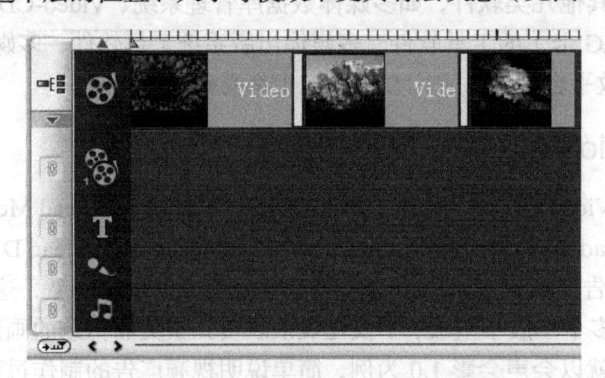

图5-79　插入转场效果到视频轨　　　　　　　　图5-80　添加"画中画"

（5）为短片加上字幕，选择"标题"，在屏幕任何位置上都可输入文字，然后选择文字"动画"类型，本例选择"See You"（见图5-81）。

图5-81　在视频片段中加入字幕

（6）为编辑好的视频加入背景音乐或者旁白。会声会影提供了丰富的素材，包括Flash、边框、矢量图、位图、动态影像、音频等，本例加入背景音乐。

（7）完成以上步骤，一个简单的视频广告基本完成，在"分享"选项选择"创建视频文件"，然后选择要保存的文件格式，支持的输入视频格式包括：AVI、MPEG-1、MPEG-2、AVCHD、MPEG-4、H.264、BDMV、HDV、QuickTime、RealVideo、Windows Media 格式、3GPP、3GPP2、FLV。本例选择 WMV 352×288，30fps（见图5-82）。

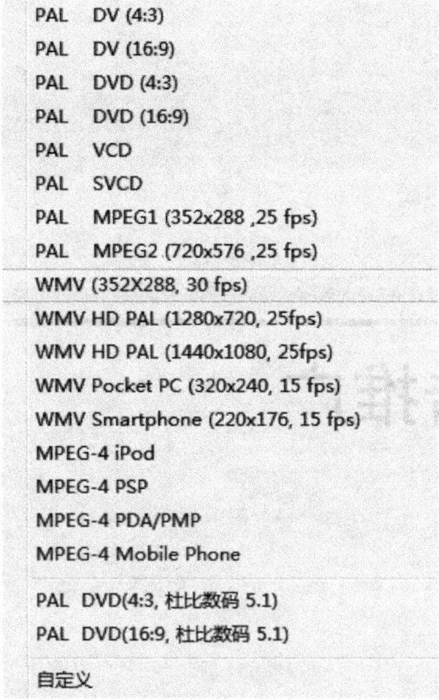

第 5 章 网络广告制作

```
PAL    DV (4:3)
PAL    DV (16:9)
PAL    DVD (4:3)
PAL    DVD (16:9)
PAL    VCD
PAL    SVCD
PAL    MPEG1 (352x288 ,25 fps)
PAL    MPEG2 (720x576 ,25 fps)
WMV (352X288, 30 fps)
WMV HD PAL (1280x720, 25fps)
WMV HD PAL (1440x1080, 25fps)
WMV Pocket PC (320x240, 15 fps)
WMV Smartphone (220x176, 15 fps)
MPEG-4 iPod
MPEG-4 PSP
MPEG-4 PDA/PMP
MPEG-4 Mobile Phone
PAL    DVD(4:3, 杜比数码 5.1)
PAL    DVD(16:9, 杜比数码 5.1)
自定义
```

图 5-82 选择要保存的文件格式

（8）保存文件，制作完成。

  多媒体广告投放到网页上时，被设置为自动播放，不需点击播放，各种精彩纷呈的广告便会映入眼帘，成为现代网络广告不可缺少的形式之一。

▶▶ 思 考 题

1. 简述网络广告制作的流程。
2. 简述网络广告文案的构成。
3. 利用 Photoshop 制作一幅网络广告图片。
4. 利用 Dreamweaver 制作一个会移动的广告条。
5. 利用 Ulead Video Studio 10.0 制作一个视频广告。

第6章

网络广告推广

完成了网络广告的设计与制作,接下来的工作是网络广告的推广。网络广告的推广工作主要有三种方式:一是通过自己的网站将网络广告在网上发布,即网络广告的站点发布;二是通过他人的网站或第三方中介将自己的网络广告在网上发布,即网络广告的网站投放;三是利用其他渠道,如电子邮件、网络即时通信等,发布网络广告。正确选择网络广告发布网站和投放渠道,对于提高网络广告效率、降低网络广告成本具有非常重要的作用。本章将对三种不同的网络广告推广方式分别进行研究。

▶ 6.1 网络广告的站点发布

6.1.1 网络广告站点发布的基本理念

网络广告的站点发布是指企业在互联网上建立自己的网站,发布自己公司的产品和服务广告,由感兴趣的读者调阅这些广告。这类广告主要是企业自身产品的宣传,也广泛用作与其他网站的广告链接。

在商业交易中,占有信息是讨价还价的一个关键性决定因素。占有较多信息的一方总是比占有较少信息的一方更能够从交易中获取更多的价值或利润。

在传统的大多数市场上,卖主比买主拥有更多的信息。这一方面是由于卖主对其所生产或经销的产品或商品比较熟悉,信息来源渠道较多;另一方面,则是由于市场的相对封闭,顾客没有时间也没有精力去了解各种商品的有关信息。卖主利用这种信息优势向最有潜在价值的顾客推销产品和服务,并进行经济学家所说的价格歧视——根据市场情况向一位顾客定一种价格,而向其他顾客定另外一种价格。当然,从法律上看,价格歧视是完全合法的,但是它确实是卖主倾向于牺牲顾客利益获取市场盈余的手段之一。

虚拟市场的建立,很可能将这种关系颠倒过来。互联网的广泛普及使得大部分顾客都有了了解信息的先进手段,信息来源的广度和深度是过去任何时代所不能比拟的。顾客开始拥有越来越多的信息,或者说,掌握了越来越多的卖者的情况。他们利用这些信息筛选满足他们需要的、质量和价格最佳匹配的产品或商品的卖主。实际上,能够获得更多的信息并向卖者讨价还价,索取更多的价值,是吸引众多消费者进入虚拟市场的最重要的一个刺激因素。

因此,我们必须认识这样几个问题。

第一,在虚拟市场中,卖方市场原有的机制发生了很大变化。虚拟市场上有上百种专业分类市场,如纺织品市场、电子市场、机械市场、图书市场等。顾客在任何一个专业市场上都可以找到成千上万家卖者,完全不必要为一家的产品花费过多的时间讨价还价。站点网络广告的设计一定要清楚地认识这种形势,从卖方市场观念彻底地转变到买方市场观念,千方百计为顾客着想,为顾客提供高质量的产品和满意的服务。

第二,必须清楚地认识到,虚拟市场的顾客将迅速增加,利益驱动是这种增加的原动力。企业在互联网上建立自己的网络站点,发布自己的网络广告是刻不容缓的事情。也许在现阶段,某些产品的虚拟市场销售还不赚钱,但这是一个积累的过程。这是一片销售的"新大陆",你不去占领,别人一定会去占领。具有远见的公司经理,特别是营销经理,一定要在网站建设方面投入较大的精力,尽快占领营销的"制高点"。况且,相对于传统的宣传推广方式,站点网络广告的投资仅仅是九牛一毛而已。

第三,在这样一个新的营销环境中,营销人员与顾客的接触完全是通过网络进行的。这就对营销人员的素质提出了非常高的要求。网络营销人员必须同时扮演四种角色:① 主持人(Hosts),设计网络宣传计划,经常更新网页内容;② 推销员(Marketers),利用电子邮件与顾客沟通,宣传并出售产品;③ 市场分析家(Marketanalysts),利用网络大量地收集信息,并对信息进行分析;④ 社会商人(Merchandisers),将自己的网站与其他网站链接,招收合适的卖者加入自己的网站,为企业提供网络广告机会。

第四,企业网络站点应当努力造就一个虚拟小社会。在这个虚拟小社会中,除了满足顾客在现实社会活动中交易需要外,还要满足其他三种需要,即兴趣的需要、聚集的需要和交流的需要。不断吸引顾客加入你的网站,参加各种活动,从而为自己的企业培养一大批稳定的购买者。虚拟市场网络站点的数目已突破上亿个。在如此众多的站点中,如何让顾客发现并青睐你的站点呢?这的确是一个棘手的问题。比较可行的办法就是通过站点网络广告进行宣传,逐步形成一个虚拟小社会。在聚集这个虚拟小社会成员的同时,也就为自己的企业培养了顾客群。在开展这样的活动中需要投入部分的人力和资金,但这是建立企业巩固的虚拟市场、稳定市场份额所必不可少的。

6.1.2 网站建设的要求

企业要实行网络广告的站点促销,首先必须建立出色的网站。网站是由众多的 Web 页面组成的,而这些页面设计的好坏,直接影响这个网站能否得到用户的欢迎。判断一个主页设计的好坏,要从多方面综合考虑,不能仅仅看它设计得是否生动漂亮,还要看这个网站能否最大限度地替用户考虑。

要评估网站的质量高低应当重点从以下指标入手。

(1)网站信息质量高低:公司业务的介绍情况;是否有关于产品的服务的信息;是否有完整的企业和联系信息;是否有产品说明或评估工具,以区别于其他同类产品。

(2)网站导航易用度:网站信息是否组织良好,尤其当公司拥有庞大用户群的时候;是否有站内搜索引擎;网站各部分是否很方便地链接互通。

（3）网站设计优劣：网站设计的美观及愉悦程度；文本是否容易阅读；图片是否使用适当；是否创造性地采用了音频与视频手段增强宣传效果。

（4）电子商务功能：能否实现在线订购和在线支付；能否实现配送跟踪和网上售后服务。

（5）网站的特色应用：网站是否有社区或论坛；是否有计算器或其他可以增强用户体验的工具；访问者能否注册电子邮件通信或 E-mail 通信；用户能否通过网站获得适时帮助（如在线拨号或聊天系统）；网站是否有通往相关信息的互补性资源的链接。图 6-1、图 6-2、图 6-3 分别展示了我国知名门户网站"新浪"、电子商务网站"淘宝"、视频网站"优酷"的主页面。

图 6-1　新浪网主页（www.sina.com.cn）

新浪网作为国内最大的门户网站之一，其信息质量极高，不仅信息量大，而且时效性非常强；栏目丰富，受众群广；拥有论坛和微博等工具。

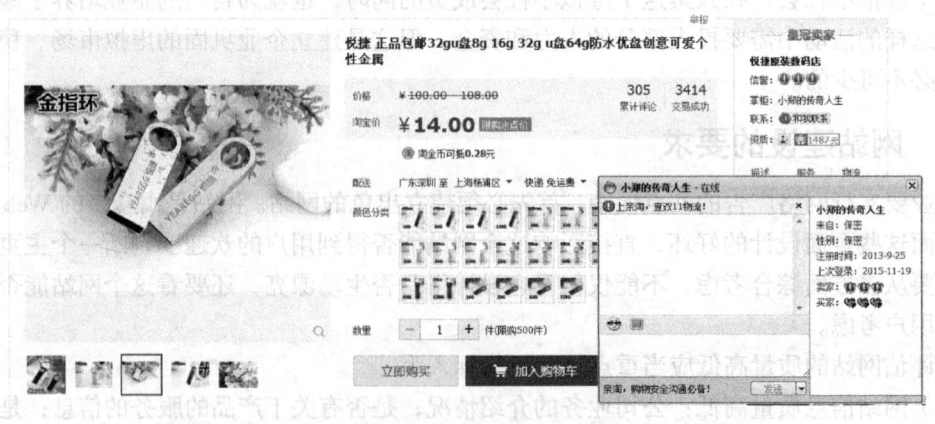

图 6-2　淘宝网店铺和淘宝旺旺页面（www.taobao.com）

淘宝网是亚太地区较大的网络零售商圈，由阿里巴巴集团在 2003 年 5 月创立。2004 年，淘宝推出"淘宝旺旺"，将即时聊天工具和网络购物相联系起来，极大提升了网购体验。

图 6-3　优酷主页面（www.youku.com）

优酷网以"快者为王"为产品理念，注重用户体验，不断完善服务策略，其卓尔不群的"快速播放，快速发布，快速搜索"的产品特性，充分满足用户日益增长的多元化互动需求，使之成为中国视频网站中的领导者。

6.1.3　网站竞争对手分析

在利用站点网络广告开展网上促销的过程中，不可避免地要遇到业务与自己相同或相近的竞争对手。深入研究竞争对手的网站建设情况及其促销方法，做到取长补短，是在网上促销竞争中保持优势的重要环节。

1. 寻找网上的竞争对手

寻找网上竞争对手的比较方便的方法就是在全球最好的搜索引擎和门户网站中查找，如国外的 Google、Yahoo；国内的百度、新浪、搜狐、网易等。一般来说，从检索结果的描述中可以看出从事相同或相近业务的站点的建设情况，这些都是自己的竞争对手。这些站点在搜索引擎和门户网站上的排位就是未来竞争的焦点。查找前，首要的任务是确定查询的关键词。一般要确定 2~3 个关键词或关键词组。然后在上述重要网站上分别检索。只要关键词确定正确，很容易得到大量的检索结果。由于时间和精力的限制，不可能将所有检索出来的站点全部进行详细访问，所以只有审看每条检索结果的描述。一般来说，从检索结果的描述中可以看出某个站点是从事什么业务的。下一步的工作就是对从事与自己相同或相近业务的站点进行访问，筛选出与自己企业规模、产品或服务相近的企业，这些就是自己的竞争对手。这些站点在大网站上的排位就是将来竞争的焦点。

2. 研究竞争对手的主页

研究网上竞争对手，主要从其主页入手。一般来说，竞争对手会将自己的服务、业务和方法等方面的信息展示在主页中。从竞争的角度出发，主要应考察如下五个方面。

（1）整体印象。研究者应当站在消费者的位置浏览竞争对手的主页，细心地体会，看一看他们主页的整体创意是否能够一下子抓住浏览者，使浏览者对其有一个比较深的印象。在网上漫游的人对于时间是非常珍惜的，如果网站的首页不能让浏览者有比较强烈的好感和突出的印象，会在一定程度上影响他们对站点的兴趣。

（2）设计水平。主要考察三个方面的内容：一是图形构思，研究竞争对手主页的网络是否突出，色彩搭配是否协调，体会其怎样充分利用屏幕的有限空间很好地展示出公司的形象和业务信息；二是栏目设置，研究竞争对手的主页主要包括哪些业务栏目，是否能够涵盖企业的主要业务活动，网民浏览后是否对服务内容有一个比较清楚的感觉和认识；三是文字表达，研究竞争对手主页的文字表达是否准确、简练，文章的内容是否清晰易懂，是否有语法错误，文字强调是否过多地使用黑体、斜体、下划线等。

（3）链接情况。主页间的链接是否方便浏览，有没有死链接，是否有调不出来的图形。应有目的地记录其传输速度，特别是图形的下载时间。速度是影响浏览者耐心的关键因素。面对网上如此众多的站点，节省浏览者的时间就是在给自己创造机会来抓住来访者。

（4）宣传力度。主要从两个方面考察：一是研究竞争对手在门户网站、搜索引擎中宣传网址的力度，研究其选择的类别、使用的介绍文字等，特别是旗帜广告的投放量等；二是查看在竞争对手的站点上是否有别人的网络广告，在这些网络广告链接的主页上有没有其他竞争对手的网络广告，是否形成松散的网络广告宣传联合体。

（5）业务情况。竞争对手目前在干什么，有什么新产品，开发哪些新的服务，价格水平如何，在哪个方面是刻意追求和突出的，他们的特点和与众不同的地方是什么，等等。

考察竞争对手是开展网上促销前必须要做的工作，而定期监测对手的动态则是一个长期的任务。每个竞争对手都在发展，同时别人也在研究你，时时把握对手的新举措，从中吸取别人好的地方，及时发现自己的特点和不足，才能做到推陈出新，出奇制胜。

互联网以其跨时空、跨地域、图文并茂地双向传播信息的超凡魅力，为企业创造了无限的商机，只要有科学而有效的经营理念，掌握方式和方法，掌握技术和技巧，有耐心，有准确的判断力，持之以恒地经营，企业网站就一定能够带来良好的收益。

6.1.4 实现网络站点较高的访问率

成功运用网络广告的站点发布，达到促销的目的，必须实现较高的网络浏览率和点击率。只有大量的网民访问，才有可能发挥站点广告的作用，实现网络销售上的根本性突破。前面谈到的网络内容的建设是一个重要的方面。但仅仅有网络内容还是不够的，还必须有相应的促销手段的配合。

1. 举办网络促销活动，引发顾客的参与意识

网络购物是一种崭新的买卖方式，消费者往往对此存有戒心。市场扩散理论告诉我们，当一种新产品或一种新的销售方法刚刚进入市场时，敢于尝试的人的概率只有2.5%，这对于新事物成长是不利的。为了能够在自己的网站上把电子商务这一先进的营销方式推展开，网上商店需要开展各种形式的促销活动，引发顾客的参与意识，吸引老客户重复上网访问，吸引潜在客户尝试性上网访问。一旦顾客亲身体验到网络交易活动的益处后，他们就会接受这种新事物，并且通过口头、书信等方式传播自己的体会，带动更多的消费者访问你的站点。

相对于传统的促销方式，互联网不仅可以吸引广大的消费者参与到促销活动中来，而且可以更进一步吸引消费者参与到整个销售过程中来，这一点是其他销售方式所无法做到的。顾客可以通过互联网了解促销活动的信息、内容、参加方式，可以通过电子邮件进行远程参与，还可以通过讨论组从世界各地的同一时间聚集到活动中，发表自己的意见和看法。

典型的顾客参与活动可以是举办网上比赛、问题征答、抽奖活动，进行畅销产品排名，消费积分，成立网上俱乐部等。图6-4（1）和图6-4（2）是欧冶电商主页上推出的积分广告及积

第 6 章　网络广告推广

分说明。

图 6-4（1）　欧冶电商主页上推出的积分广告

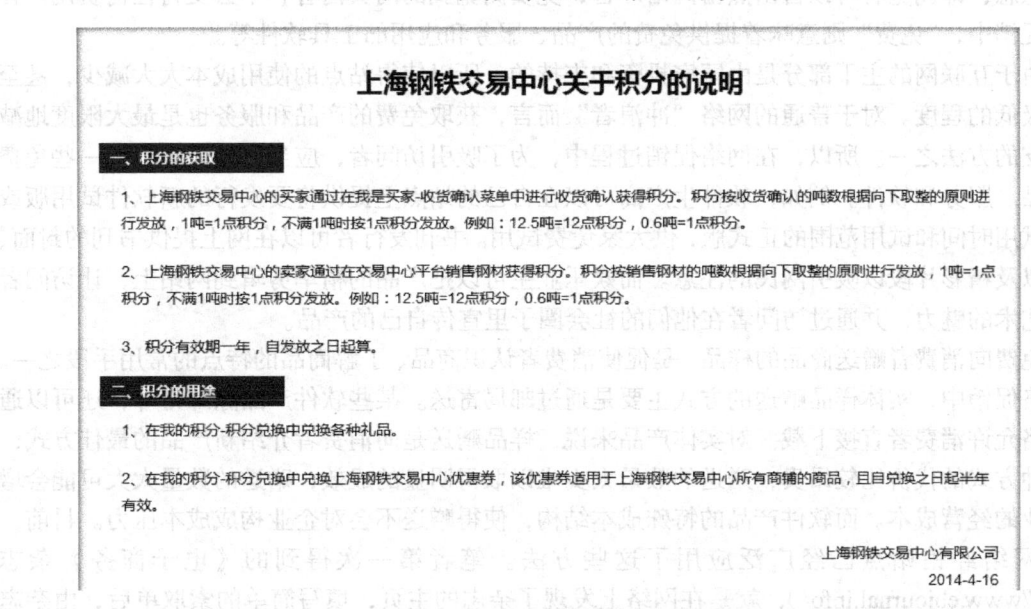

图 6-4（2）　欧冶电商的积分说明

　　欧冶电商为了增加注册用户量，在网站上开展了积分活动。对每位注册用户和成交用户实行消费积分，并根成交金额的多少给予不同的赠送积分，积分可兑换礼品。

　　更深入的活动可以让顾客了解公司和产品的情况，包括公司的历史、发展和延续，征求顾客对整个企业的管理、对产品的改进的意见。在进行上述活动中，及时答复、相互沟通是至关重要的。网络的交流绝大部分必须通过文字，这对于网络促销人员提出了相当高的要求。一是对文字的表述要求较高，必须文笔流畅、用词准确；二是对电子邮件的回复要求较高，一般应当在 24 小时内给予答复，至多不应超过 72 小时。对于目前尚不能解决的问题，应当诚恳地做出解释。只有把顾客当作"上帝"，才能够真正与顾客实现深层次的交流，你的站点的访问率才能够在长时间内保持较高的水平。

　　消费者最大的购物乐趣在于买到既便宜且质量又好的商品。百货公司周年庆祝活动一星期的营业额可能比一个季度的营业额还要高。网络站点也可以定期推出每周一物、每月一物的活动，以优惠价格，营造购物气氛，刺激消费者的购买欲望。

　　利用互联网方便的通信条件，广泛开展产品使用跟踪服务，及时解决顾客的各种问题，是提高网络站点访问率的一项重要措施，这项工作应当贯穿消费者购买的过程。顾客订单确认后，应当有一套允许顾客查询订单处理过程的软件系统，让顾客可以跟踪监督订单的执行情况，包括产品的检验、包装、发运等几个主要的步骤。对于某些仓促做出决定的顾客,应当允许他们在一段时间内修改订单。当产品发运之后,要经常与顾客保持联系,直到客户收到产品并且安装调试完成。

2. "免费"与折扣手段的应用

1)免费手段

在互联网中,"免费"(Free)一词被使用的频率是最高的。但"免费"在不同的地方有着不同的含义。在网络广告中,"免费"并不意味着要免费赠予物品或所有的服务,而是蕴含着另一层意思,即浏览者可以自由点击网络广告,免费浏览我的网页内容,不必支付任何费用。在站点促销中,"免费"则意味着提供免费的产品、服务和应用的工具软件等。

由于互联网的主干部分是由国家投资和支持的,所以使得站点的使用成本大大减少,甚至降到极低的程度。对于普通的网络"冲浪者"而言,获取免费的产品和服务也是最大限度地减少开支的方法之一。所以,在网络促销过程中,为了吸引访问者,应当尽可能地提供一些免费的产品、服务和软件。例如,软件生产商可以在自己的站点上提供将要发行的新软件试用版或有限试用时间和试用范围的正式版,供大家免费试用。书刊发行者可以在网上提供书刊的封面、目录以及精彩片段以吸引网民的注意。而娱乐业主可以把产品的精华剪辑到网站上,让访问者感受艺术的魅力,并通过访问者在他们的社会圈子里宣传自己的产品。

免费向消费者赠送商品的样品,是促使消费者认识商品、了解商品的特点的常用手段之一。在网络促销中,实体样品赠送的方式主要是通过邮局寄送。某些软件产品除邮寄外,还可以通过网络允许消费者直接下载。对实体产品来说,样品赠送是向消费者介绍新产品的最佳方式,但这种方式的代价比较昂贵,赠送的数量太少难以取得明显的成效,赠送的数量太大可能会增加企业的经营成本。而软件产品的特殊成本结构,使得赠送不会对企业构成成本压力。目前,各个网络经销站点已经广泛应用了这些方法。笔者第一次得到的《电子商务》杂志(http://www.ebjournal.info/),就是在网络上发现了杂志的主页,填写简单的索取单后,由杂志社免费邮寄赠送的。

各类企业实施免费手段的目的不尽相同。大型的工业品供应商和跨国公司往往把互联网看作一个新的宣传领域,把通过互联网免费推销作为整个企业促销宣传的一个部分,以保证企业在各个宣传领域中都处于领先地位。而对于软件制造商来说,主要是通过免费吸引消费者下载和试用,但由于试用软件的时间和范围都有一定的限制,进一步的使用就需要向软件制造商支付费用了。有的软件制造商更是醉翁之意不在酒。他们以极低的注册费用在网上推销客户端软件,又以相当高的价格向硬件供应商、系统集成商或网站建立者销售他们的服务器端软件,从而达到获取利润的目的。NetScape 公司的 Navigator 软件就是这方面的一个极为成功的例子。

对于网上的信息服务商来说,免费是为了换取访问人数的增加,扩大自己网站的宣传效果。当他们的网站成为网上的重要媒体时,他们就可以寻找广告商和资助人,从而迅速发展壮大。Yahoo!公司能够在四年里迅速成长为世界著名的信息服务公司,就是沿着这样一条道路成长的。

图 6-5 是一组免费赠送礼品的广告。

图 6-5 免费赠送礼品的广告

第6章 网络广告推广

2）折扣手段

折扣，即让价，是指企业对标价或成交价款实行降低部分价格或减少部分收款的促销方法。在传统的促销活动中，折扣是历史最为悠久但如今仍颇为风行的一项极为重要的促销手段。在网络促销中，折扣手段也得到广泛的应用。在美国亚马逊网上书店（www.amazon.com）的网页上，我们常常可以看到类似图6-6的检索结果。从画面上可以看到，美国亚马逊网上书店对于许多种图书都实行了折扣销售。例如，在《First 100 Words》一书旁边，标有"新书原价：5.99美元，实际购买价3.30美元"的字样。美国亚马逊网上书店将网络信息传递所节省的费用，通过折扣的形式转移到顾客身上，使顾客充分领略到现代交易方法的优越性，也使自己的书店成为世界上图书销售量最大的无国界书店。近年来，我国国内的网上商店在营销活动中也加大了折扣手段的应用。图6-7是当当网上书店（http://www.dangdang.com/）在2015年推出的折扣广告。该广告在主页上是一个旗帜广告，点击进入后呈现一幅全屏广告。全屏广告以经管精选好书为切入点，以6.9折为"眼球"，收到了很好的广告效果。

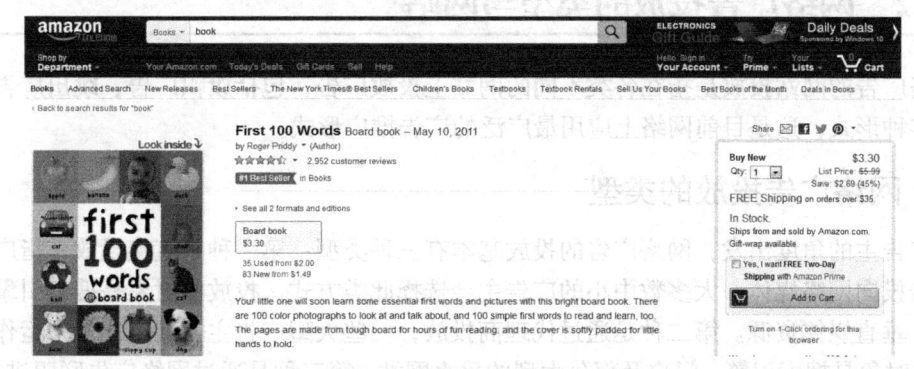

图6-6 从美国亚马逊网上书店检索出来的折价书目

图6-7 2015年当当网上书店主页面上的折扣广告

VIP会员制也是网络促销中常用的折扣方式。传统的促销方式中，常常使用优惠券。但是，优惠券往往是一次性的。在全球范围的网络促销中，很难多次给某些顾客邮寄优惠券，因此，网上商店大多采用VIP会员制的办法。VIP消费者可以在购买商品或享受服务时获得价格优惠或定制服务。图6-8是优酷（www.youku.com）VIP会员管理页面。

图 6-8 优酷 VIP 会员的管理页面

6.2 网络广告投放的类型与网站

网络广告的网站投放是指在各类不同的网站上投放广告，包括旗帜广告、跳出广告、视频广告等多种形式，这是目前网络上应用最广泛的广告推广形式。

6.2.1 网络广告投放的类型

从广告主的角度出发，网络广告的投放基本有三种类型：第一种是直接投放，指广告主直接把广告投向网络媒体，大多数中小的广告主会选择此类方式，投放的对象是搜索引擎和少部分门户、垂直媒体资源。第二种是通过代理商投放，一些大型广告主会通过代理来运作广告业务，投放对象是搜索引擎、门户及部分大型的垂直网站。第三种是通过网络广告联盟进行投放，中小广告主和部分大型广告主会直接选择这类平台进行投放，一部分代理也会通过这类平台帮助广告主完成投放。图 6-9 显示了网络广告投放的类型。

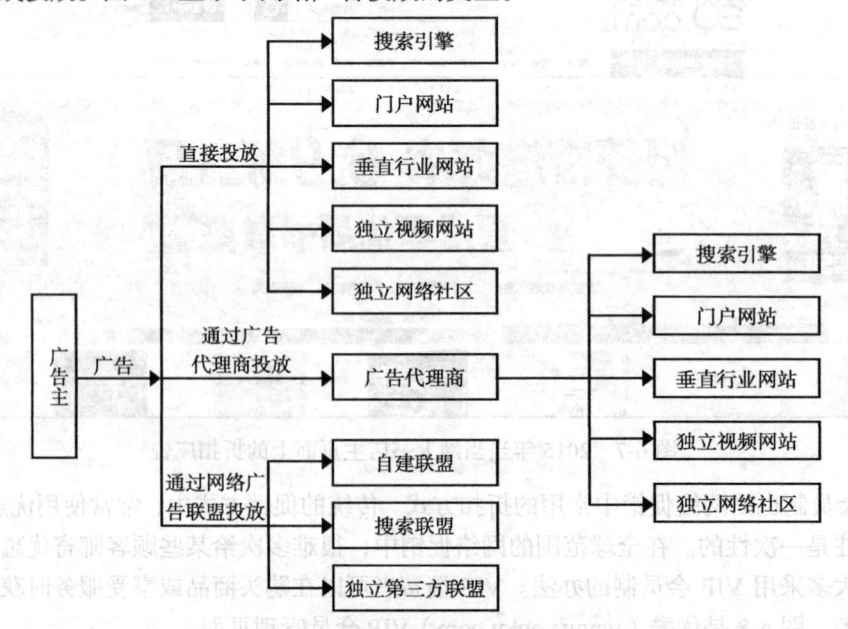

图 6-9 网络广告投放的类型

6.2.2 网络广告投放的网站

从目前网站的功能来看,能够提供网络广告投放的网站基本有四种类型。

(1)网络门户站点(如搜狐网、新浪网)。由于网络门户站的访问者较多,所以有较高的广告价值,但门户网站所能提供的广告位有限,因此近年来广告位价格显著飙升。

(2)专业网站(如中国化工网、我的钢铁网)。由于这类网站专业性强,受众集中,所以很受客户欢迎。

图 6-10 是我的钢铁网(www.mysteel.com)网站上刊登的钢铁类广告。

图 6-10 我的钢铁网刊登的钢铁类广告

(3)搜索引擎(如百度网、谷歌网)。这类网站主要的推广手段是竞价排名。竞价排名价格较低且效果明显,成为众多企业广告宣传的首选,搜索引擎网站也成为收入最好的互联网站点。

(4)网络广告联盟。网络广告联盟是通过聚合网络媒体广告资源(门户网站、垂直网站、其他中小网站等)形成的投放平台,是一种帮助广告主实现多个媒体资源组合投放的投放形式。图 6-11 是易客 58 广告联盟的主页。

图 6-11 易客 58 广告联盟的主页

案例

北大青鸟：搜索引擎广告

1. 案例背景

北大青鸟是一家专业的IT职业教育公司，成立于1999年，公司依托北京大学优质雄厚的教育资源和背景，秉承"教育改变生活"的发展理念，致力于培养中国IT技能紧缺型实用人才，是我国最大的IT职业教育机构。

北大青鸟在IT培训领域具有较大影响力，北大青鸟的搜索引擎广告策略也具有典型意义，因此本章将北大青鸟的搜索引擎广告策略作为典型案例进行分析。

研究发现，全国各地北大青鸟分支机构占IT培训类关键词检索结果中很大比例，北大青鸟的搜索引擎关键词推广在教育行业中较为成功。因此在教育行业网络营销解决方案中将北大青鸟作为案例进行分析。

为了分析北大青鸟关键词推广的投放情况，专门选择一组电脑和软件培训相关关键词（其中既有广告主数量较多的热门关键词，也有不很热门的词汇），通过收集这些关键词推广中北大青鸟所占的比例、广告显示位置等相关信息，分析北大青鸟的关键词推广策略特点及其成功的原因。

调查发现，在全部120个关键词推广中，有60%的广告主为北大青鸟系企业，而且在搜索结果页面广告第一位的9/10都是北大青鸟系。

北大青鸟体系网站的搜索引擎广告已经成为值得关注的案例。综合分析北大青鸟关键词推广策略，其成功因素可以归纳为下列几个方面。

（1）在多个搜索引擎同时投放广告。除了搜狗搜索引擎之外，对比检索百度等其他搜索引擎，同样可以看到部分北大青鸟企业的推广信息（由于价格等因素，在其他搜索引擎的广告信息不像在搜狗那样密集），即北大青鸟将搜狗作为重点推广平台，在每次点击广告价格相对较低的搜索引擎密集投放广告，同时也兼顾其他搜索引擎推广，如图6-12、图6-13、图6-14所示。

图6-12 搜狗搜索引擎上的搜索结果

第6章 网络广告推广

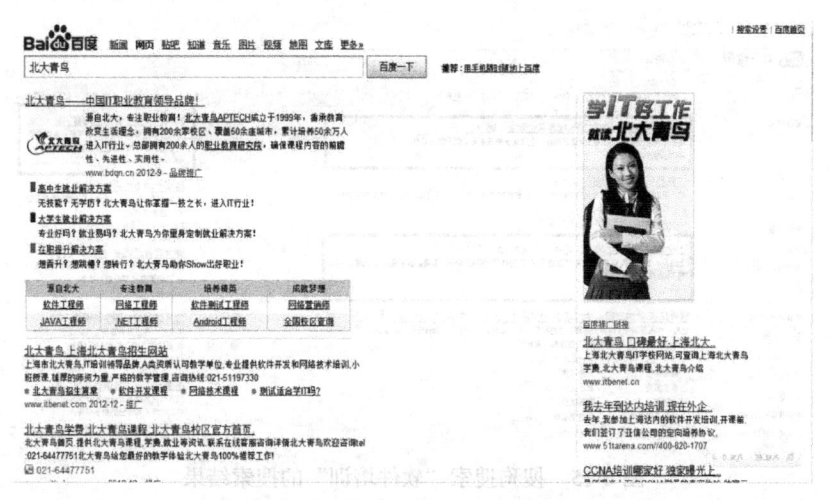

图 6-13 百度搜索引擎上的搜索结果

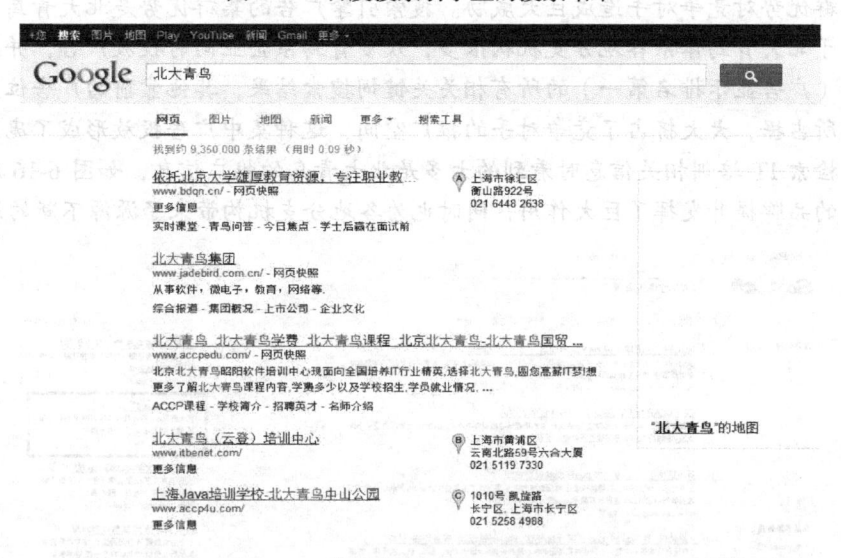

图 6-14 谷歌搜索引擎上的搜索结果

（2）覆盖尽可能多的关键词。相关调查数据显示，在每个关键词推广结果中，北大青鸟的广告都占了大多数。覆盖尽可能多的关键词是北大青鸟搜索引擎广告策略的特点之一，进一步检索发现，几乎每个和 IT 类培训相关的关键词检索结果中都可以发现北大青鸟的广告，除了各种专业培训通用词汇之外，还包括区域搜索关键词和一些专用关键词。在搜索引擎投放广告与其他网络广告或者传统媒体广告不同的是，为了满足用户获取信息的分散性特征，并不需要额外增加成本，只需要在对用户行为分析的基础上设计合理的关键词组合即可。显然，北大青鸟在关键词选择方面是比较成功的，比如搜索"软件培训"（见图6-15）。

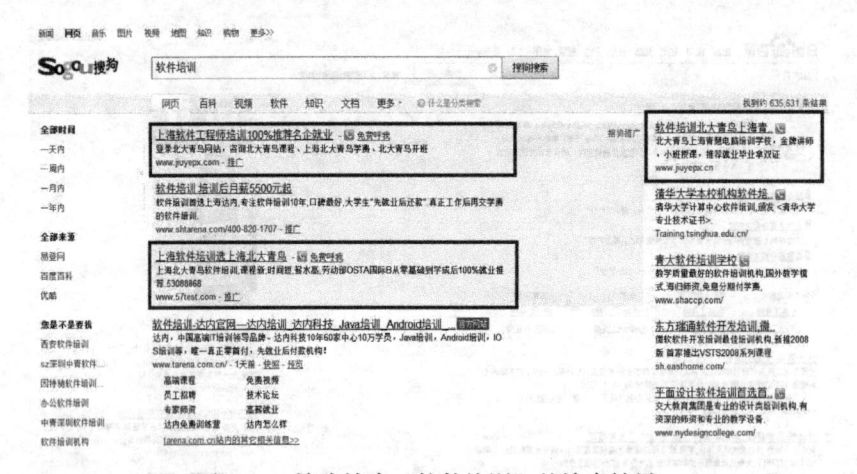

图 6-15　搜狗搜索"软件培训"的搜索结果

（3）集群优势对竞争对手造成巨大威胁。搜索引擎广告的集群优势是北大青鸟系企业的独特之处。由于北大青鸟体系各地分支机构很多，众多青鸟系企业同时投放广告，并且几乎控制了竞价最高（广告显示排名第一）的所有相关关键词搜索结果，其他靠前的广告位置也大多被青鸟系网站所占据，大大挤占了竞争对手的推广空间，这种集中广告投放形成了庞大的集群优势，当用户检索 IT 培训相关信息时看到的大多是北大青鸟的推广信息，如图 6-16 所示。对于整个青鸟系的品牌提升发挥了巨大作用，同时也为各地分支机构带来了源源不断的用户。

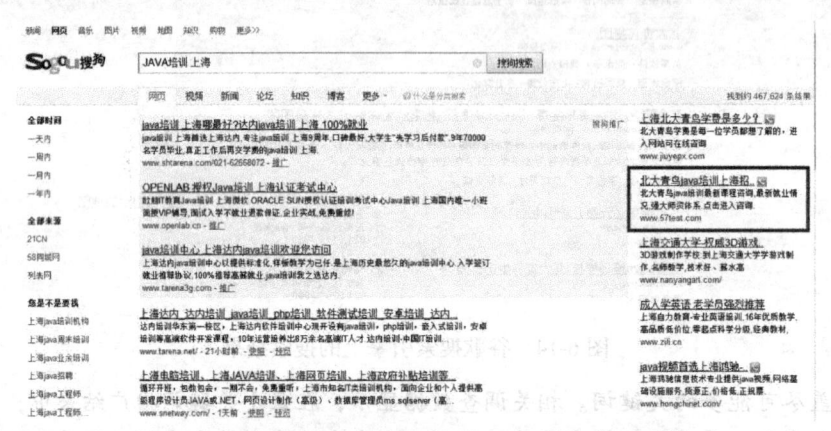

图 6-16　搜狗搜索"JAVA 培训 上海"的搜索结果

2．案例点评

尽管北大青鸟体系有其特殊之处，不过北大青鸟的成功经验对于其他分散性行业仍然有借鉴意义，尤其是拥有全国性分支机构，或者产品线比较长的企业，都可以在制定搜索引擎广告策略时参考。

在北大青鸟的案例中，选用的关键词主要分为以下几类：

（1）相比直接把品牌名称——北大青鸟作为搜索关键词，经调查发现，把关键词设定为网络软件培训相关的通用类搜索关键词更为有效。

（2）产品类搜索关键词。北大青鸟作为行业内的佼佼者，其品牌号召力必然不可小觑。

（3）属性类搜索关键词。对于计算机软件相关考试较为关注的人就是计算机软件培训的潜在客户,将属性类搜索关键词列入广告策略之内,会进一步提高搜索的命中率。

6.3 网络广告的直接投放

6.3.1 旗帜广告与旗帜广告提供商

第 1 章中我们已经提及旗帜广告(Banner Advertisement),这是网络上应用最普遍的一类广告。本节将以旗帜广告为例,阐述网络广告直接投放的基本原理。

旗帜广告是以 GIF、JPG 等格式建立的图像文件,定位在网页中,大多用来表现广告内容,同时还可使用 Java 等语言使其产生交互性,用 Shockwave 等插件工具增强表现力。旗帜广告主要是利用超文本链接功能加以传播成的。由于旗帜广告本身就含有经过浓缩的广告词语,同时静态或动态的精美别致的图形又特别吸引人。只要浏览者看它一眼,哪怕是短短的几秒,就已经产生了广告的作用,而点击它则是广告行为得以成功完成的标志。

接受旗帜广告投放的网站被称为旗帜广告服务提供商。绝大多数的门户网站、垂直网站和其他商业网站都提供旗帜广告发布业务。

互联网上旗帜广告的宽度一般在 400~600 像素[①],相当于 8.44~12.66 厘米,高度一般在 80~100 像素,相当于 1.69~2.11 厘米。在这样的尺寸中,图形文件的大小一般控制在 10~40kB。目前,绝大多数网站应用的旗帜广告尺寸如图 6-17 和表 6-1 所示,它们一般反映了客户和用户的双方需求和技术特征。

表 6-1 美国互动广告管理署推荐的网络广告尺寸表[②]

尺寸(pixels)	最大文件(kB)	动画片长(s)
矩形与弹出广告		
300 × 250 IMU -(Medium Rectangle)	40	15
250 × 250 IMU -(Square Pop-Up)	40	15
240 × 400 IMU -(Vertical Rectangle)	40	15
336 × 280 IMU -(Large Rectangle)	40	15
180 × 150 IMU -(Rectangle)	40	15
300 × 100 IMU -(3:1 Rectangle)	40	15
720 × 300 IMU -(Pop-Under)	40	15
旗帜与按钮广告		
468 × 60 IMU -(Full Banner)	40	15
234 × 60 IMU -(Half Banner)	30	15
88 × 31 IMU -(Micro Bar)	10	15
120 × 90 IMU -(Button 1)	20	15
120 × 60 IMU -(Button 2)	20	15
120 × 240 IMU -(Vertical Banner)	30	15

[①] 像素。为了能用计算机进行图像处理,先要把连续图像取样为离散图像,取样点变称做"像素"。像素有不同的坐标及灰度。参见:辞海编辑委员会. 辞海. 上海:上海辞书出版社,1989,第 685 页.

[②] IAB(Interactive Advertising Bureau). Ad Unit Guidelines[EB/OL](2009-11-12)[2010-01-25]. IAB Website: http://www.iab.net/iab_products_and_industry_services/1421/1443/1452.

续表

尺寸（pixels）	最大文件（kB）	动画片长（s）
125 × 125 IMU -（Square Button）	30	15
728 × 90 IMU -（Leaderboard）	40	15
摩天广告		
160 × 600 IMU -（Wide Skyscraper）	40	15
120 × 600 IMU -（Skyscraper）	40	15
300 × 600 IMU -（Half Page Ad）	40	15

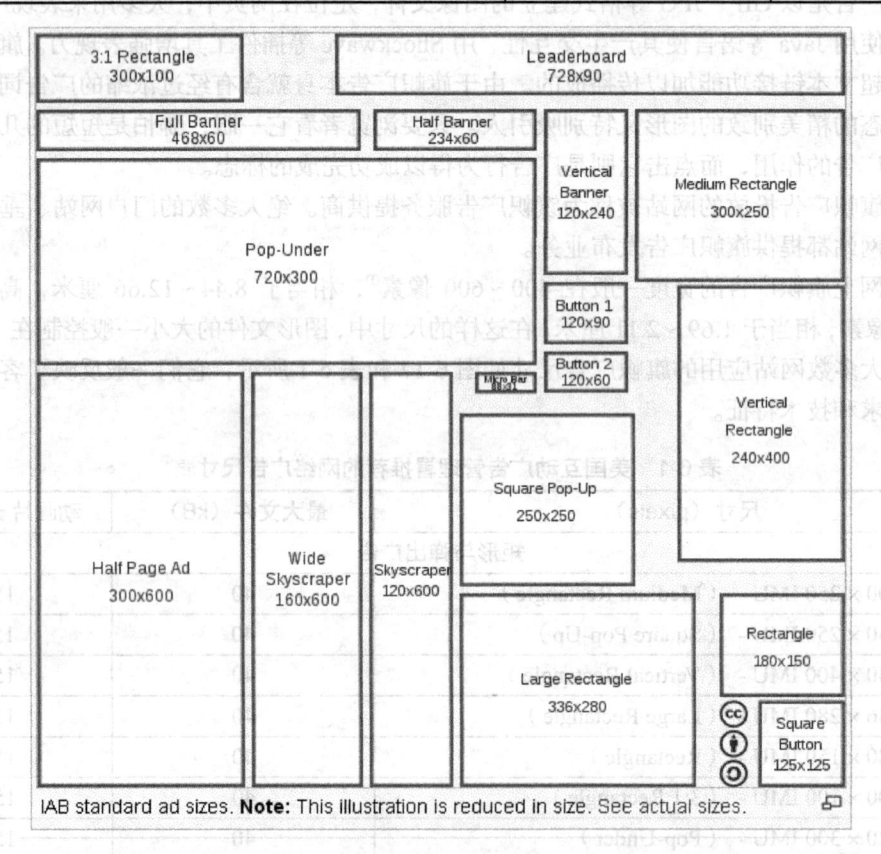

图 6-17 美国互动广告管理署推荐的网络广告尺寸示意图[①]

6.3.2 投放旗帜广告需要注意的几个问题

1. 避免单纯以网页浏览次数为主要衡量标准

在选择旗帜广告网站时，一般首先考虑网站的网页浏览次数。含有优秀内容的高流量站点可以给广告主带来更多的广告暴露机会，但对某些广告来说点击率也可能很低。因为网络广告很小，且非常相似，用户在注意力分配的过程中总是倾向对自己更有吸引力的一面。

如同传统媒体有大众媒体和专业媒体之分一样，随着网络的发展，网站也有了综合性网站和专业性网站之分。目前，我国比较知名的综合性网站有新浪、网易、搜狐等，比较著名的

---

① Wikipedia. Web banner [EB/OL]（2011-02-08）[2010-02-25]. Wikipedia Website: http://en.wikipedia.org/wiki/Web_banner.

专业性网站有中国纺织网、我的钢铁网等。它们不仅在内容上不同，而且所吸引的用户人数、用户类别和用户特征等也是不一样的。广告主在选择网站的时候，应当在考虑站点访问量的同时，考虑网站及网站访问者的特点是否与自己的产品和活动符合。只有选择好适合自己产品的站点，该站点访问量才有可能成为有用的浏览量。

2. 避免只考虑购买网站的首页

广告的最终目的是扩大产品的市场知名度，从而增加销售量和销售额，为公司赢得利益。每种产品，只有找准市场，定位准确，才能在激烈的竞争中立于不败之地。在投放网络广告时也应该贯彻公司的一贯原则，将网络广告投放到适合公司产品的相应页面上。

但目前的情况是，由于各网站一般都将网站首页的广告价格定得比较高，这样在客观上误导了对网络媒体缺乏认识的广告主，使他们误认为网站首页的广告效果要比其他页面好。虽然网站首页的访问量一般都比较高，能产生大量的 Pageview，但是由于网站首页的访问人群存在主题不明确、目的性不强的特点，客观上造成广告缺乏针对性，导致广告的浏览量高但点击量却小，效果不理想，同时也造成资金的浪费，最终使广告主对网络广告失去信心，放弃对旗帜广告的投放。

一般来说，首页广告的点击率并不高，因为人们已经习惯了原有的页面。选择内容与自己业务密切相关的分类页面投放，则能够过滤掉那些对企业缺乏商业价值的访问者，不必为无效的广告显示付钱。

3. 不要单纯追求旗帜广告的投放量

广告主做广告的目的是更好地销售产品，如何用最少的广告费换取销售的大幅增长，是所有广告主面临的问题。由于目前网络广告的平均费用较传统媒体而言还是比较低的，所以在广告投放上，很多时候，广告主会相信在某个页面上投放的量越大，所得到的广告效果一定越好。

目前，我国主要按照千人广告成本（CPM）来计算旗帜广告价格。广告的效果是随着广告投放的量不断上升，但是这种上升并不是线性的，它是有一定阶段性的。广告的效果与广告的投放，在开始阶段随着广告投放的上升而不断上升。但是当广告投放达到一定数量时，广告的效果可能就不会再有很大的变化。因此，在某个固定的浏览量很大的网站上投放大量的广告，可能很快达到所需要的浏览量。但是仔细考虑这些广告受众，可以发现，最终换来的只是大量的重复受众，这并不是广告主的目的，他们需要的是覆盖不同的受众人群。所以，在广告的投放上需要有一个投放数量的考虑，并不是在浏览量最大的站点上投放最大的量就一定可以达到广告主的目的。

6.3.3 旗帜广告服务提供商的选择

随着互联网的迅猛发展，现已涌现出大批可供挑选的旗帜广告服务提供商。他们的服务内容、服务质量和服务费用可能存在很大的差异。选择一个服务优良、收费公道的旗帜广告服务提供商是企业成功开展网络促销的重要环节。

选择旗帜广告服务提供商时主要应当考虑以下五个方面的要素。

1. 服务商提供的信息服务种类和用户服务支持

互联网上信息服务的种类很多，但是，往往在收费类似的情况下，不同的信息服务商提供的服务种类是不同的。

一般来说，要选择的站点应该信息量比较大，信息的准确性比较高，信息还能定期更新和补充，栏目设置条理清晰而且丰富，栏目中的文字简洁、主题鲜明、重点突出，主页设计与制作比较精良。另外，要看这些站点发布信息所使用的语言。目前，大陆站点常用的语言仅有中文，而台湾地区站点大多有国标中文和大五码中文，海外站点大多是英文。但有的站点同时提供这三种语言的版本。显然，不同的语言会吸引不同的浏览群体。

有些信息服务商除了提供常规的互联网信息服务之外，还提供一系列专门的信息服务，如经济信息查询、在线商场、股市信息、法律咨询、人才交流等，这些服务的存在使站点浏览人数大大增加。在这样的站点上刊登旗帜广告效果较好。

在经营方面，要看是否有一定的免费服务，因为有一定价值的免费服务往往能够吸引很多访问者。用户服务支持是指在刊登旗帜广告时服务商对用户提供的构思帮助、说明资料、免费试播时间等，这些情况也应当了解清楚。

2. 服务商的设备条件和技术力量配备

设备条件关系到旗帜广告服务提供商所提供的服务是否可靠，是否能够经常更换网络内容，是否可以保证一天24小时、一年365天不间断地播出广告。企业应当优先考虑那些技术先进、高度可靠和高度可扩展设备的旗帜广告服务提供商。

技术力量配备不但关系到服务本身的可靠性，而且还关系到用户在遇到问题时能否得到及时的技术咨询服务和技术支持服务。一个可靠的旗帜广告服务提供商的技术队伍应该是由技术熟练的工程师组成的，而不是一些经验不多的新手。笔者在上网过程中常常遇到一些看起来不大的问题，但很少有人能够给予圆满的答复，往往需要自己反复摸索才能找到答案。不可否认，网络对于任何人来说都是新事物，但专业人员必须先行一步。另外，机房值班人员中，应当配备高级技术人员，只有这样才能保证用户任何时候都可以得到及时的技术支持。

3. 服务商的通信出口速率

通信出口速率是选择旗帜广告服务提供商的十分关键的一个因素。目前我国只有少数几个网络具备直接连接互联网的专线，许多旗帜广告服务提供商都是通过这些网络进入互联网的。因此，选择旗帜广告服务提供商时，首先要弄清其给出的通信出口速率的情况，是专线出口速率还是接入专线的出口速率。其次，应当了解这个旗帜广告服务提供商的出口专线是自己建设的，还是租用别人的，或是与别人共享的。这关系到旗帜广告服务提供商的出口线路及其速率的可靠性问题。与他人分享线路的旗帜广告服务提供商一般是无法保证通信出口速率的。最后还应了解用户的数量。有的互联网专线通信出口速率虽然很高，但是由于用户较多，用户实际的通信速度仍然不理想。

4. 服务商的组织背景

旗帜广告服务提供商的背景也很重要。这个旗帜广告服务提供商已经经营了多长时间，是否具有长期经营的能力，注册资本是否雄厚，经营状况如何，等等。应当注意的是，国家对于互联网旗帜广告服务是有严格规定的。一个旗帜广告服务提供商必须申请到经过国务院批准的互联网接入代理许可证，并且持有国家邮电部门核发的放开电信经营许可证（含计算机信息服务、电子邮件服务等），才可以面向社会提供互联网旗帜广告服务。

5. 服务商的收费标准

旗帜广告的收费没有统一的标准，它是由多个因素构成的。不同的旗帜广告服务商的知名度不同，其价格相差很大，宣传效果又各有千秋，需要认真地进行比较后再做选择。

6.3.4 两类适合投放旗帜广告的站点

投放旗帜广告的首选站点是门户网站。好的门户网站能够将成百上千个从来没有访问过你的站点的网民吸引过来。门户网站为客户提供了很多旗帜广告的展位，首页自然是最好的，但也是最贵的。在门户网站中还有很多按照主题划分的类，每次检索，数据库还会根据关键字动态地组合生成检索结果的主页。在这些不同层次的主页中都可以设置旗帜广告，这些位置并不见得就比首页差，因为与广告内容相近的主页的消费者才是你最想吸引的。

首先在门户网站上投放旗帜广告，网民覆盖面广、数量大，但也应看到，其中的很多浏览者对旗帜广告的内容不感兴趣，而且价格也较高。

其次，可以选择有明确浏览者定位的专业站点。这种站点的浏览者数量可能较少，覆盖面也会比较窄，但这些浏览者是广告主所需要的，他们是广告主的有效宣传对象。从这个角度看，有明确浏览者定位网站的有效点击量可能并不比导航台门户网站少。选择这样的网站放置旗帜广告，可能获得较多的有效点击量。

最后，为了更好地确定投放旗帜广告的站点，还可以向网站评价机构或已经在这些站点上设置旗帜广告的广告主咨询，这些单位往往能够给出一个比较客观、比较准确的评价。

案例

KFC 联手新浪网的"胜利中国之 W 行动"

1. 项目背景

麦当劳是肯德基（KFC）最大的竞争对手，又是北京奥运会的 TOP 赞助商。在此情况下，KFC 积极采取相应的营销对策，来引导消费者对其的关注。面对广大网友及食品消费者的选择，KFC 选择新浪网做广告宣传，希望充分发挥新浪网[①]在网络营销领域的资源和经验优势，帮助 KFC 在激烈竞争中脱颖而出，在奥运营销战中赢得先机。

2008 年同时也是中国的团结年，华夏儿女在地震灾难面前坚强地拥抱在一起，共渡难关，赢得了抗震救灾的伟大胜利。2008 年 6 月 2 日，肯德基联手新浪网推出了"胜利中国之 W 行动"。W 是赢（Win），W 是两个 V（Victory），W 是我们团结起来一同为四川同胞、为中国健儿加油呐喊的集体爱的行动。KFC 以 "W" 为口号，力求在奥运会之前赢得奥运营销的先机。

活动主页面如图 6-18 所示。其中，两个鸡翅的创意构成了 "W" 图形，形成了本活动的含义，也宣传了肯德基的产品。在开展网络广告宣传的同时，还开展了线下的配套活动（见图 6-19）。

---

① 新浪网. KFC 胜利中国之 W 活动[EB/OL]（2008-06-02）[2010-02-25]. 新浪网：http://emarketing.sina.com.cn/se_anli_art_04.html.

图 6-18　KFC 联手新浪网的"胜利中国之 W 行动"活动主页面

图 6-19　"胜利中国之 W 行动"的线下配套活动[①]

2. 案例点评

在 1 个月的时间里,KFC 胜利之翼"创意 W"活动,上传作品总量 10 079 部,共有 2 384 978 人参与了投票;截止到 6 月中旬"两两来 Win"活动参与人数 18 097 人次,页面浏览 500 万次/日,共有 34 个城市数十万网友发起、参与、浏览了线下活动。

"W 行动"的前期炒作,主要体现 Win-Win 的理念,在国人经历了汶川地震之痛,2008 年奥运会又临近之时,号召网友一起来共筑 W,激发网友的主动参与和关注。线上活动主要体现在网友可上传 W 的造型图片,也可以上传自己的头像,并邀请朋友一起来共筑 W 造型。同时,通过活动网站实时跟踪 34 个城市的活动进程,吸引目标受众的持续关注。在线下活动中,鼓励网友在全国 34 个城市的 KFC 门店前,大摆 W 造型,为后期 KFC 新品的推出做好衔接及铺垫。

活动后期的 W 炒作,主要体现 Win-Wing,借前期 W 炒作之势,推出 KFC 新品——胜利之翼。无论是广告创意,还是专题页面创意,都生动体现了产品特点,同时引发消费者对前期推广的"W 行动"的直接联想,从而激发消费者购买欲望。

---

① Wikipedia. Web banner [EB/OL]（2011-02-08）[2010-02-25]. Wikipedia Website: http://en.wikipedia.org/wiki/Web_banner.

6.4 通过广告代理商投放网络广告

6.4.1 广告代理商与广告代理制

广告代理商是指由一些创作人员和经营管理人员所组成的,能够为广告客户制定广告计划、制作广告和提供其他促销工具的一个独立性机构。广告代理商为广告主代理广告业务,向广告主提供"一站式服务"或多种不同专业领域的代理合作。广告主是广告活动的直接投资者,广告代理费(代理佣金)是广告公司获得报酬的主要方式。

广告代理制是指在广告活动中,广告主委托广告公司实施广告宣传计划,广告媒介通过广告公司承揽广告业务的一种机制和经营体制。也可以说是一种由广告公司为客户全面代理广告业务活动的经营体制,广告代理制是随着广告业的发展而逐步形成的,是广告业发展到一定历史阶段的产物。

现代广告代理制最大的特点就是强调广告业内部合理分工,互相合作,以此来求得共同发展。在这种体制下,广告代理商通过为广告主和媒介提供双重服务,发挥其主导作用。

6.4.2 网络广告代理的运作流程

网络广告代理公司的业务运作流程如图6-20所示。

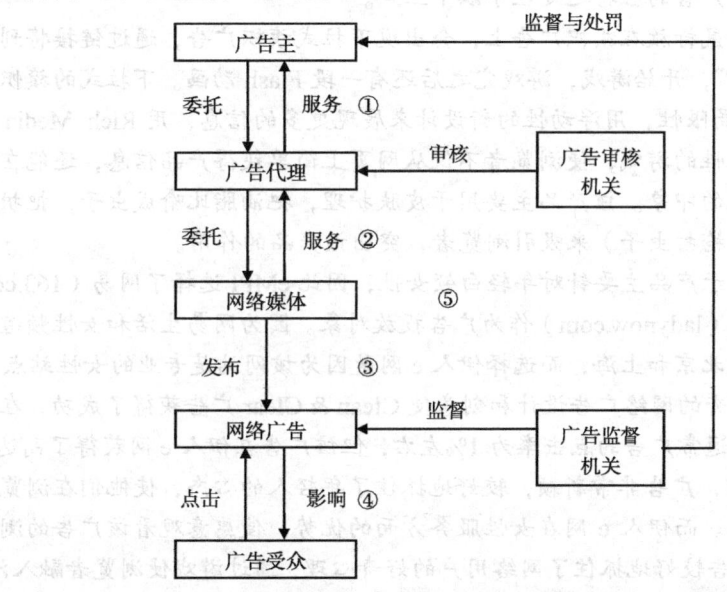

图 6-20 网络广告代理流程

图 6-20 中的各标号含义如下:
① 广告主委托网络广告代理商为其制定和实施广告计划。
② 网络媒体向网络广告代理商提供必要的媒介动态与刊登机会。
③ 网络广告代理商和网络媒体合作,根据广告主的意愿设计与发布广告。
④ 网络广告吸引广告受众,产生广告效果。
⑤ 广告审核机关与广告监督机关全程监督网络广告代理活动。

案例

Clean & Clear 产品的旗帜广告投放

1. 案例背景

随着中国网络广告业的飞速发展,越来越多的商业公司开始关注网络广告的作用。强生(中国)有限公司的 Clean & Clear 主要针对年轻白领女性,产品已经占有一定的市场份额。为了进一步扩大产品在全国特别是在北京和上海的影响,他们开始尝试通过网络这一新的媒体做宣传。为了使广告宣传达到较好的效果,强生公司选择 eMPI 公司作为代理。因为 eMPI 是一家专业的公司,在网络广告方面有丰富的经验,图 6-21 是该公司的旗帜广告。

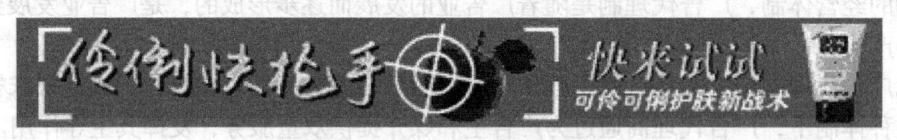

图 6-21 Clean & Clear 产品的旗帜广告

2. 案例点评

Clean & Clear 旗帜广告的独特之处在于以下三点。

(1)广告设计。将鼠标放在旗帜广告上,会出现下拉式旗帜广告,通过链接将到达广告终端页面,点击"START",开始游戏,游戏完之后还有一段 Flash 动画。下拉式的旗帜设计突破了传统旗帜 468×60 的局限性,用浮动性的新设计来展现更多的信息,用 Rich Media 的新技术制作具有互动性、趣味性的游戏,使浏览者不仅从网页上简单获得产品信息,还能在游戏与动画的过程中加深对产品的印象。该产品主要用于皮肤护理,把油脂比喻成虫子,把护肤产品比喻成快枪,通过游戏(枪打虫子)来吸引浏览者,突出该产品的作用。

(2)媒体选择。由于产品主要针对年轻白领女性,因此 eMPI 选择了网易(163.com)生活和女性频道及伊人 e 网(ladynow.com)作为广告投放对象。因为网易生活和女性频道女性访问者较多,且主要集中在北京和上海,而选择伊人 e 网是因为该网站是专业的女性站点。

(3)广告效果。优秀的网络广告设计和创意使 Clean & Clear 广告获得了成功,在两个网站都获得了很好的效果。通常广告的点击率为 1%左右,但该广告在伊人 e 网获得了高达 7.33%的点击率。伊人 e 网认为,广告非常新颖,较好地抓住了年轻人的心态,使他们在浏览网页的同时乐意去点击这个广告。而伊人 e 网在女性服务方面的优势,使愿意观看该广告的浏览者数目较多。网易也认为,广告较好地抓住了网络用户的好奇心理,通过游戏使浏览者融入活动本身。

这个活动的成功,对于更多的传统公司是很有启示的。网络广告除了具有明显的价格优势,通过网站做广告,还可以使产品的受众覆盖面变大,因为互联网是没有国界的。网络广告可以很好地选择受众,像本案例中的产品可以选择只在女性网站或女性频道上做宣传,而这些是传统媒体不易做到的。

6.5 通过网络广告联盟投放广告

广告网络产业不同于传统网络广告的地方在于广告主是通过一个平台完成投放的，而这个平台不同于传统媒介公司的地方在于其对网站媒体资源的整合能力。其整合能力是多方面的，包括资源的采购、多媒体投放的管理、大量的数据监测、即时的优化，以及多维的定向技术。

6.5.1 通过网络广告联盟投放广告的基本原理与流程

网络广告联盟是最近几年出现的第三方网络广告发布平台。网络广告联盟不同于传统网络广告的地方在于广告主是通过一个平台完成广告投放的。而这个平台是由一个发起者和若干网络媒体结合而成的。

网络广告联盟包括四个要素：发起者、网络媒体、广告主和浏览者。发起者创建网络广告联盟，网络媒体通过加入网络广告联盟的代码与广告联盟整合，广告联盟向网络媒体分配广告资源；广告主直接向网络广告联盟投放广告；浏览者则通过网络媒体浏览广告主的广告。网络广告联盟的投放流程如图 6-22 所示。

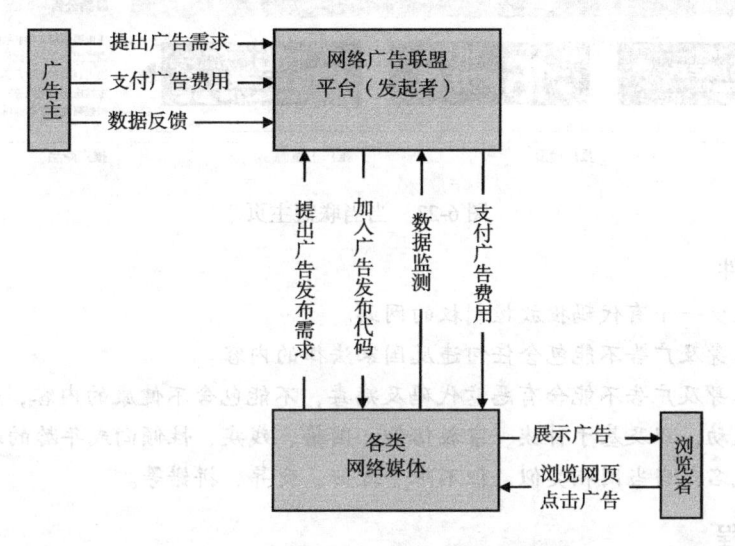

图 6-22 网络广告联盟的投放流程

6.5.2 网络广告自建联盟

自建联盟是指网站运营者自己建立的合作平台。该平台整合各类网络媒体，包括中小网站及个人站点博客等，其特征为发起者既是平台运营者也是广告主。任何公司或个人网站加入自建联盟，添加相应的广告链接并接受广告投放，最终完成有效购买行为，都可以获得销售提成。典型企业如当当网站联盟、金山联盟等。

案例

当当网站联盟

当当网站联盟是一个帮助当当网推荐商品、扩大品牌知名度的一个合作平台（见图6-23）。

图 6-23　当当联盟主页

1. 加盟条件

（1）拥有至少一个有代码投放控制权的网站。

（2）网站本身及广告不能包含任何违反国家法律的内容。

（3）网站本身及广告不能含有恶意代码及病毒，不能包含不健康的内容，如色情、淫秽、赌博、暴力、反动，以及基于种族、宗教信仰、国籍、残疾、性倾向或年龄的歧视等。

（4）网站域名与当当网相类似，但不限于近似、变异、拼错等。

2. 加盟流程

（1）详细阅读联盟协议，完全同意当当网站联盟协议内容后，详细填写用户信息与支付方式。

（2）进入邮箱点击链接进行激活。

（3）登录当当网站联盟通过广告制作功能生成广告代码。

（4）复制广告代码至自己网站的相应位置。

（5）每月初通过联盟平台统计报表"佣金结算查询"了解佣金情况，当当网站联盟将在每月30日前支付佣金。

3. 佣金结算

联盟会员的销售提成根据每自然月由有效购买行为带来的订单销售额计算。

（1）图书、音像类商品大于0元小于等于30元订单分成比例为0%；大于30元订单分成比例为4%（此分类包含图书、音乐、影视、教育音像、游戏、软件、杂志频道所销售的所有商品）。

（2）百货类自营商品分成根据不同的销售额给予不同的佣金（见表6-2）。

表6-2　当当网络联盟根据不同的销售额给予不同的佣金

阶梯段（元）	佣金（元）	适用商品	详细说明
0~100	每个订单 0.00	百货自营	订单中包含百货自营商品的总金额
101~200	每个订单 2.00	同上	同上
201~300	每个订单 3.00	同上	同上
301~500	每个订单 7.00	同上	同上
501~800	每个订单 9.00	同上	同上
801~1 000	每个订单 12.00	同上	同上
1 001~2 000	每个订单 15.00	同上	同上
2 001~3 000	每个订单 18.00	同上	同上
3 001~5 000	每个订单 22.00	同上	同上
5 001~8 000	每个订单 28.00	同上	同上
8 001~10 000	每个订单 38.00	同上	同上
10 001 以上	每个订单 48.00	同上	同上

（3）百货类商户商品不参加分成（注：商品页中配送信息未显示为"本商品由当当网销售与配送"的）。

（4）特例商品分成比例：1%（注：请每月25日后通过 union.dangdang.com 查询次月特例商品名单）。

6.5.3　网络广告搜索联盟

搜索联盟是指搜索引擎运营商建立的广告联盟。整合的网络媒体为大量的中小网站和门户网站的部分剩余广告资源，用 CPC 计费，其特征是广告根据页面匹配度和竞价指数的运算结果自动显示。典型企业为百度联盟、谷歌 AdSense、搜狗联盟等。

案例

百度联盟

百度联盟隶属于全球最大的中文搜索引擎百度，依托百度强大的品牌号召力和成熟的推广模式，经过多年精心运营，已发展成为国内最具实力的联盟体系之一。百度联盟一直致力于帮助发布商挖掘专业流量的推广价值，帮助推广客户推介最有价值的投放通路。自成立以来，百度联盟已成功运营了搜索服务、网盟推广合作及其他增值业务。加盟百度的合作伙伴累计近35万家，不少美誉度极高的网站及软件也在和百度联盟的合作中获得快速成长，这些合作伙伴的影响力几乎覆盖所有中文网民。

1. 百度联盟的运营目的

（1）为推广商选择精准优质的投放通路，使营销成果最大化。

（2）帮助内容发布商深度研究通路特征，让通路投放更精准。

2. 百度联盟的产品线

（1）百度联盟网盟推广合作业务。帮助广告主分析网站页面的内容，并将与主题最相关的百度推广投放到网站相应的页面，为推广客户和网站主带来广告投放效益的最大化。网站用户通过点击该文字链产生收入，网站主就可以从百度获得相应的分成。

（2）百度搜索推广合作。百度搜索推广合作服务是百度联盟推出的一项免费服务。网站主通过把百度搜索框代码投放到任一网页，就可以向其用户提供搜索推广合作功能。用户搜索结果页使用百度的中文网页搜索技术，除了为用户提供相关结果，还能根据用户搜索的关键字显示最相关的百度推广内容，从而为网站主带来收入。这也是百度联盟搜索推广合作服务与百度网页搜索的不同之处。

（3）百度新业务合作业务。百度联盟新业务合作业务是百度公司面向各大网站推出的新型合作计划。各网站所有者申请成为新业务合作业务会员后，将产品代码投放在网站页面上，网站用户付费订购了产品或服务，网站即可分享百度带来的新业务合作分成收入。

（4）百度工具栏合作业务。利用百度推出的工具栏合作业务，软件作者通过与百度工具栏捆绑，用户在安装百度工具栏后，点击工具栏搜索产生的百度推广内容，软件作者就获得百度公司的收入分成。国内，绝大多数网民口碑良好的软件都选择了与百度合作，不但获得了从品牌到收入的整体增值，也实现了自身功能与搜索的紧密结合。

3. 百度联盟的网络广告发布商

（1）网站。覆盖IT、财经、汽车、新闻、旅游、教育、娱乐等超过5 000家优质主流网站媒体，每天产生8亿次曝光量。

（2）软件。国内外400余款知名软件与百度合作，透过最大软件发布平台天空软件站，打造专业领先的软件广告模式平台。

（3）电信。与电信、网通、铁通、移动、联通、长宽等运营商进行不同层次的战略或业务合作，为细分到地市区县的用户服务。

（4）网吧。通过与国内几十家网吧应用服务提供商合作，将广告商的产品推送到近1 000万台网吧电脑上。

6.5.4 网络广告独立第三方联盟

网络广告独立第三方联盟是独立于广告主、网站主之外由第三方公司建立的广告联盟。这种联盟整合网络媒体，主要是中小型网站，为电子商务企业和网络游戏企业服务。其计费方式主要采用CPS、CPA等方式。典型第三方联盟有亿起发、软告、奕天等。

1. 广告主流程

广告主加入网络广告独立第三方联盟的主要流程如图6-24所示。

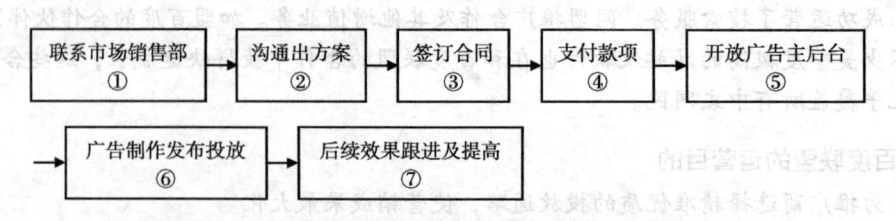

联系市场销售部① → 沟通出方案② → 签订合同③ → 支付款项④ → 开放广告主后台⑤ → 广告制作发布投放⑥ → 后续效果跟进及提高⑦

图6-24 广告主加入网络广独立第三方联盟的主要流程

图 6-24 中的各标号含义如下：
① 通过电话或 QQ 联系联盟市场销售部门。
② 同销售人员沟通确定具体合作方案。
③ 签订合同。
④ 根据合同签订情况支付广告费用。
⑤ 注册并开通广告主后台。
⑥ 根据方案制作广告素材。
⑦ 根据联盟后台反馈数据对广告进行调整和提高。

2. 网站主流程

网站主加入网络广告独立第三方联盟的主要流程如图 6-25 所示。

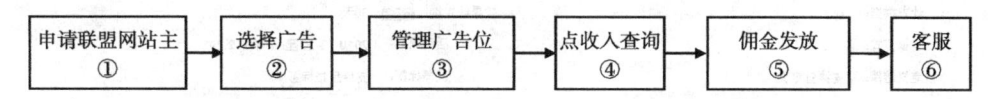

申请联盟网站主 ① → 选择广告 ② → 管理广告位 ③ → 点收入查询 ④ → 佣金发放 ⑤ → 客服 ⑥

图 6-25　网站主加入网络广告独立第三方联盟的主要流程

图 6-25 中的各标号含义如下：
① 申请联盟网站主：填写注册信息，审核通过后登录联盟后台。
② 选择广告：商家申请广告，新增广告位和广告。
③ 管理广告位：点添加编辑商家广告（查看申请广告状态和增加同尺寸广告进行轮播），确定申请广告已经审核通过。点复制投放代码（进行广告投放，未审核通过广告代码投放显示空白）。
④ 点收入查询：查看昨日广告数据报表（点具体的月份连接进去才可以查看每日数据报表）。
⑤ 佣金发放：每月 15~20 日联盟发放上个月产生的广告佣金。
⑥ 客服：相关问题咨询请联系联盟后台的客服 QQ。

案例

八百方药品网络广告推广活动

亿起发（www.yiqifa.com）是亿玛公司研发和不断完善的联盟营销平台，提供面向其数万家加盟互联网站与移动互联网站亿万用户群体的"效果营销"服务。亿起发秉承"联盟天下，效果营销"的联盟运营理念，迄今为止，不但已经为众多知名网络公司如新浪、搜狐、百度等提供了卓有成效的网络效果营销推广服务，而且为众多企业提供了全方位的网络广告推广服务，多次被第三方权威机构评为国内最佳网络联盟平台。图 6-26 是该联盟为八百方公司设计的网络推广策划方案。

图 6-26 八百方药品网络广告推广活动

▶▶ 6.6 许可电子邮件营销

6.6.1 许可电子邮件营销简述

许可营销已成为网上广告发布的最重要的渠道之一。许可营销的主要概念其实很简单，在传统的营销过程中，顾客总是被动地接受企业的促销信息。在许可营销中，顾客填写一份调查表，其中说明了顾客感兴趣的类别，营销人员只向顾客发送顾客兴趣范围内的信息。这种营销方式在一定程度上减少了对顾客生活的烦扰，并且增加了企业对目标顾客的定位准确度。

电子邮件（E-mail）营销分为许可电子邮件营销和未许可电子邮件营销。许可电子邮件营销就是用户事先允许营销公司给他发送相关方面信息的电子邮件，而未许可电子邮件营销则是未经过收信人的许可向他发送电子邮件。未许可电子邮件营销又可以分成垃圾电子邮件和一般的商业电子邮件。垃圾电子邮件就是不论收信人的年龄、性别、从事的行业，向他们发送大量的电子邮件，发送量巨大，发送频率极高，这种电子邮件已经引起相关部门的注意，并采取各种法律和技术措施制止。

尽管垃圾邮件困扰着电子邮件营销，但许可电子邮件营销仍然是有效的网络营销方法，并且仍然受到网络营销人员的青睐。许可电子邮件营销在建立和维持顾客关系、增加客户忠诚、品牌营销、产品推广、提高营销竞争力等方面具有非常显著的网络营销价值，发挥了其他营销手段无法替代的作用。

电子邮件之所以能够流行成为一种营销工具，主要有三个原因。

（1）电子邮件具有独立性。每一个网上用户都可以拥有自己的电子邮件，不管该用户使用哪一家互联网服务提供商，或是通过哪一家公司访问互联网，电子邮件都可以将网络使用者通过简单的电子文本信息连接在一起。

（2）电子邮件是廉价的。在连入网络时，编辑和发送一个电子邮件信息只花费上网时间和上网费用，不会有打印和邮寄的费用。在接收端，阅读电子邮件除了电子邮件客户端软件，不需要专门的设备——这些软件在网页浏览器中都已配备。

（3）电子邮件的简单性。接受电子邮件只需要具有阅读能力和计算机使用技能。群发邮件软件还可以使用户大批量发送邮件。

英国数字营销机构 Adestra 调查发现：B2B 网站和 B2C 网站营销人员关心同样的电子邮件营销问题，包括电子邮件内容设计、邮件发送成功率、对电子邮件营销未来的关注等。两者的不同之处是：B2B 企业最想了解关于吸引潜在客户注册之类的电子邮件营销实务，B2C 企业更想了解电子杂志通信的做法。

6.6.2 电子邮件内容设计

1. 电子邮件要有明确的主题

电子邮件的主题必须高度明确、集中。电子邮件可以容纳的字数有限。在有限的篇幅里面，要把一个问题说到点子上，必须惜墨如金，明确地体现一个主题。撰写电子邮件必须有非常强的针对性，此外，还要找出合理的市场切入点。再有，还必须明确所撰写的电子邮件的目的和用途，必须明确自己撰写的电子邮件是用于品牌推广还是促销宣传。

一封电子邮件需要有表现主题的标题。一个能吸引人的标题需要花时间去好好琢磨，如果一下子找不到有穿透力的标题，也可以在正文全部写完后再冠上满意的标题。

2. 电子邮件要有新颖的、富有创意的销售推广文案

电子邮件的销售推广文案要考虑用最好的形式去表现主题。撰写的电子邮件需要以创意的方式充分考虑它的新颖性、可读性、趣味性、知识性。电子邮件在写作上可以不拘泥于形式，但是任何电子邮件如果无法激起读者的阅读欲望，不能捕捉到读者猎奇、求知、愉悦的心态，就很难引起读者的兴趣。应当在分析产品目标消费群的消费心理、生活情趣的基础上，投其所好，增加电子邮件的可读性、趣味性和知识性。

3. 电子邮件要符合人们的规范习惯

电子邮件的写作必须按照一定的网络促销的基本原则进行。

（1）忌邮件格式混乱。虽然说电子邮件没有统一的格式，但作为一封商业函件，至少应该参考普通商务信件的格式，包括对收件人的称呼、邮件正文、发件人签名等因素，做到有礼有节，树立良好的企业形象。

（2）保持简单明了。在使用传统营销手段时，较长的推销文章可能有较强的说服力。电子

邮件则不同，这是因为电子邮件信息的处理方法不同于印刷资料，每一个网民都有一大堆邮件需要整理。企业必须了解这一新兴媒体的特点，尽量节约收件人的上网时间。在电子邮件中，阅读一小段的信息要比长篇大论容易得多。而且，使用简明、短小的段落，营销信息才不会被客户很快遗忘。

（3）忌隐藏发件人姓名。开展网上营销活动，要以诚信为本。隐藏发件人姓名，只会给人一种误解，同时降低邮件内容的可信度。要成功地开展网上促销，最重要的就是提高客户对自己的信任。

6.6.3 电子邮件的发送

有效实施许可电子邮件营销，必须解决好三个问题。

（1）要获取电子邮件地址。只有知道顾客的邮件地址，才能给他们发电子邮件，所以电子邮件营销的第一步是收集潜在顾客的邮件地址。获取潜在顾客的邮件地址，一般有两种方法。一是用软件搜索或向专门收集邮件地址的个人或公司购买。这样的邮件地址从数量上来说很多，但取得的效果并不好。二是利用邮件列表获取邮件地址，这种地址要有效得多，因为只有对网站感兴趣的客户才会加入邮件列表中，这样的客户才是网站真正的潜在客户。

（2）选择电子邮件的寄发方式。电子邮件的发送一般有两种方法，第一种是利用软件进行邮件群发，这种方法对于网站来说，是很省力的。但对于客户来说，他们至少感到这样是对他们的不尊重。这样的促销很可能是失败的。第二种是对个人进行单独寄发邮件，尤其对邮件列表用户，从效果上讲可能会增加80%以上。

（3）选择邮件发送网站。对于一般的企业来说，都可以利用自己的网站邮箱发送电子邮件。这样做可以使邮件接收者直接获得企业网站的地址。同时，也可以利用一些公共网站发送邮件。例如，163免费邮箱不仅拥有2280M超大存储空间，还支持超大附件，一次可发送或接收多个附件、文档和图片。

6.6.4 许可电子邮件营销应注意的问题

许可电子邮件营销是一种公认的高效廉价的网络广告营销手段。然而，人们又往往将电子邮件营销与垃圾邮件联系在一起。目前，垃圾邮件的泛滥成灾引起业界普遍忧虑。据中国互联网协会反垃圾邮件工作委员会的调查，2010年第二季度，中国电子邮箱用户平均每周收到垃圾邮件数量为11.8封，电子邮箱用户平均每周收到的垃圾邮件占总体邮件的37.1%[1]。这种情况说明，垃圾邮件已成为信息社会的一大公害。因此，在实施许可电子邮件营销时，必须高度注意以下问题。

（1）不得故意隐匿或者伪造互联网电子邮件信封信息。

（2）未经互联网电子邮件接收者明确同意，不得向其发送包含商业广告内容的互联网电子邮件。

（3）发送包含商业广告内容的互联网电子邮件时，应在互联网电子邮件标题信息前部注明"广告"或者"AD"字样。

（4）互联网电子邮件接收者明确同意接收包含商业广告内容的互联网电子邮件后，拒绝继

---

[1] 中国互联网协会反垃圾邮件中心. 2010年第二季度中国反垃圾邮件状况调查报告[EB/OL]（2010-11-15）[2011-02-15]. 中国互联网协会反垃圾邮件中心网站：http://anti-spam.cn/pdf/2010_02_report.pdf.

第6章 网络广告推广

续接收的,互联网电子邮件发送者应当停止发送。双方另有约定的除外。

(5)不得利用在线自动收集、字母或者数字任意组合等手段获得他人互联网电子邮件地址并向这些地址发送互联网电子邮件。

案例

麦包包:会员经营策划方案

1. 案例背景

麦包包,中国领先的时尚箱包在线直销网站,诞生于2007年9月,由意大利近百年历史的箱包家族集团 VISCONTI DIFFUSIONE SNC 提供天使基金设立而成,在浙江嘉兴自建箱包生产基地,并拥有中国首家"欧洲麦包包时尚研究中心",旗下拥有多个时尚品牌,并独家网络代理中国香港、台湾等国际国内知名品牌产品,产品线涉及时尚、商务、休闲、户外运动等多个系列。麦包包目前已经成长为B2C领域的一线品牌,同时也积极地推动着中国的箱包市场理性化及规范化发展,真正为用户创造时尚价值。

麦包包在电子邮件广告上的战略是:让更多的受众了解、熟悉和信任Mbaobao品牌,从中培养出一批粉丝级受众以加强对时尚潮流调研的效率和新品上市前目标市场体验反馈的效率,并在最恰当的时机将超值产品推介给最需要的客户/代理商,为"箱包渠道品牌"战略保驾护航[①]。

此次电子邮件广告的收效颇丰,据Web Power的邮件营销平台Dmdelivery的统计数据显示,麦包包的表现确实不俗,第一个百万级列表群发送达率超过99.8%;第一个推出"情感互动"文本类关怀邮件(在发送成功后几个小时内就收到了数千名会员的回信);第一个实践"终极"退订唤回邮件(会员用户唤回率超过15.6%,唤回会员中产生后续购买的行为的用户高达21.4%)。

2. 广告内容

麦包包在电子邮件广告上的目的是"会员生命周期维护",最大目标是"实现会员生命周期价值最大化。"完整的"会员生命周期"包含四个阶段,麦包包采取的个性化策略,分别突出了"情理"、"共鸣"、"三真"、"不舍"的指导思想。

第一阶段:沉睡会员用户唤醒邮件——"情理"(见图6-27)

本电子邮件广告在主题、文案、设计思路上非常巧妙,主题上以"满月"为唤醒借口,配以感性的文字描述,发送借口自然温馨;设计思路上围绕满月报喜→红蛋→新宴→出窝的传统习俗,在引起用户共鸣中,精心巧妙植入对沉睡会员进行逐步引导和唤回的目的(满月会员→获满立减好礼→利用折扣,推选当季新品,引导会员购物行为→加入麦友团,忠诚用户转化),环环相扣,有"情"有"理"。细节上,SNS的Call-to-Action做得足够醒目,刺激转化。连续多年坚持会员满月邮件发送,对沉睡用户的唤醒和活跃用户的沉淀功不可没。

---

① 艾瑞广告先锋: http://case.iresearchad.com/

图 6-27　麦包包——沉睡会员用户唤醒邮件

第二阶段：活跃会员用户活动策划邮件——"共鸣"（见图 6-28）

活跃用户需要有持续的刺激点，保持其活跃度。除日常产品促销、资讯情报邮件的"周"推送，热销产品、促销活动邮件的"月"推送；以节假日活动为借口，配合针对性的促销产品，发送完美匹配度个性化邮件，更能引起用户的强烈共鸣。当然，赚足用户对品牌细腻关怀的好感，购买肯定也不少。

第 6 章　网络广告推广

图 6-28　麦包包——活跃会员用户活动策划邮件

第三阶段：忠诚会员用户活动关怀互动邮件——"三真"（见图 6-29）

关怀邮件是难得的情感互动邮件，它抛弃毫无目的的感情泛滥、辞藻堆砌，采用独特的"独白"述说方式，言辞诚恳，感情真切。最重要的是，"真人、实事、实景"的实景化氛围营造，向用户展现了一个勇敢、真诚、团结、积极向上的服务团队形象。在电商虚拟交易天然的信任缺陷中，此举赢得用户的信赖，无疑无声胜有声。试想被如此"敬业"的团队服务，还会有谁会点击下面的退订呢？

亲爱的麦友：

你好！我们虽未曾谋面，只通过一根网线、一台电脑、无数个包，牵起千丝万缕的缘；无论你在哪里，都是我们会员组的家人。

也许，你还记得我们：那个@麦包包麦友团 上万能的小编，有求必应，随时为你排忧解难，她叫青葵。

也许，你还记得我们：那个整理来信到很晚的"诺丁山哥哥"，集齐3个折角就送奖品，他叫青棕。

也许，你还记得我们：那个邮件退订页面上委屈的黑衣小二，最终令你不忍下手，他叫松香。

也许，你还记得我们：那个每天陪你聊天，盼你签到，邀你晒包的麦朵儿，她叫菇葛。

也许，你还记得我们：那个麦友QQ群里谈笑风生，装傻卖萌的麦豆爸，他叫青木。

不过，还有你不知道的：有个劳心劳力，把凌晨当宵夜一般工作的女人，我们的经理，她叫石斑。

不过，还有你不知道的：有个身患白血病，与病魔斗争中依然乐观的姑娘，我们的策划，她叫山榕。

不过，还有你不知道的：有个家庭事业两不误，儿子调皮不靠谱的姐姐，我们的主管，她叫杏子。

不过，还有你不知道的：有个天然呆，总有令人捧腹言论的妹纸，就是她给你发的邮件，她叫咸草。

不过，还有你不知道的：有个戴黑框，不浪费一分一秒上班时间的哥哥，有他给您的邮件，他叫佛果。

这就是我们全体组员，平凡且真实的存在。

我们勤勤恳恳的工作，只为让你常回来坐坐。

我们在麦包包

你，在我们心里！

欢迎关注我们的新浪微博 @麦包包会员组

我们期盼收到你的回信：happy@mbaobao.com

欢迎加入QQ群 群1：113545717   群2：216927189

欢迎点击登陆麦包包官方网站：www.mbaobao.com

麦包包会员组全体组员
如果退订 请点击
你确定退订么？

图6-29 麦包包——忠诚会员用户关怀互动邮件

第四阶段：退订会员用户的终极挽留——"不舍"（见图6-30）

尽管曾经产生了这些那些的不愉快，在决定即将结束麦包包会员旅程时，看到如此真诚抱歉的言语、朴实贴心的自我惩罚，就算再大的火气也会生出一些怜悯和不舍。尽管用户纠结在所难免，但如此有诚意的"悔过"，比起只言片语的道歉，分量十足，相信，这封邮件留下了一大批退订的用户。

3. 案例点评

会员生命周期的维护一直是麦包包邮件营销的重点，麦包包提供的四种电子邮件广告模式，符合了其会员不同发展阶段的需要。麦包包在其邮件的产品线规划上，始终围绕"给会员终身以细腻人性化的关怀"这一理念，结合会员的生命周期，以"周"和"月"为主频率的发送周期，发送高质量的个性化产品邮件，再辅以精心策划的沉睡会员唤醒邮件、退订用户挽回邮件等，最终形成了一套适合其需要的较完善、合理的策略。

麦包包的案例中，运用了以下电子邮件广告技巧。

（1）邮件发送频率合适。与垃圾邮件或者每天发送宣传广告的网站相比，麦包包以"周"和"月"为频率发送，并且有独特的沉睡用户唤醒邮件，一般不会让用户产生厌烦感，会提高电子邮件广告的链接点击率和购买转化率。

（2）人性化的邮件内容。以邮件跟踪的方式与用户保持较为紧密的联系，从订阅开始，即使最终遭遇退订，麦包包的邮件都让人感觉到包含着真情实感，而不是流水线的产物。真正的好广告不仅是能够提高销售量的，更应该是能让人感动被人记住的，麦包包做到了这一点，做出了自己的特色广告。

第 6 章　网络广告推广

图 6-30　麦包包——退订会员用户的终极挽留

▶ 思 考 题

1. 网络广告推广主要有哪几种形式？
2. 简述出色网络站点建设的要求。
3. 简述网络广告投放的分类。
4. 投放旗帜广告应当注意哪些问题？
5. 作为一个广告主，怎样通过网络广告独立第三方联盟投放广告？

第 7 章 网络广告效果评估

网络广告效果的测定，不仅能对企业前期的广告做出客观的评价，而且对企业今后的广告活动，能起到有效的指导作用。它对于提高企业的广告效益，不论是宏观的经济效益或微观的经济效益，都是十分重要的。

▶ 7.1 网络广告效果评估的意义

7.1.1 网络广告效果的定义

网络广告效果是指网络广告作品通过网络媒体刊登后所产生的作用和影响，或者说目标受众对广告宣传的结果性反应。网络广告效果同传统广告效果一样具有复合性，包括传播效果、经济效果、社会效果。而网络广告效果的评估就是利用一定的指标、方法和技术对网络广告效果进行综合衡量和评定的活动。相应地，网络广告效果的评估也应该包括传播效果评估、经济效果评估和社会效果评估。

7.1.2 网络广告效果的分类

网络广告效果的评估是一项复杂的系统工作。这是因为从不同的角度分析，网络广告效果有多种分类。

1. 按网络广告效果的内容分类

（1）网络广告的经济效果。所谓网络广告的经济效果，是指广告活动在促进产品、劳务销售及增加企业利润等方面的作用。广告主利用各种网络广告形式传播产品或劳务信息，开展各种网络广告活动，其根本目的是刺激消费者购买广告产品或劳务，扩大销售，给企业带来利润，因此，网络广告的经济效果是广告活动最基本、最重要的效果。

（2）网络广告的传播效果。所谓网络广告的传播效果，是指广告活动在消费者心理上引起反应的作用。网络广告通过对产品、劳务和品牌的宣传，客观上强化或改变着人们的认知、态度和行为，从而在人们的心理上产生一定的影响。通过广告活动，可以激发消费者的心理需要和购买动机，培养消费者对产品或劳务的认同、信任和好感，从而树立良好的品牌形象和企业形象。可见，广告的传播效果是一种内在的具有长远影响的效果。

2. 按网络广告对产品销售的促进程度分类

（1）网络广告的直接效果。网络广告的直接效果是指通过网络广告，对产品的市场销售直接产生促进作用，导致市场销售量的扩大、市场占有率的提高等，从而取得网络广告的直接经济效益。上述的广告的直接经济效益就是广告的直接效果。

（2）网络广告的间接效果。在某些情况下，网络广告对产品的市场销售没有起到明显的直接促进作用，但由于网络广告的宣传使广告主树立了良好的企业形象和品牌形象，从而为广告产品的市场销售打下了良好基础。上述的广告的心理效果就属于广告的间接效果。

3. 按网络广告过程分类

（1）网络广告的调查效果。网络广告调查是整个广告活动的基础和出发点，网络广告的调查效果直接影响以后各阶段广告活动的进行。广告主在网站上投放广告之前，首先要开展有关合适的广告受众、投放广告的网站等方面的调查活动。网络广告调查的效果指的就是广告调查工作的质量，包括广告调查的科学性、准确性等。

（2）网络广告的策划效果。网络广告策划是一项系统性的工作，是整个广告活动成败的关键。网络广告的策划效果主要包括广告计划的科学性、先进性，广告策略的正确性、有效性，广告预算的准确性、合理性等。

（3）网络广告的创意和制作效果。网络广告创意表现及制作是广告策划活动的深化和延续，是一项极富创造性的工作。其集中体现在广告表现形式的选择。目前，世界上最常见的网络广告形式是旗帜广告，最常见的尺寸是 468×60 像素，一般用几帧画面以动画的方式表现。要在如此狭小的空间上制作出能够吸引人的广告是很不容易的，这就要求广告的主题新颖、独特，广告的构思巧妙、合理，广告的表现幽默、生动，使广告作品产生很强的视觉冲击力、三维动画效果和吸引力。

（4）网络广告的实施效果。网络广告发布实施的工作质量也会直接影响到广告效果，包括广告发布的时机、发布的网站，网上宣传形式的选择、组合、运用等情况。

4. 网络广告效果的其他分类

除上述主要的网络广告效果分类之外，还可以根据网络广告活动周期分为网络广告的长期效果、中期效果和短期效果；根据广告计划的要求分为目标效果、表现效果和媒体效果等；根据广告活动对消费者心理活动的影响分为广告的认知效果、态度效果和行为效果等。广告主可以根据不同的评估目的选择使用。

7.1.3 网络广告效果评估的意义

网络广告效果评估贯穿整个网络广告活动的全过程，包括网络广告调查、网络广告策划、网络广告创意和制作、网络广告发布和实施等活动。网络广告效果的评估，不仅可以对企业前期的广告运作做出客观的评价，而且能够对企业今后的广告活动起到有效的指导作用，它对于提高企业的广告效益具有十分重要的意义。

（1）有利于完善广告计划。通过网络广告效果的评估，可以检验原来预定的广告目标是否正确，网络广告形式是否运用得当，广告发布时间和网站的选择是否合适，广告费用的投入是否经济合理，等等，从而可以提高制定网络广告活动计划的水平，争取更好的广告效益。

（2）有利于提高广告水平。通过收集消费者对广告的接受程度，鉴定广告主题是否突出，广告诉求是否针对消费者的心理，广告创意是否吸引人，是否能起到良好的效果，从而可以改进广告设计，制作出更好的广告作品。

（3）有利于促进广告业务的发展。由于网络广告效果评估能客观地肯定广告所取得的效益，可以增强广告主的信心，使广告企业更精心地安排广告预算，而广告公司也容易争取广告客户，从而促进广告业务的发展。

案例

尼尔森公司的网络广告监测

1. 公司背景

Nielsen/NetRatings 公司是 Nielsen Media Research 和 AC Nielsen eRatings.com 通过战略合作成立的。Nielsen 公司是美国著名的市场调查公司，拥有 50 年的研究和用户调查经验，从全世界将近 90 000 个固定样本收集实时数据。美国的固定样本由 49 000 个家庭用户和 8 000 个工作用户组成，国际用户现有 35 000 个家庭会员，还在不断发展之中。这些用户广泛地代表了最大的互联网行业媒体研究样板。NetRatings 公司是全球互联网媒体和市场研究领先的公司，为互联网企业和传统企业提供制定战略决策所需的基本信息，为爆炸性增长的互联网时代对经济的影响制定实时的用户行为资料，并分析这些行为对现代经济的影响。

Nielsen/NetRatings 使用能测量互联网使用行为和广告的独特技术，为全球市场提供最及时、准确、广泛的互联网使用资料和广告信息，Nielsen/NetRatings 跟踪全部互联网用户的网上行为。

2. 用户调查服务的内容

用户资料调查的内容对营销人员至关重要。互联网为广告主和在线业务定位、用户细分提供了独特的机会，而且可以测量广告和营销投资的收益。为保持竞争优势，在线交易各方需要及时、详细的用户信息来帮助他们制定合适的决策。这些用户信息包括：

（1）访问网站的浏览者。

（2）竞争者的情况及竞争战略。

（3）在什么地方、什么时间做广告影响潜在客户。

为此，Nielsen/NetRatings 的用户调查提供下列服务：

（1）从 50 000 多个家庭和工作用户那里实时跟踪并收集互联网的使用情况。

（2）报告网站和电子商务活动，访问者的特征、域名及独立网站的数量，按网站及种类排名，按时间和频率统计，流量模式及电子商务交易。

（3）报告用户对标志广告的反应率、内容的创造性、频率和投放站点。

（4）每天、每周、每月配送情况的信息报告。

3. 网络广告监测的内容

Nielsen/NetRatings 是唯一提供全方位互联网用户行为信息服务的公司,重点在于跟踪并报告用户与网络广告(主要是旗帜广告)之间的交互行为。Nielsen 的报告内容包括如下几个方面:

(1)网络广告用户浏览,广告主、网站自己的浏览。
(2)按人口统计细分的网络广告行为。
(3)网络广告被浏览的网站。
(4)网络广告的总印象数。
(5)有威力的、柔性的报告系统。

4. 测量技术

Nielsen/NetRatings 的互联网测量技术是全面的互联网行为跟踪报告系统,其易使用性和信息传递的适应性是非常完善的。在开发 Insight 跟踪软件时,Nielsen/NetRatings 具有下列用户测量能力:

(1)网络广告跟踪,根据广告条、广告主和域名跟踪并报告网络广告。
(2)商务跟踪,电子商务行为及相关用户统计。
(3)每周行为报告。
(4)实时自动收集用户行为信息。
(5)缓存跟踪,报告浏览器缓存的页面浏览。

5. 行为跟踪方法

Nielsen/NetRatings 的用户行为跟踪软件主要用于传送最精确、最有用的信息,与其他方法相比,有如下几个方面的优点。

(1)精确。Nielsen/NetRatings 的 Java 代理体系意味着"坐在数据流上",能够广泛收集各种不设障碍的网络行为日志。基于 Java 的软件也意味着不必考虑平台(PC、Mac、UNIX)的差异,用同样的方法收集同样的资料,确保记录行为的一致性。

(2)可监测各方面的信息。现在,广告主和营销人员正寻找比页面浏览和独立用户统计更多的信息,Nielsen/NetRatings 的用户跟踪技术有独特的能力,可以自动测量网络广告浏览和点击(Banner Track)、电子商务行为(Commerce Track)、缓存页面浏览(Cache Track)及网页下载时间,利用这些方法可以全面观察用户和网络的交互行为。

(3)方便友好的跟踪。任何调查的关键在于尽可能不要让被调查者反感,以便取得无偏见的调查结果。一旦样本设置完成,NetRatings Insight 实行最小的干预,实时将资料上传到系统和用户资源上;同时,也为用户系统设计最小的负担——用户系统上没有历史文件,也不需要寄回软盘。

(4)安全可靠的跟踪。所有被调查者的行为资料都自动预先加密传输以确保被调查者的绝对安全。

(5)对新平台容易接受。新的网络接入设备逐渐流行,也需要跟踪用户行为资料,对于那些不使用 Java 的每种设备都开发新的软件将是一件很麻烦的事情,Nielsen 的 Java 结构可以很方便地移植到便携上网设备上,如网络电视、机顶盒及其他允许使用 Java 的平台上。

7.2 网络广告效果评估的特点与标准

传统广告效果评估时很难制定出标准，这是因为传统的广告效果很难用直接的方法加以测评，因而也没有准确的评估标准。网络广告则不同，它的数字化特征决定了其精确性和可统计性。因此，同传统广告相比，网络广告效果评估具有其独到之处。

7.2.1 网络广告效果评估的特点

1. 测评迅捷性

测评迅捷性一方面指的是信息的发布，另一方面指的是信息的反馈和更换。对于广告运作来说，从材料的提交到发布，所需时间可以是数小时或更短。传统的广告形式很难及时、快速地反映广告的效果，它往往要等到广告已播了一段时间后再进行广告效果评估。这样，广告主就不能及时地得知用户的反应，而且如果选择的评估时间不合适，就不能较准确地评估出广告效果。网络广告与传统广告形式相比最大的特点就是它具有交互性。广告受众或访问者在访问广告站点时，能够在线提交 Form 表单或发送 E-mail，广告主能够在很短的时间内迅速接收到信息，并根据客户的要求和建议及时地做出反馈。网络广告的交互性使得网络广告效果评估既迅速又直观，广告主可以随时了解广告的受欢迎程度、广告的传播效果，甚至通过计算还可得知广告的经济效果如何。

2. 数据准确性

传统广告效果评估无论是采用问卷调查还是专家评估，都只能得出一个粗略的统计数据，如果在调查时间和调查对象的选择上不恰当的话，还可能得出错误的数据。网络广告在这一方面具有巨大的优势：首先，互联网从它诞生起就是一个技术型的网络，它的技术优势是传统广告媒体所不可比拟的，它的全数字化表明了统计数据的准确性。其次，互联网是一个开放的全球化网络系统，因此网络广告的传播时间是全天候的，传播对象几乎是无限广阔的。而对于网络广告效果评估来说，它具有极其广泛的调查目标群体，其评估结果的准确性也得到了前所未有的提高。网络广告主通过亲自或委托 Web 评级公司安装使用适当的软件工具，就能很容易地统计出具体、准确的数据。

3. 统计自愿性

这是网络广告所特有的一个特点。传统的广告媒体特别是电视广告，不管观众愿不愿意，都强行地把广告塞给你。广告对象只能被动地接受这些信息，几乎没有选择的权力。而网络广告本身就带有自愿性的特点，它使访问者充分享有自主选择的权力，可以按照需要查看广告。网络广告效果评估的调查表也完全由网上用户自愿填写，这也从一定程度上提高了评估的准确性。

4. 互动性

通过网络，广告受众可以方便地与广告主交换意见，避免了调查者个人主观意向对被调查者产生影响。因而，得到的反馈结果更符合消费者本身的感受，信息更可靠更客观。这一点是普遍公认的。这种互动性的另一个显著特点是一对一的直接沟通，隐蔽性好，广告受众反映的意见准确、真实。

5. 广泛性

网络广告效果测评成本低，耗费人力物力少，能够在网上大面积展开，参与调查的样本数量大，测评结果的正确性与准确性大大提高。

7.2.2 网络广告效果评估的标准

传统广告效果评估是一项长期、复杂的工作。传统广告媒体具有时间推移性、积累效果性、间接效果性、效果竞争性等特点。由于这些局限性，即使使用较科学的方法评估，最终的效果也并不理想。网络广告虽然具有传统广告所不具有的优越性，在统计数据的科学性和准确性上有很大优势，但是任何统计数据都只能作为网络广告效果评估的参考，并不能完全反映广告的效果。广告的根本目的在于促成消费者购买商品或劳务，由于网络广告的作用是一项缓慢的过程，因此应把广告的经济效果和传播效果两方面进行综合衡量，并按照网络广告活动过程分阶段进行评估，排除其他一些客观条件的影响。一般认为，经济效果是网络广告效果最直接的体现，但经济效果往往比传播效果更难测定。

1. 网络广告经济效果评估标准

网络广告的主要目的在于促进商品或劳务的销售，经济效果是评价网络广告效果的主要标准。点击率、点进率、CPC、CPM这些统计指标都是评估网络广告效果的标准。但广告对销售有无帮助，是受到多方面因素影响的，有时销售量的变化并不能客观地反映网络广告的效果。所以，在进行经济效果评估时，还应考虑下面三种因素。

（1）商品销售统计的复杂性。网络广告只是影响商品销售的一个因素。商品销售额是诸多因素共同作用的结果，其中有商品质量、价格、销售渠道、售后服务、其他广告形式等，还涉及很多难于统计计算的消费者心理活动因素，这些因素组成一个有机的推销系统，衡量网络广告对商品销售的影响要把本系统内的各个因素综合考虑。销售效果不能只用网络广告效果来评价。

（2）网络广告效果的长期性。网络广告对商品销售的影响是长期的，有些网络广告的影响要经过一定时间才能表现出来。如果不考虑网络广告的这个特点，只通过商品销售的数据来评估网络广告的效果，这种评估就是不科学、不准确的测定。

（3）网络广告效果的间接性。由于商品销售的影响因素是多方面的，同时有关产品商标或企业印象建立等产生的推销效应也难度量，有的消费者由于受广告影响的人推荐而购买。因此，广告销售效果只是在一定时期、一定范围内的相对效果。因此，我们对网络广告效果的认识，不仅仅停留在是否马上促成了销售量的增加，还在于了解人们对企业的了解，对产品信誉的看法，因为这影响到商品的长远销售。

2. 网络广告传播效果评估标准

广告传播效果测定可以了解广告活动的有效性，了解有多少人真正准确地注意到广告所传达的信息，多少广告信息已被消费者接收，并被消费者准确地理解。广告传播效果测定的内容主要是广告本身的设计效果，包括广告标题、图片、文稿内容、版面安排及印刷技术等效果的机械性测定，以及广告的号召力、主题、信息表达的准确性、诉求、文案叙述的清晰性等观念性测定。此外，评估的标准还有广告本身以外的传播媒体、时间安排等。

目前，测定和评估网络广告传播效果主要侧重于两个方面。

（1）注意率。包括广告的接触者数量、接触者范围及在一定时期内接触广告的次数，即接触频率。

（2）到达率。包括三个层次：知名度、理解率、确信率。即通过广告活动，有多少消费者知道了企业名称、产品品牌等，有多少消费者理解了广告所传达的各种信息，又有多少消费者信服了这些广告信息继而转变了心理态度或采取了一定的购买行为。

过去，计算网站的浏览量用点击率（Hit）这个单位，现在许多正规的网站都已不再使用这个指标。因为它代表的不是网民已看过一个网页，而是一个网页在屏幕上显现的次数。通常，一个网页上有许多图标，当观众打开一个图标浏览里面的内容时，往往已访问过几次网页。因此，用点击率来计算网页的浏览次数，"水分"未免太多。目前，网页浏览次数（Pageview）是一个被正规网站视为标准计算浏览量的指标。

3. 网络广告过程效果评估标准

网络广告效果的测定是对整个广告活动过程的效果测定，因此我们可以参照传统广告过程效果评估，也把网络广告的过程确定其主要标准为以下几个方面。

1）广告调查的评估标准

（1）本次广告调查的可信度如何，误差大小，其调查方法是否科学。

（2）收集的原始信息是否充分、全面、有代表性，对重要信息有无遗漏和误用。

（3）调查收集的信息内容对广告评估活动的适应性如何。如果收集的信息不能实际应用于评估中，其调查的价值就会大打折扣。

2）广告策划的评估标准

（1）广告计划与广告目标是否一致，其内在逻辑联系紧密与否，广告成功的可能性是否得到了最大的利用。

（2）评价广告策略是否运用恰当。

（3）广告预算是否科学、准确、合理。

3）广告创意的评估标准

（1）广告主题是否正确，是否重点突出。

（2）广告创意是否有创造性、独特新颖。

（3）广告表现是否生动、形象、幽默。

（4）广告制作是否精致、完美。

4）广告实施的评估标准

1）广告发布策略运用是否合适，包括广告发布的时机、频率选择是否正确、合理。

2）发布网站选择及其组合是否科学合理，发布的广告信息是否准确抵达目标消费者。

3）广告发布的区域选择是否与广告目标一致。

4. 网络广告要素效果评估标准

广告活动本身的要素主要有广告信息、广告作品、广告媒体等。

1）广告信息的评价标准

广告信息是广告活动的主要内容，包括产品信息、劳务信息、观念信息等。其评价的标准有三个。

（1）广告信息是否真实、可靠，是否准确地反映了产品或劳务本身的基本属性。

（2）发布的广告信息是否重点突出，具体体现了产品或劳务市场竞争的要求。

（3）发布的广告信息是否与目标市场消费者的需求及购买过程、心理过程相吻合。

2）广告作品的评价标准

广告作品的评价标准是指对完成的广告作品或对即将发布的广告作品方案的效果进行事先测定的标准。主要评价其商业价值、艺术价值及能引起人们注意、促进认知和理解、唤起兴趣、产生好感的程度。

3）广告媒体的评价标准

广告媒体的评价标准主要有三个方面。

（1）媒体所覆盖的受众人数。网站的点击量越大，说明其受众越多，广告影响越广泛。

（2）受众对广告的有效接触率。在现实中，受众接受了媒体所传播的内容，未必会接受媒体的广告。例如，网络广告中比较流行一种网页右下角弹出广告，不少人往往要么视而不见，要么直接关掉，很少去关注该广告到底说了些什么。那么，这类网络广告的有效接触率就比较低，广告的价值很难得到体现。

（3）媒体的权威性。媒体的权威性即媒体所传播信息在受众中的可信度。网站越是权威，其所刊载的广告在受众中越具有可信性，这是一种信任的转移。

综合以上关于媒体广告价值的各种特点，可以通过以下公式来估算一个媒体的广告价值：

媒体广告价值=受众人数×受众消费能力×广告有效接触率×
媒体权威性×媒体受众结构与广告产品的相关性[①]

5. 网络广告的社会效果测定

网络广告的社会效果主要是对广告活动所引起的对社会文化、教育等方面的作用进行综合测定。对网络广告社会效果的测定，很难像对网络广告传播效果和经济效果测定那样用几个指标来衡量，因为网络广告的社会影响涉及整个社会的政治、法律、艺术、道德、伦理等上层建筑和社会意识形态。测定网络广告社会效果的最基本原则是企业的广告活动必须坚持四项基本原则，必须有利于改革开放，只有这样，网络广告活动才能够有利于社会经济的发展，才能体现社会主义的生产目的。

6. 网络广告的受众测定

网络广告效果评估中非常重要的一点就是要看广告受众的选取是否准确。这是因为获得准确的用户情报和最佳的广告目标用户可以让广告主事半功倍。但这会涉及发行商、广告主和广告网络的隐私问题。广告主想获得用户浏览广告的相关信息，而用户要保护自己的隐私，平衡两者的关系就成为广告受众评估的一个难点。

广告网站获取用户资料的方式多种多样，因此评价标准就是看其如何获取用户相关信息。除了传统的媒体广告评估标准（如 CPM 和编辑环境），在依据用户资料进行广告定位时，还应考虑另外三个准则。

（1）恰当。如果广告主的销售计划专门针对某些特定用户，而某个广告网的访问者又符合这些特定要求，那么在该广告网进行广告定位可以明显提高效率。

（2）准确。通过跟踪获取用户的兴趣、爱好等资料，虽然有一定限制但却准确实用。

[①] 罗继磊. 媒体广告价值的评价标准[J]. 现代广告，2010（7）：43-44.

（3）分析。可以定期比较浏览量、点进率和销售情况，统计顾客个性、兴趣等资料并分析总结。

采用匿名记录的方式对在线目标用户进行定位是一个常用的方法。对用户访问过的网站进行登记并加以分类，可以据此分析网民的兴趣偏好。

如果浏览者已经注册为某网站的会员，那么，当他在该网站上浏览广告时，他的个人资料就会通过广告管理系统被广告商获知。根据众多资料及他们正在浏览的广告内容，广告商可以比较准确地分析出受众乐于接受的广告形式。

网上调查问卷也是收集用户情报的有效方法。通过调查问卷，从中获取个性化的资料，从而判断广告的目标受众是否准确。

▶▶ 7.3 网络广告效果评估的原则与方法

7.3.1 网络广告效果评估的原则

由于网络广告效果具有自身的特性，因此，在网络广告效果评估工作中必须遵循以下原则。

1. 有效性原则

评估工作必须要达到测定广告效果的目的，要以具体的、科学的数据结果而非空泛的评语来证明广告的效果。由于目前我国还未形成规范的网络广告市场，有的广告商采用一些不正当的手段来获取高统计数字。例如，广告商很可能为了争取利益而通过各种虚假诱惑广告甚至强制弹出手段制造点击次数，这些点击往往造成访问率很高的假象。广告来访用户的回访情况分析能对这种行为产生很好的甄别。当然，该分析数据依然与广告主站点本身设计密切相关，但是通过对比不同广告牌来访用户的回访情况，对比搜索引擎来访用户的回访情况及其他广告商来访用户回访情况数据，就可以很容易地分辨究竟怎样的广告带来的来访才是真实有效的。所以，在测定广告效果时必须选定真实有效、代表性的答案来作为衡量的标准，否则，就失去了有效性。这就要求采用多种测定方法，多方面综合考察，广泛收集意见，得出客观的结论。

2. 可靠性原则

前后测定的广告效果应该有连贯性，以证明其可靠。若多次测定的广告效果的结果相同，其可靠程度就高；否则，此项测定会有问题。这就要求广告效果测定对象的条件和测定的方法前后一致，才能得到准确的答案。

3. 相关性原则

这是指广告效果测定的内容必须与所追求的目的相关，不可做空泛或无关的测定工作。倘若广告的目的在于推出新产品或改进原有的产品，那么广告测定的内容应针对消费者对品牌的印象；若广告的目的在于在已有的市场上扩大销售，则应将广告效果测定的重点放在改变消费者的态度上；若广告的目的在于和同类产品竞争，抵消竞争压力，则广告效果测定的内容应着重于产品的号召力和消费者对产品的信任感。

4. 综合性原则

影响广告效果的可控性因素是指广告主能够改变的，如广告预算、媒体的选择、广告刊播的时间、广告播放的频率等；不可控因素是指广告主无法控制的外部宏观因素，如国家有关法律法规的颁布、消费者的风俗习惯、目标市场的文化水平等。在测定广告效果时，除了要对影响因素进行综合性分析外，还要考虑到媒体使用的并列性及广告播放时间的交叉性。只有这样才能排除片面的干扰，获得客观的、全面的评测效果。

5. 经济性原则

进行广告效果测定，所选取的样本数量、测定模式、地点、方法及相关指标等，既要有利于测定工作的展开，同时也要从广告主的经济实力出发，考虑测定费的额度，充分利用有限的资源为广告主做出有效的测评。

6. 经常性原则

现在广告效果测评有时间上的滞后性、积累性、符合性及间接性等特征，因此就不能抱有临时性或者一次性测定态度。要坚持经常性原则，要定期或不定期地测评，并保证一定的量。

总之，广告效果测定的内容及其一切设计都应以解决问题为目标。此外，在广告效果测定工作正式开展之前，必须要做好充分的准备工作，这样才能保证广告效果的测定工作能够顺利地进行。

7.3.2 传统广告效果评估方法

准确的广告效果监测，能够使广告投放有的放矢，使同样的广告预算发挥出最大威力。网络广告效果评估的方法是在借鉴传统广告效果评估方法的基础上发展起来的。本节将对传统广告和网络广告效果评估方法分别进行介绍，以供读者选择使用。

1. 传统广告经济效果测定的内容和方法

广告经济效果测定是衡量广告最终效果的关键环节，它是测定在投入一定广告费及广告刊播之后，所引起的产品销售额与利润的变化状况。

需要明确的是"产品销售额与利润的变化状况"包含两层含义：一是指一定时期的广告促销所导致的广告产品的销售额，以及利润额的绝对增加量，这是一种最直观的衡量标准；二是指一定时期的广告促销活动所引起相对量的变化。它是广告投入与产出结果的比较，是一种更深入、更全面了解广告效果的指标。

（1）广告费用比率法。为测定每百元销售额所支付的广告费用，可以采用广告费用比率法这一相对指标，它表明广告费支出与销售之间的对比关系。广告费用率的倒数可以称为单位广告费用销售率，它表明每支出一单位的广告费用所能实现的销售额。

（2）单位广告费用销售增加率法。计算公式如下：

$$单位广告费用销售增加率 = \frac{本期广告后的销售额 - 本期广告前的销售额}{本期广告费用总额} \times 100\%$$

（3）广告效果比率法。广告效果包括销售效果和利润效果。一般来讲，广告的销售效果比利润效果更难测定。销售效果除了受广告促销的影响外，还受其他很多因素的影响，如产品特色、价格、售后服务、购买难易程度及竞争者的行动等。这些因素越多及可以控制的程度越低，广告对产品销售量的影响就越难以测定。有关计算公式如下：

$$广告销售效果比率 = \frac{本期销售额增长率}{本期广告费用增长率} \times 100\%$$

$$广告销售利润效果比率 = \frac{本期销售利润增长率}{本期广告费用增长率} \times 100\%$$

（4）费用利润率、单位费用利润率和单位费用利润增加率法。计算公式如下：

$$广告费用利润率 = \frac{本期广告费用总额}{本期广告后利润总额} \times 100\%$$

$$单位广告费用利润率 = \frac{本期广告后利润总额}{本期广告费用总额} \times 100\%$$

$$单位广告费用利润增加 = \frac{本期广告后利润总额 - 本期广告前利润总额}{本期广告费用总额} \times 100\%$$

（5）市场占有率法。市场占有率是指某品牌在一定时期、一定市场上的销售额占同类产品销售总额的比例。

（6）市场占有率与声音占有率。这种方法主要用来评价广告开支是多还是少。声音占有率是指某品牌产品在某种媒体上，在一定时间内的广告费用占同行业同类产品广告费用总额的比例。换句话说，广告主广告费用占有率产生相应的媒体受众听见声音的占有率，并因此获得他们相应的注意占有率，从而最终决定他们的购买行为。

（7）盈亏临界点法。盈亏临界点法的关键是确定平均销售广告费用率。

（8）广告效果测定指数法。这种方法是假定其他因素对广告产品的销售没有影响，只有广告促销与产品销售有着密切的关系。广告刊播以后，广告策划者对部分媒体受众进行调查。

2. 传统广告沟通效果测定的内容和方法

1）传统广告沟通效果测定的内容

（1）广告知晓度的测定。广告知晓度是指媒体受众通过多种媒体了解某则广告的比率和程度。

（2）广告回忆状况的测定。广告回忆状况的测定是指借助一定的方法评估媒体受众能够重述或复制出其所接触广告内容的一种方法。

（3）广告偏好状况的测定。偏好是经济学研究的重要问题之一。广告偏好状况是指在一些不同的产品广告中，消费者对某种产品的广告喜好的程度。

2）广告沟通效果的时间测定方法

广告沟通效果测定根据安排时间的不同可以分为事前测定、事中测定和事后测定。相应的，运用的方法也可以分为三种类型。

（1）事前测定法。广告作品沟通效果事前测定的方法是：在广告作品尚未正式刊播之前，邀请有关广告专家和消费者团体进行现场观摩，审查广告作品存在的问题或进行各种试验，以对广告作品可能获得的成效进行评价。根据测定的结果，及时调整广告促销策略，修正广告作品，突出广告的诉求点，提高广告的成功率。

（2）事中测定法。广告沟通效果的事中测定是在广告已开始刊登后进行的。事中测定可以直接了解媒体受众在日常生活中对广告的反应，得出的结论也更加准确可信。但这种测定结果对进行中的广告宣传的目标与策略，一般很难进行修改。只能对具体方式、方法进行局部的调整和修补。常用的广告效果事中测定法有以下几种：市场试验法、家中测试、汽车拖车测试、播放测验和函询法。

（3）事后测定法。广告沟通效果的事后测定虽然不能直接对已经完成的广告宣传进行修改

第7章 网络广告效果评估

或补充，却可以全面、准确地对已做的广告活动的效果进行评估。因此，事后测定的结论，一方面可以用来衡量本次广告促销活动的业绩；另一方面可以用来评价企业广告策划的得失，积累经验，总结教训，以指导以后的广告策划。广告沟通效果的事后测定可以在一则广告刊播过程一结束，就立刻对其效果进行测定；也可以在一则广告宣传活动结束后过一段时间，再对其心理效果进行测试。

3）广告沟通效果的心理测定方法

心理效果测定常用的具体方法主要有以下几种：专家意见综合法、直接测试法、组群测试法和仪器测试法。仪器测试法主要包括以下几类。

（1）视向测验法（Eye Camera Test）。人们的视线一般总是停留在关心与感兴趣的地方，越关心，越感兴趣，视线驻留的时间就越长。

（2）皮肤测试法。该法主要利用皮肤反射测验器（Galvanic Skin Reflex）来测量媒体受众心理感受。

（3）瞬间显露测验法。这种方法是利用电源的不断刺激，在短时间（1/2秒或1/10秒）内呈现并测定广告各要素的注目程度。瞬间显露的种类有文度式、振子式、道奇式和哈佛式等，常用的是哈佛式。

（4）瞳孔计测试法。瞳孔受到明亮光线的刺激要缩小，在黑暗中要张大。对感兴趣的事物长时间地凝视，瞳孔也会张大。

4）广告沟通效果的评分方法

常用的广告沟通效果评分方法有广告设计评分法、能力要点打分法、雪林（Schwerin）测定法。

（1）广告设计评分法。这种方法主要是对广告自身的设计效果进行评价，其评分标准如表7-1所示。

表7-1 广告设计评分表[1]

评分内容	评分
本广告吸引读者注意力的能力如何？	（　　）
本广告使读者往下继续阅读的能力如何？	（　　）
本广告的主要信息或利益的鲜明度如何？	（　　）
本广告特有的诉求效能如何？	（　　）
本广告建议激起实际购买行动的强度如何？	（　　）

评分标准

差	中等	一般	好	优秀
0　　　　20	40	60	80	100

注：表中每项得分为0～20分。

（2）能力要点打分法。该法是请被调查者就已刊播过的广告宣传能力的重要方面进行打分，各项得分之和就是该广告的实际效果。打分的具体内容如表7-2所示。

---

[1] 李东进. 现代广告学[M]. 北京：中国发展出版社，2006.

表 7-2 广告能力打分表[1]

打分项目	打分的主要依据	该项满分	实际打分
吸引力	吸引注意力的程度	20	
认知度	对广告诉求重点的认识程度	20	
说服力	广告引起的兴趣如何	20	
	对广告产品的好感程度	10	
行动力	由广告引起的立即购买行为	20	
	由广告唤起的购买欲望	20	
传播力	由广告文案的创造性而引起的传播程度	20	
综合力	广告的媒体效果	20	

（3）雪林（Schwerin）测定法。雪林测定法是美国雪林调查公司（Schwerin Research Co.）根据节目分析法的原理，于1964年发明的测定广告心理效果的一种方法。该测定方法又分为节目效果测定法、广告效果测定法和基本电视广告测验法三种。节目效果测定法，即召集一定数量又有代表性的观众到剧场，广告策划者说明测验的标准以后，请观众按照个人意愿对进行测验的广告表演节目评分定级；广告效果测定法与节目效果测定法的内容基本相同，是通过邀请具有代表性的观众到剧场或摄影棚，欣赏需要测定的各种广告片；基本电视广告测验法的目的在于客观地评价和判断电视广告片的优劣，以及用标准化的程度测验电视广告的效果。

7.3.3 网络广告效果评估方法

1. 网络广告效果评估的基本思路

对于广告效果评估的理解，我们通常是从两个方面结合展开的。第一个方面是广告的发布方，也就是根据广告发布方的原始意图来评价该意图与发布方的营销战略的匹配程度，进而研究这种意图如何能够实现所带来的营销效果。第二个方面是广告接收方对广告效果的感知，通常这一部分需要对消费者进行各类特殊环境的心理测试，用以回归消费者接触广告过程中的深度心理状态，进而研究广告发布方的意图是否能够得以实现，同时也需要研究消费者在目前心理感知条件下广告的真实作用。

1）发布方广告目标的研究

对于广告发布方而言，由于企业或企业所销售的产品的生命周期、产品营销战略阶段的不同，企业的网络广告目标也有所区别。比如，对于一款即将上市的新车而言，由于还没有对应的销售量，企业的网络广告目标很可能是扩大该产品的影响，进而为以后的正式投放市场做好铺垫。而对于一款处于成熟期的车型而言，尽量扩大其销量为企业收回更多的现金才是广告营销的关键。因此，此时的广告营销目标主要是通过各种表现手段来刺激消费者的购买。所以，在评价一个企业的广告效果的时候，必须首先明确该企业的营销目标及该营销目标所对应的广告目标。

2）接收方对广告的感知研究

广告接收方的效果评估不能仅仅局限在对现有用户的评估中，还需要调查潜在用户的心理，如研究这部分潜在用户对品牌的认知、对广告的记忆及心目中希望购买的品牌等。还需要进一步

---

[1] 李东进. 现代广告学[M]. 北京：中国发展出版社，2006.

深入到这些潜在用户的心灵深处,去探究他们对广告的感知,比如,为他们设置一个情景,通过对他们的行为的研究来衡量广告可能对他们产生的影响,进而评价各企业广告在接收方的效果。

3)广告媒体的研究

尽管研究了发布方与接收方对广告的理解,但如果要将其连成一个整体,还必须考虑一个很重要的问题,这就是广告传递媒介的作用。研究广告的效果就必须要研究广告媒介的特征,研究广告发布方是否选对了媒体,是否将广告资源合理地投放在了适当的媒体当中。

(1)媒体的受众研究。由于不同媒体的受众是相对固定的,因此广告发布方在选择该媒体前必须首先考虑自身的广告希望被哪个群体看到,然后再考虑广告所投放的媒体是否适合这一特征。

(2)媒体的覆盖区域研究。每个企业都有自己的重点区域,因此在不同区域范围内广告投放的力度应当是有所差别的,因为各企业的资源都是有限的,营销资源也是如此,如果营销资源本身在各区域分布是不平衡的,那么广告自然也应该是平衡的,否则一部分地区就会出现浪费,一部分地区就将有所不足。

(3)媒体类型的研究。这里的媒体类型主要是指专业型、大众型或行业型。对于某些特殊商业的产品,在行业媒体上分布广告的成本会更低,收益会更高,这一点也值得企业关注。

(4)媒体档次、形象的研究。不同媒体由于档次、形象等方面的不同,消费者对其信任程度、接受程度等也有所不同,同时如果一个高档品牌的广告出现在了低档媒体中,对其品牌形象也将有所影响。

在界定了上述几个问题之后,我们可以更全面地把握企业在广告传递过程中可能出现的偏差,进而评估其广告效果。

2. 网络广告效果评估基本方法

(1)Web 日志分析模式。Web 日志分析模式是指通过分析 Web 服务器日志来获取流量的来源,从而判断用户是否来自广告,并追踪广告用户在网站上进行的操作。当互联网用户在浏览器中打开某一网页时,Web 服务器接受请求,在 Web 日志中为这个请求创建一条记录(数据一般包括页面的名称、IP 地址、客户的浏览器及日期时间戳)。

该模式采用 Web 日志分析,不需要额外在网站上添加代码,不易造成数据缺失。但该模式主要以服务器端数据为分析依据,而不管客户端的情况如何,容易造成数据不准确。且当数据量较大时,很难实时分析。

(2)JavaScript 标记模式。JavaScript 标记模式是指通过在被统计对象网站的网页上(包括静态页面、动态页面和基于浏览器的视频播放窗口等)嵌入 JavaScript 监测代码的方式获取互联网用户访问被统计对象网站的信息。互联网用户使用浏览器访问被统计页面时,会同时向监测服务器发送统计信息,监测服务器汇总接收到的浏览器请求数量,统计被监测网站或广告的流量数据。

JavaScript 标记模式有利于获取被统计对象网站的全样本(所有被用户访问过的网页和用户在被统计对象网站上的所有访问行为)细节数据。当被统计对象网站数量和行业分布具有一定的规模后,此种模式获取的数据也可以反映互联网行业中观和宏观状况。

(3)通过查看客户反馈量评估。一般来说,如果广告投放后广告对象的反应比较强烈,反馈量大大增加,则说明所投放的广告比较成功;反之,则说明所投放的广告不太成功。例如,我们可以通过观察 Form 提交量和 E-mail 在广告投放后是否大量增加来判断广告投放的效果。

（4）通过广告评估机构评估。无论是站点流量审计，还是广告服务审计，都是非常严谨的商业行为。如果没有准确、全面的统计结果，将使广告客户无所适从，那么就很可能断送网络广告这一新兴产业。专业的评估应包括两个方面：首先是量的评估，比较计划和执行在量上的区别；其次是研究广告的衰竭过程，方法是将同一广告的每天的点击率在坐标轴上连成线，研究每个创意衰竭的时间，为设定更换广告创意间隔提供依据。

3. 网络广告传播效果评估的内容及指标

广告除了具备复合性的特点之外，还具备阶段性的特点。广告对于广告主来说，最终目的是促进产品的销售，但广告目的不可能一步实现，中间势必经过几个阶段。传统广告学针对广告传播的阶段性提出了"AIDA 公式"，它指的就是潜在消费者从接触广告开始，一直到完成某种消费行为的几个动作，即 A（Attention，注意）→I（Interest，兴趣）→D（Desire，欲望）→A（Action，行动）。与传统广告相比，网络广告在传播渠道上发生了变化，广告的表现方式也不一样，但是，广告基本的"AIDA 公式"却仍是值得遵从的法则。广告主可以依据不同的广告目的，用"AIDA"来检验网络广告的效果。广告的 AIDA 的每一个阶段都可以作为网络广告传播效果评估的内容，评估内容与评估指标的对应关系如表 7-3 所示。

表 7-3 网络广告传播效果评估的内容与评估指标的对应关系

评估内容	评估指标	评估指标的数据来源
Attention（注意）	Advertising Impression（广告曝光次数）	媒体网站
Interest（兴趣）	Click & Click Through Rate（CTR）（点击次数与点击率）	媒体网站
Desire（欲望）	Pageview（网页浏览次数）	广告主网站
Action（行动）	Conversion & Conversion Rate（转化次数与转化率） Reach Rate（广告到达率）	广告主网站

（1）广告曝光次数（Advertising Impression，广告展示量）。广告曝光次数是指网络广告所在的网页被访问的次数，这一数字通常用 Counter（计数器）来进行统计。假如广告刊登在网页的固定位置，那么在刊登期间获得的曝光次数越高，表示该广告被看到的次数越多，获得的注意力就越多。广告曝光次数一般为广告投放页面的浏览量，它的统计是 CPM 付费的基础。

（2）点击次数与点击率（Click & Click Through Rate）。网民点击网络广告的次数就称为点击次数，点击次数可以客观准确地反映广告效果。而点击次数除以广告曝光次数，就可得到点击率（CTR），这项指标也可以用来评估网络广告效果，是广告吸引力评估的一个指标。如果刊登这则广告的网页的曝光次数是 5 000，而网页上的广告的点击次数为 500，那么点击率是 10%。广告点击次数统计是 CPC 付费的基础。[1]

（3）网页浏览次数（Pageview）。浏览者在对广告中的产品产生了一定的兴趣之后，进入广告主的网站，在了解产品的详细信息后，可能会产生购买欲望。当浏览者点击网络广告之后即进入了介绍产品信息的主页或广告主的网站，浏览者对该页面的一次浏览阅读称为一次网页阅

---

[1] 点击次数与点击率也可以用广告二跳率（2nd-Click Rate）表示。广告二跳率是指通过点击广告进入推广网站的网民，在网站上产生了有效点击的比例。广告带来的用户在着陆页面上产生的第一次有效点击称为二跳，二跳的次数即为二跳量。广告二跳量与广告到达量的比值称为二跳率。广告二跳率统计周期通常有小时、天、周和月等，也可以按需设定。被统计对象包括 Flash 广告、图片广告、文字链广告、软文、邮件广告、视频广告、富媒体广告等多种广告形式。广告二跳率通常反映广告带来的流量是否有效，是判断广告是否存在虚假点击的指标之一；也能反映着陆页面对广告用户的吸引程度。

读。而所有浏览者对这一页面的总的阅读次数就称为网页阅读次数。这个指标也可以用来衡量网络广告效果，它从侧面反映了网络广告的吸引力。

（4）转化次数与转化率（Conversion & Conversion Rate）。网络广告的最终目的是促进产品的销售，而点击次数与点击率指标并不能真正反映网络广告对产品销售情况的影响，于是，引入了转化次数与转化率的指标。广告转化率是指通过点击广告进入推广网站的网民形成转化的比例。统计周期通常有小时、天、周和月等，也可以按需设定。被统计对象包括 Flash 广告、图片广告、文字链广告、软文、邮件广告、视频广告、富媒体广告等多种广告形式。转化是指网民的身份产生转变的标志，如网民从普通浏览者升级为注册用户或购买用户等。转化标志一般指某些特定页面，如注册成功页、购买成功页、下载成功页等，这些页面的浏览量称为转化量。广告用户的转化量与广告到达量的比值称为广告转化率。广告转化量的统计是进行 CPA、CPS 付费的基础。

（5）广告到达率（Reach Rate）。广告到达率是指网民通过点击广告进入被推广网站的比例。其统计周期通常有小时、天、周和月等，也可以按需设定。被统计对象包括 Flash 广告、图片广告、文字链广告、软文、邮件广告、视频广告、富媒体广告等多种广告形式。广告到达量与广告点击量的比值称为广告到达率，广告到达量是指网民通过点击广告进入推广网站的次数。广告到达率通常反映广告点击量的质量，是判断广告是否存在虚假点击的指标之一，也能反映广告着陆页的加载效率。

4．网络广告经济效果评估的内容及指标

网络广告的最终目的是促成产品的销售，广告主最关注的是受网络广告的影响而得到的收益。收益是广告收入与广告成本两者之差，网络广告经济效果评估的内容及指标主要包括网络广告收入和网络广告成本。

1）网络广告收入

顾名思义，网络广告收入就是指消费者受网络广告刊登的影响产生购买而给广告主带来的销售收入。其计算公式为：

$$网络广告收入 = P \times N_i$$

式中，P 表示网络广告所宣传的产品的价格，N_i 表示消费者 i 在网络广告的影响下购买该产品的数量。

2）网络广告成本

网络广告成本的计算有多种方式，目前常用的有以下几种。

（1）CPT（单位时间成本，Cost Per Time）。CPT 是按照时间（天、小时等）计算成本的网络广告计费模式。目前绝大多数的广告，如旗帜广告、跳出广告等都是以 CPT 的方式计费的。

（2）CPC（每点击成本，Cost Per Click-Through）。CPC 以每点进一次为计费单位，即点击某网络广告一次广告主所付出的成本。这是网络媒体搜索引擎广告的主要计费模式。其计算公式为：

$$CPC = 总成本 \div 广告点击次数$$

（3）CPR（每回应成本，Cost Per Response）。利用网络访客的回应（可以是在线填表、发送电子邮件等）次数来衡量网络广告的效果。交互直接是网络媒体相对于传统媒体的一个技术优势，通过电子邮件或在线填表及时地收集和汇总受众的需求和意见，及时地反馈给企业，实现企业与受众之间的信息交流。能给企业和产品提意见的受众才是真正的目标受众,从这个角度来说 CPR 指标衡量网络广告效果更加准确。这种方法比较适合那些具有促销性质的广告,对于那些网上的企业形象广告不太适合。

（4）CPA（每行动成本,Cost Per Action）。CPA 是指广告主为由于广告所产生的有效下载、注册、购买或者其他互动行为所付出的成本。按实际行为效果付费的形式,CPA 还可细分为按引导效果付费（CPL,Cost Per Lead）、按购买结果付费（CPS,Cost Per Sail）、按实际销售产品数量付费（CPS,Cost Per Sales）等。CPA 指标对于广告主比较有利,能较清楚地量化到网络广告的销售效果,但是完全否定了网络广告对企业或产品的品牌建设作用,有失偏颇。其计算公式为：

$$CPA=总成本÷转化次数$$

（5）CPM（千人广告成本,Cost Per Thousand Impressions）。这是传统媒体中的术语,即每产生 1 000 个广告印象数的费用,电视媒体主要采用这种计费方式。目前,部分网络媒体也开始采用这种方法。如果一个网络广告的单价是 10 元人民币/CPM,意味着每 1 000 人次看到这个广告就要支付 10 元人民币费用,以此类推,被 1 万人次浏览的网络广告就需要支付 100 元人民币。利用 CPM 指标来衡量网络广告效果,能在一定程度上反映网络广告的触及范围和受众数量,但是效果容易被夸大,可信度不高。CPM 计算公式为：

$$CPM=总成本÷广告曝光次数×1\,000$$

例如,一定时期内一个广告主投入某产品的网络广告的费用是 6 000 元,这则网络广告的曝光次数为 600 000 次,点击次数为 60 000 次,有效下载数为 1 200 次,则有：

千人印象成本为：CPM = 6 000 ÷ 600 000 × 1 000 = 10（元）；

每点击成本为：CPC = 6 000 ÷ 60 000 = 0.1（元）；

每行动成本为：CPA = 6 000 ÷ 1 200 = 5（元）。

由于 CPM 和 CPC 两个指标都存在一定的局限性,所以有人提出了 CPA 的细化指标——CPS。CPS 指标对于广告主最有借鉴意义,因为网络广告的最终目的就是促进产品的销售,这是通过消费者的行动来实现的。

案例

康师傅：给未来的信

1. 案例背景

康师傅绿茶以"绿色好心情"作为品牌核心价值,用绿茶饮料的自然、健康、活力和生命力,向消费者传递自在轻松的感觉和健康的生活方式。其微电影《给未来的信》的海报（见图 7-1）借由康师傅绿茶带来青春活力和绿色好心情的品牌特色,给每个正在经历青春时光的年轻人以支持以鼓励,希望他们能勇敢地追求青春梦想,绝不原地踏步,绝不轻易放弃,不断拉近梦想与现实的距离。

第 7 章　网络广告效果评估

图 7-1　康师傅"给未来的信"宣传海报

在 2011 年全新的电视广告中，康师傅绿茶推出了"为青春喝彩"的口号。本次广告，康师傅绿茶采用微电影的传播形式，从内容角度出发，影响目标人群，加强其对康师傅绿茶"热情，勇敢，坚持"品牌主张的理解。微电影的制作是该广告传播成功与否的关键。该视频的制作和发布是整个活动的核心。整个广告推广安排了一系列活动（见表 7-4）。

表 7-4　广告活动时间安排

时　　间	活动项目	时　　间	活动项目
04.25	脚本征集	07.11	花絮炒作
06.01	主角群招募	07.25	微电影线下首映典礼
06.02	土豆映像节	07.28	微电影上线
07.03—07.06	微电影台湾拍摄	08.01	互动活动上线

表 7-4 的话含义如下所示。

脚本征集：延续"为青春喝彩"概念，通过网络征集的形式，炒作活动同时鼓励网友积极参与；通过品牌与消费者的情感交流，有效打动消费者，持续建立品牌在消费者中的青春印象。

主角群招募：通过主角群素人选拔，创造话题声量，为微电影上映火热造势；利用陈柏霖高涨人气，制作热力招募广告为活动导流。

土豆映像节：强强联手，借力宣传；通过联合土豆线下大型活动，推广绿茶品牌，扩散传播微电影活动。

微电影台湾拍摄：通过微电影拍摄期间"背后故事"的挖掘报告提供等多网络炒作传播话题，为后续微电影预热。

花絮炒作：花絮及预告片提前发布，结合口碑炒作，激发网友观看兴趣，为后续微电影传播做铺垫。

微电影线下首映：结合线下首映典礼，通过多维度全方位媒体报道，引爆关注。

微电影上线：微电影分为上、下集分阶段上映，制造悬念，引起 TA 的热议，制造网络声量；利用名人效应，制造话题炒作，引起 TA 关注微电影，增加影片观赏。

互动活动上线：借助微电影热播，引出线上互动，提高互动频率，增加活动人气；集合各个推广平台全面曝光线上活动，让线上活动触动人们的青春映像。

后续报道：借助微电影回顾的热播，让我们的青春微电影掀起新一波观看热潮；以线上活动为话题，通过 KOL 红人和 BBS 发布，让 TA 与我们的故事产生共鸣，活动持续升温。

本次活动取得了空前的胜利，康师傅绿茶"热情，勇敢，坚持"的品牌主张也深入人心。表 7-5 是该微电影广告传播效果的统计结果。

表 7-5 绿茶微电影——《给未来的信》传播效果统计结果

脚本征集	脚本征集数量	3 860 次
	投票参与评选	520 146 票
	活动参与	1 135 568 人
主角群招募	报名参与人数	3 215 人
	投票参与评选	9 763 884 票
	活动参与	9 772 419 人
花絮炒作	花絮播放量	682 272 人次
	口碑视频传播总影响人数	23 000 000 人
	口碑话题传播总影响人数	17 000 000 人
微电影上线	视频上集总播放量	18 800 184 次
	视频下集总播放量	28 431 699 次
	涉及视频网站	11 家
	获得总播放数	234 037 次
	总影响人群	23 000 000 人
互动活动上线	活动页面 PV	334 390 次
	活动页面 UV	305 036 次
	活动参与人数	43 009 人
	影响人数	3 616 303 人次
	硬广导流引发参与	116 874
	人人 Flashbox 引发参与	129 655
	硬广导流引发影响人数	1 789 906
	Flashbox 引发影响人数	2 028 469

2. 案例点评

视频广告成功的关键因素包括两部分，一是视频内容的吸引性、互动性，二是视频发布渠道全方位性。

（1）内容上，这部微电影的脚本是从网上征集而来的，讲的是一个年轻人写下对未来的期许，四年之后再打开来看，成功了多少，并讲述了在这四年的奋斗中发生的一系列感人的故事，让普通人的青春热血登上大银幕，感动千万人，道出了现在年轻人一代的心声，受众群体明确。

（2）在互动性上，该微电影在全国大动作海选十大青春主角，从中甄选出最适合与微电影主演——台湾青春偶像陈柏霖搭戏的青春拍档，打造"最青春"活力阵容，旨在鼓励为梦而生的青春一代在离开校园，告别平静青春时光后对于未来对于勇气对于梦想永不言弃的青春斗志，致信三年后的自己，用梦想来检阅自我的成长，用热血来浇灌不败的青春，这也成为微电影主要奏响的青春主旋律，参与的互动性也提高了该微电影的神秘性与期待性。

（3）在土豆映像节期间，有产品展示、品牌特约赞助、官方 TVC 播放、微电影 teaser 播放，以此来提高品牌的曝光率；此外，此活动还在 41 家内地网络媒体、7 家台湾网络媒体、3 家台湾本土电视台、3 家台湾平媒进行转载报道活动内容，拍摄期间明星及主创团队微博支持 14 篇，主创团队专访 3 篇，明星代言人专题 3 篇，多渠道、全方位地提高该微电影信息的曝光率，激发网友观看兴趣，为后续微电影传播做铺垫。

本次推广活动，康师傅从传播内容的角度，运用电影的宣传手法，结合网络互动活动，开展品牌传播。微电影一经上线立即引起网友追捧围观，点击热潮居高不下，好评如潮。该活动成功地传达了康师傅绿茶"热情，勇敢，坚持"的品牌主张。

▶▶ 7.4 网络广告受众的口碑评估

7.4.1 网络口碑传播原理

1. 网络口碑与网络口碑营销

口碑相传（Word of Mouth，WOM），即口头传递信息，特别指推荐产品，也指由人与人之间一般的交流产生的信息，而不是通过大众媒体（广告、出版物、传统营销）传递的。口碑相传通常被认为一种口头沟通，随着网络科技的发展，网络对话如博客、论坛和电子邮件开始成为口碑相传的新沟通方式。

网络口碑（Internet Word of Mouth，IWOM）是指公司或消费者（合称网民）通过论坛、博客和视频分享等网络渠道分享的对品牌、产品或服务的相关讨论及相关多媒体信息。

网络口碑营销是指广告主通过准备网络口碑素材、在网络表达平台上参与口碑讨论、监测本品牌的口碑内容与变化趋势、对品牌进行网络口碑预警观测并及时提出和制定改进计划，并在合适的时间启动网络口碑事件。网络口碑营销是一个系统工程，它不是硬性介入，因为这样会改变正常的口碑传播轨迹，给口碑传播者带来不快；而是通过网络口碑营销策划，将企业的宣传目标通过各种网络互动沟通方式传递给受众。这些互动沟通方式相应的传播效力会影响到这个品牌、产品、服务的信誉度，从而对营销产生一定的影响。

2. 网络口碑传播模式

网络口碑传播模式如图 7-2 所示。

促进者

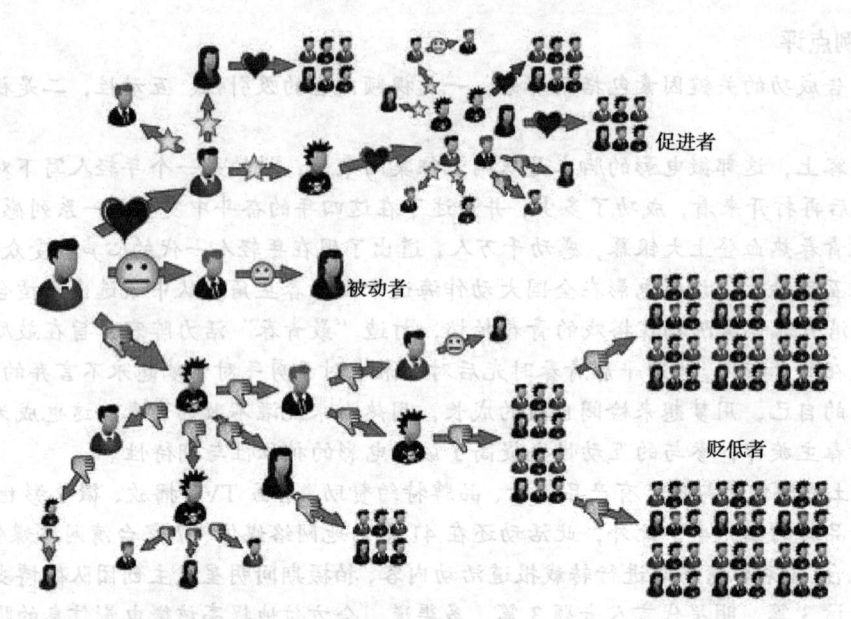

被动者

贬低者

Illustration by Mario Vellandi - Melodies in Marketing

图 7-2　网络口碑传播模式

从图 7-2 可以看出网络口碑营销的三个特点。

（1）扩散范围广。网络口碑营销不是在一个确定的人群内扩散产品信息。互联网的无边界性使得产品信息可以扩散到世界任何一个地方。

（2）扩散速度快。依赖网络传播技术，网络口碑营销的产品信息已不再是以算术级的速度向前扩散，而是以几何级、指数级的速度爆炸式地扩散。

（3）扩散时间长。由于网络数据库信息存储量非常大，网络口碑传递的产品信息可以较长时间保存在计算机中，并对后来浏览者产生影响。

7.4.2　网络口碑评估的目的与内容[①]

1. 评估的目的

网络口碑评估的目的是通过对各类口碑网络表达平台的监测，分类整理出人们对品牌的讨论的倾向性，发掘品牌与某类事物或事件的关联性，并以量化数据形式表达这种变化的程度。网络口碑评估既要评估具体的网络口碑内容产生的影响，也需要评估所获得的所有网络口碑的内容聚合后的效果。

2. 评估对象

网络口碑评估体系适用于品牌母体。为品牌提供固定支持的组织结构称为品牌母体，品牌母体可以是企业，也可以是国家、政府组织、个人、事件。品牌是品牌母体争夺人们注意力的工具，在网络中，通常情况下，我们感受到的都是品牌母体的接触点的集合（印象的汇总）——品牌。因此，网络口碑评估体系适用于任何品牌，包括公司品牌、产品品牌、国家品牌、政府组

---

① SEO 与用户体验. 网络口碑评估体系（草案）[EB/OL][2010-02-25]. 新浪博客: http://blog.sina.com.cn/s/blog_49d611fa0100h9xg.html.

织品牌、个人品牌、事件品牌等。

3. 评估内容

（1）网络口碑量。在口碑的网络表达平台上的包含品牌口碑内容的信息量。通过对不同品牌的网络口碑量的对比，可以反映它们在网络上的口碑影响力的大小；同一品牌在不同时间的网络口碑量可以反映该品牌在口碑影响力的变化趋势；同一品牌在不同区域的网络口碑量可以反映该品牌在不同区域的品牌影响力分布情况。

（2）网络口碑关联度。品牌在网络口碑表达平台上与特定关键词的关联程度，可分析出该品牌的个性、与事件的联系紧密程度、在网络口碑表达平台上的品牌竞争生态位、产品服务受关注程度等。

（3）网络口碑预警。对与负面口碑、负品牌有关的关键词在敏感平台上进行品牌口碑预警跟踪，及时发现潜在品牌危机和负面口碑传播征兆，并做出补救处理。

（4）口碑事件效果评估。指对特定的品牌事件策划活动单独进行效果评估，这不仅需要综合采用网络口碑量和网络口碑关联度的评估方法，还需要引入品牌监测方法、品牌跟踪方法。

7.4.3 网络口碑的评估方法

网络口碑的评估方法包括网络口碑的品牌搜索方法、品牌监测方法、品牌跟踪方法。

1. 品牌搜索方法

品牌搜索（Brand Search）是利用搜索引擎工具对品牌进行的特定搜索。特定搜索必须建立起一套科学的模型，它的结果需要接近公众对品牌认知的真实现状，这是最具有挑战性的地方，品牌搜索不是去创造品牌信息，而是去挖掘和还原公众对品牌的认知。品牌搜索方法包括品牌页面匹配搜索、品牌论坛发帖匹配搜索、品牌博客内容匹配搜索等。

（1）品牌页面匹配搜索。品牌页面匹配搜索也就是关键字组合搜索。它能挖掘品牌在组合关键字的页面返回数量。在品牌 2.0 理论中，它对应了品牌母体的全投影（三维投影面积的总和）。利用这种方法，几乎可以去测量品牌在互联网上的所有痕迹的总和。这是最常用的一种品牌搜索方式，运用恰当能产生巨大效应。

（2）品牌论坛发帖匹配搜索。品牌论坛发帖匹配搜索是搜索限定或未限定的论坛，进行品牌关键字或品牌关键字组合搜索，它能挖掘特定时间内、限定范围的品牌关联发帖数量，从而得出品牌在论坛的关注度数据，在品牌 2.0 理论中，它对应了品牌母体它触点的一种侧投影，其作用是可以测量论坛会员最近对品牌的关注度，分析其曲线有助于了解品牌在论坛的知名度和影响力，以及发展趋势情况。目前搜索引擎对论坛数据的搜索并不完善，一些开放搜索引擎接口的做法有助于论坛主动向搜索引擎靠拢，能尽快改善这方面的搜索体验。

（3）品牌博客内容匹配搜索。也就是在搜索引擎的博客搜索平台上或博客平台自身的搜索引擎中进行品牌关键字或品牌关键字组合搜索，它能挖掘限定时间内、限定范围的页面返回数量，在品牌 2.0 理论中，它对应了品牌母体它触点的一种侧投影，它的作用是可以测量博客群体最近对品牌的关注度，分析其曲线有助于了解品牌的博客影响力和趋势情况。但由于目前各大博客搜索引擎对博客的收录情况不尽如人意，搜索的偏差还是比较大。

2. 品牌监测方法

品牌监测（Brand Survey）方法指的是使用品牌监测系统，定向输出与特定品牌的网络口碑有关的数据，这些数据包括体现在网络口碑表达平台上的产品服务应用消息、企业荣誉、企业公民行为、负品牌现象等，这些都是品牌网络口碑素材的重要组成部分，对这部分内容进行持续监测并采用量的对比分析可以描述网络口碑的传播轨迹，并对传播趋势进行预测。网络口碑的品牌监测方法还适用于不同品牌间的网络口碑对比分析。

品牌监测系统是一个品牌信息综合录入与分析系统，它是集合品牌主要的接触点的监测平台，包括企业本身、报纸杂志、广播电视、互联网网站、论坛、博客、展览会、研讨会、重大事件、企业的渠道、企业的核心客户等。品牌监测系统是一个强大的后台系统，它将部分内容免费向公众输出，而完整的内容则有偿提供给专业客户。

3. 品牌跟踪方法

品牌跟踪（Brand Tracking）是对指定品牌的品牌接触点在时间和空间上的跟踪。在时间上的品牌跟踪需全面监测和分析品牌接触点数值按时间序列的变化情况和趋势，从而探知品牌生态位的变化情况，为品牌建设提供数据支持。在空间上的品牌跟踪需要截取一个时间点或时间段，全面检测品牌母体的各个结构（包括品牌树冠、树干、树根）"健康状况"，评估品牌所处的生态环境状况（国家政策、行业现状），描述处于同一个生态群落的竞争者和合作者的生态位并评估对品牌母体的影响。

品牌跟踪是一个长期的"品牌体检"项目，与品牌监测不同的是，品牌跟踪是面向某个品牌母体，是以个体为单位来进行的，而品牌监测是以群体为单位，对具有同一属性（如同一行业领域、同一消费档次、同一区域）的品牌进行的集体监测行为，品牌监测多以对比数据来进行观察和分析。品牌搜索的结果最后以百分制形式展现，品牌监测结果和在此基础上生成的品牌指数结果都是以相对值的形式公布的。因此品牌搜索、品牌监测、品牌指数都是从群落中、从整体高度来扫描品牌，而并没有深入品牌母体内部进行检测分析，品牌跟踪则恰好弥补了这一不足，以单个品牌母体为对象，仔细检测和分析。

4. 评估步骤

第一步：明确目标（指接受网络口碑评估的品牌，下同）的网络口碑评估任务内容；对于品牌口碑事件策划活动，需要准备品牌口碑事件策划方案书和目前进展细节情况。

第二步：确定目标的行业属性、行业竞争品牌清单，如需要跨行业监测评估，注明理由和方法。

第三步：确定需要监测的网络口碑表达平台名单。

第四步：确定需要采用的网络口碑评估方法。

第五步：准备可供对比分析的网络口碑历史资料。

第六步：设计网络口碑监测的锚点。

第七步：完成网络口碑评估的项目计划书。

第八步：根据网络口碑评估的项目计划书实施网络口碑评估。

第九步：完成网络口碑评估报告。

5. 评估效果

网络口碑评估报告应以定性和定量方式总结受委托的评估内容的分项表现。评估报告中须注明影响和干扰品牌口碑表现的因素，同时还需注意网络口碑评估项目对口碑传播环境生态的影响，按照网络口碑评估体系的要求，网络口碑评估活动不应干扰甚至左右原有的正常的口碑传播活动。

网络口碑评估报告内容通常用于品牌评估、品牌口碑建设成就、网络口碑事件策划效果评估，并可作为网络口碑表达平台的运营分析数据、公关公司与市场研究公司的案例。不应将评估过程和结果植入或投射到网络口碑表达平台中，要尽量减少任何网络口碑事件策划和网络口碑评估活动对网络口碑表达平台的影响。

案例

网络口碑营销分析

1. 案例背景[①]

网络口碑营销的时代已经来临。网络口碑的价值和影响将无处不在。能否运用好网络口碑将成为决定企业核心竞争力的关键要素之一。

网络口碑营销分析是 Nielsen/NetRatings 公司核心的在线服务产品之一，能帮助企业对在线言论及传播行为进行分析，进而提升品牌形象，促进业务增长。

2. 研究目标与方法

汽车类产品一直是网络热点类产品，其网络口碑也尤其值得关注。本报告研究目标：网络话题关于豪华汽车的谈论中，谁更占优？

网络口碑营销分析的基本程序如图 7-3 所示。

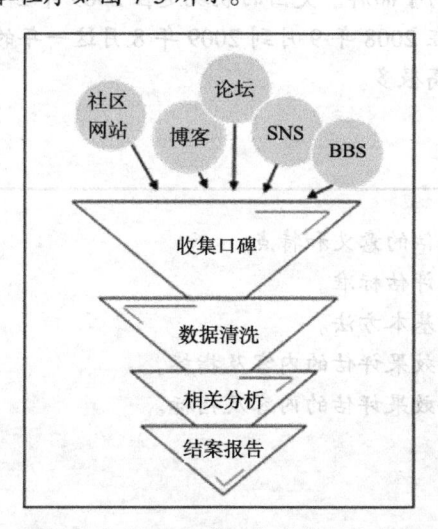

图 7-3 网络口碑营销分析的基本程序

[①] 华瑞网标. 豪华汽车品牌网络话题量, 宝马>奔驰>奥迪>雷克萨斯[EB/OL](2009-10-29)[2011-01-30]. 华瑞网标: http://www.cr-nielsen.com/marketing/200911/03-1488.html.

3. 研究结果

利用 CR-Nielsen 的网络口碑测评系统，得到图 7-4。

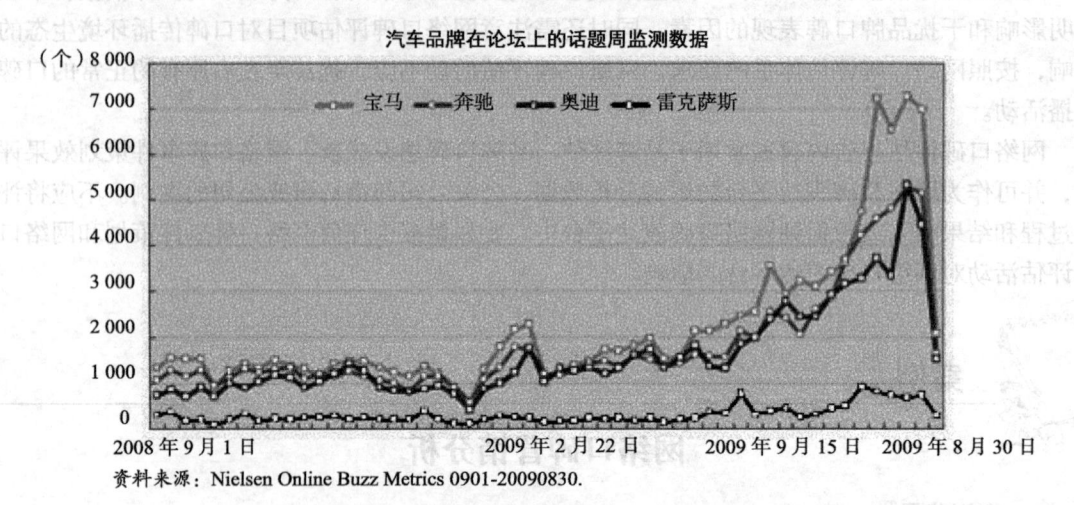

汽车品牌在论坛上的话题周监测数据

资料来源：Nielsen Online Buzz Metrics 0901-20090830.

图 7-4 网络口碑营销周监测数据

统计结果显示，在过去一年的时间里，对宝马、奔驰、奥迪和雷克萨斯四款豪华汽车品牌的网络口碑关注度如下：

（1）BMW 的话题量最多，占 4 个品牌中的 37.5%，周平均帖子数量达到 2 260 个。

（2）奔驰和奥迪的处于相当地位，周平均帖子数量为 1 700 个左右。

（3）雷克萨斯相对来说声音最弱，在 4 个品牌中仅有 5.1% 的份额，周平均帖子数量为 300 左右。

通过周监测数据也可以发现，宝马、奔驰、奥迪的表现相对一致，网友在谈论其中的一个品牌的时候，也会谈论其他两个品牌。突出的表现是在 2009 年 2 月底、6 月中和 8 月中有显著的话题增量。而雷克萨斯则在 2008 年 9 月到 2009 年 8 月这一年的话题量都表现相对平稳。前三个品牌话题捆绑率显然要高很多。

▶ 思 考 题

1. 简述网络广告效果评估的意义和特点。
2. 试论述网络广告效果评估标准。
3. 简述网络广告评估的基本方法。
4. 试论述网络广告传播效果评估的内容及指标。
5. 试论述网络广告经济效果评估的内容及指标。

第 8 章

网络广告管理

网络广告是一种新生事物，出现的时间不长。但是网络广告可能造成的影响面很大，稍有不慎，就会对社会治安、个人名誉、个人隐私、专利权等方面造成不良后果。因此，加强对网络广告的内容、网络广告组织机构的管理显得非常重要，这需要各方面的共同努力。

▶▶ 8.1 网络广告管理的难点

网络作为一种传媒，具有开放性、自由性、迅捷性、无国界性、互动性等特征，这些特征决定了对网络广告发布监管的难度。广告与广告监管是相互联系、相辅相成的，在网络广告飞速发展的今天，必须强化广告的监管，这样才能保证网络广告的健康发展。

第一，清晰地区分信息传播与广告具有一定难度，信息广告化与广告信息化使监管范围不清。对于"广告"，《中华人民共和国广告法》（2015年）没有给出清晰的定义。在现实生活中，区分广告与信息、宣传、事实、表扬文章等本身就存在着难度，加上网上传播方式的多样性，网上交易信息往往又与广告信息混合或并行，在信息中可以混杂有或隐含有广告的成分。这种非广告形式或手段但包含广告内容的宣传也称隐性广告。《中华人民共和国广告法》（2015年）第十四条明确规定："广告应当具有可识别性，能够使消费者辨明其为广告"；"大众传播媒介不得以新闻报道形式变相发布广告。通过大众传播媒介发布的广告应当显著标明'广告'，与其他非广告信息相区别，不得使消费者产生误解"。[①] 在传统媒体上也存在隐性广告，但相对于网络媒体而言，还是比较易于识别和管理的。而在网络环境下，隐性广告则很难识别。特别是网络新闻、网络即时通讯上发布的信息明显起到了广告效果，但很难说它具备广告形式。在这种情形下，如何区别广告与信息成为一个非常困难的问题。

第二，网络广告传播主体的多元化使监管对象不明。广告监管机关通过对传统广告市场三大行为主体的划分，明确了广告主、广告经营者、广告发布者的职责和权限，使广告监管对象

---

① 全国人大常委会. 中华人民共和国广告法[EB/OL]（2015-04-24）[2015-10-20]. http://www.gov.cn/xinwen/2015-04/25/content_2852914.htm.

得到明确。但是在网络环境下,三者的区分日益模糊,经营网络运营的 ISP 和提供信息服务的 ICP 既拥有传统媒体的传播平台,同时也汇集了广告代理、制作和发布的功能。在这种情形下,我们无法用现行法律的概念和规则去理解和规范网络环境下的三种角色。另外,企业自由设立主页或站点进行自我宣传,任何人登录某一个站点发布广告或类似宣传信息的管理也是广告监管机关面临的新课题。最典型的是第三人利用电子邮件直接向他人散发广告或发送含有广告内容的信件。在这种情形下,是否需要管制或如何管制呢?

第三,网络广告存在发布主体和渠道多样、广告发布地域无边界等特点,使广告管理更加困难。传统广告由于制作和发布广告的主体有限,发布的空间或地域有限,无论是对广告内容的管制,还是对许可或登记管理均可以实现。而对网络广告而言,不仅存在难以计数的发布主体和渠道,而且不分地域国界限制,这使得对网络广告的管理在某种程度上难以完全实现。基于网络的超地域性,它还导致法律适用和行政管理权的冲突。传统广告由于受国界的限制,一般由国内法管辖,即使发布跨国广告,也是由本国或由他国法律管辖,一般不会发生法律适用冲突问题。而网络广告则不同。从客观上看,由于网络广告可能涉及多个国家,无法将其分割为几个部分,无法确定哪部分所在地与网络更为密切。鉴于各国立法的差异,所以当碰到这类问题时,各国广告法几乎都束手无策。有的广告主、广告发布者故意利用各国的差异,利用网络的超地域性,规避一国法律,想办法发布某些网络广告。对于这种行为,各国颇为头痛,但又无能为力。这种状况还需要国际社会采取合作,共同制定规范加以解决。

第四,广告管理人员素质及管理装备不适应网络广告的管理。在网络上发布广告,媒体新,运作模式新,表现形式新,计价方法新,传统的广告管理机关对网络广告自然产生一种陌生感,广告管理人员素质及管理装备难以适应出现大量新闻台的网络广告管理。

第五,网络广告的无序与网络广告管理的空白造成恶性循环。由于《中华人民共和国广告法》(2015 年)刚刚实施,且仅有第四十四条、第四十五条是专门针对网络广告管理的,其相应的网络广告管理细则、规范和标准亟待出台。

▶▶ 8.2 网络广告组织管理

在网上从事广告业务的主要是一些大型网络公司、依托网络公司的广告企业及自建网站的中小广告公司,它们是网络广告组织管理的主要对象。

截止到 2015 年 6 月底,我国网站总数达到 357 万个,其中 CN 域名下的网站数为 163 万个[①]。网络广告的组织管理范围很广,难度也很大。但是,强化网络广告的管理是大势所趋,目前至少可以采取以下六个方面的措施。

8.2.1 管制网站广告经营主体资格

在传统的广告市场,从事广告制作和发布属于一种特殊营业行为,因此,只有在工商局注册登记取得许可证后方能从事广告发布活动。《中华人民共和国广告法》(2015 年)第二十九条规定了广播电台、电视台、报刊出版单位从事广告发布业务的,应当向县级以上地方工商行政管理部门办理广告发布登记。这一规定可能带来两个方面的问题:一方面是网站经营广告的主

---

① 中国互联网络信息中心. 第 36 次中国互联网络发展状况统计报告[R/OL]. (2015-07-22) [2015-11-25]. http://www.cnnic.net.cn/hlwfzyj/hlwxzbg/hlwtjbg/201507/P020150723549500667087.pdf.

体资格合法与否会影响到所承揽或受托发布的广告合同的有效性,一旦出现合同纠纷,现有的法律、法规及各类规范性文件对网络公司合法权益都无法予以有效的保护;另一方面,网络公司没有相应的广告经营许可证,也就无法从税务机关得到广告业的专用发票,国内企业无法得到广告业的专用发票,也就无法将广告支出在企业成本中列支,这种情况大大限制了企业在网络上的广告投入,影响了网络广告的发展。

北京市工商管理局2000年5月18日发布了《关于对网络广告经营资格进行规范的通告》,率先对网络广告的主体资格认定做了规范。依照该通告:"各类合法网络经济组织可以作为一种媒体在互联网上发布由广告专营企业代理的广告,但在发布广告前应向工商行政管理机关申请办理媒体发布广告的有关手续。""网络经济组织在具备相应资质条件的情况下,也可直接承办各类广告。网络经济组织承接相关广告业务的,应向工商行政管理机关申请办理企业登记事项的变更,增加广告经营范围,并办理《广告经营许可证》,取得网络广告经营资格。"[1]这也就是说,网站从事网络广告制作和发布,必须获得广告经营许可证。即使单纯发布广告专营企业制作的广告,也需要到工商管理机关办理广告发布的手续。

2001年5月1日起施行的《北京市网络广告管理暂行办法》规定,市行政区域内经营性互联网信息服务提供者为他人设计、制作、发布网络广告的应当到北京市工商行政管理局申请办理广告经营登记,取得《广告经营许可证》后到原注册登记机关办理企业法人经营范围的变更登记;非经营性互联网信息服务提供者不得为他人设计、制作、发布网络广告。[2]

2002年3月实施的《浙江省网络广告登记管理暂行办法》第四条规定:"从事网络广告经营应当办理广告登记,取得《广告经营许可证》。未经广告登记的,不得从事网络广告经营业务。""从事网络广告经营,应向所在地社区的市级工商行政管理局申请办理广告登记。在省工商行政管理局登记注册的经营者,应向省工商行政管理局申请办理广告登记。"

2015年7月,国家工商总局在《互联网广告监督管理暂行办法(征求意见稿)》中已经注意到上述问题,第六条规定:"互联网广告经营者、发布者,应当办理工商登记注册,并在其互联网媒介资源的明显位置加载工商登记的相关信息。"[3]《中华人民共和国广告法》(2015年)没有明确的问题有望通过这一办法得到解决。

8.2.2 实行网上专用标识制度

为了防范利用网站发布虚假信息和欺诈性广告,很多地区试行网上专用标识制度。凡是在网上进行经营性广告活动的企业或个人,都需要在网页显著位置展示营业执照副本(网络版)的专用标识。其中上海地区已经开始实施这一办法。

由于互联网的虚拟性、开放性及相关立法的滞后,网上经营行为已暴露出一些问题,其中互联网交易的虚假性问题已经成为网络经济发展的重要障碍。例如,一些经营者利用网站发布公司或产品的虚假广告,发布欺诈性促销信息,不如实履约,等等。上海市工商局针对这些问题颁布了《上海市营业执照副本(网络版)管理试行办法》,意在确保企业和个体工商户在互联

---

[1] 北京市工商行政管理局.关于对网络广告经营资格进行规范的通告[EB/OL](2000-05-16)[2015-04-20]. http://china.findlaw.cn/fagui/p_1/317291.html.
[2] 北京市工商行政管理局.北京市网络广告管理暂行办法[EB/OL](2001-04-10)[2015-04-20]. http://www.china.com.cn/zhuanti2005/txt/2002-09/02/content_5197629.htm.
[3] 国家工商总局.互联网广告监督管理暂行办法(征求意见稿)[EB/OL](2015-07-01)[2015-11-25]. http://gzhd.saic.gov.cn:8283/login/login.html.

网上的经营主体资格的真实性，推动建立网上公平交易经营秩序。

营业执照副本（网络版），就是营业执照的电子数字证书，是在互联网上确认经营主体资格的证明件，它有1024位数字的密码系统，具有相当高的抗破译、防伪造能力。凡在网站上进行经营活动和宣传活动的企业和个体工商户，必须到本市工商部门进行营业登记，领取营业执照副本（网络版），并在网站主页显著位置，展示营业执照副本（网络版）的专用标识。

参与交易的另一方则可以通过点击电子识别符号，打开并查看该网上经营者的营业执照副本（网络版），并可以在上海市工商局的电子政务网站（www.sgs.gov.cn）检查该营业执照副本（网络版）的有效期，从而对经营性网站信息的真实性加以核实。

8.2.3　建立对网络广告的全面监测机制

在我国已有的357万个网站中，较大影响并有广告业务的网站约占1%，这些网站每天发布的各类广告平均达10条左右。没有现代化的技术手段，根本不可能实现对网络广告样件的截图、保存、结果的分析处理等一系列工作，也就不可能实现有效监管。所以，建立完善的广告监测系统，实现对重点门户网站全天候、全种类的广告监测已经变得非常重要。

全面监测机制主要是利用"字词库"和"图样样本"的方法进行实时监控，通过先进的图像和语音识别技术，实现了广告与非广告的自动识别、自动检测等功能。除此之外，一个高效的网络全面监测机制还必须实现以下三个方面的转变。

（1）在违法广告的发现方面，实现从被动地接收群众举报、投诉向主动通过监测发现问题转变。目前，由于广告执法人员较少，又不具备现代化的信息监管手段，因而不能主动发现网络广告违法行为。即使在每季度的广告集中监测中，也无法实现对网络广告的有效监测。通过对高科技网络广告监测系统的完善，可以实现网站的全面监测，实现网络广告从"被动监管"到"主动监管"的转变。

（2）在监管的范围方面，实现从对个别违法广告的处理向全部种类、全方位监管转变。高科技手段的利用，可以实现对网站全部广告进行监管。而且，全面监测机制拓宽了监管范围，还可以有效地防止明令禁止的药品、医疗器械、丰胸、减肥等电视购物节广告向网络转移。

（3）在监管的手段方面，需要实现从网页主页内容监管向多层级链接内容监管的转变。首先要监管网站主页的文字、图像及其第一层链接的内容。同时要求网站运营企业对自己网页上的文字、图像承担广告审查责任。其次，要对多层次的链接内容进行监管，因为广告经营网站不但卖其网页上的文字、图像，实际上也卖链接，这是网络广告的重要特征。

8.2.4　实行特殊广告发布前的审查管制

我国对一些种类的广告实行审查制度。根据《中华人民共和国广告法》（2015年）第四十六条，发布医疗、药品、医疗器械、农药、兽药和保健食品广告，以及法律、行政法规规定应当进行审查的其他广告，应当在发布前由有关部门对广告内容进行审查；未经审查，不得发布。①

互联网已成为新型的大众化媒体，在互联网上发布需要审查的广告当然也应当进行审查，这是广告管理的必然要求。关键在于现在的问题该如何审查。

在网络环境下，地理区域、地域国界变得模糊或无意义，因而网络广告如果按传统行政区

---

① 全国人大常委会. 中华人民共和国广告法[EB/OL]（2015-04-24）[2015-10-20]. http://www.gov.cn/xinwen/2015-04/25/content_2852914.htm.

域的审查的办法就会出现新的问题。

特殊商品网络广告发布主体有两类：一类是特殊商品的生产者；另一类是特殊商品的销售者。对于生产者而言，它在现实中总是有特定的营业场所或住所。对于销售者而言，可能存在两种情况：一种是线下商店销售商委托他人发布网上广告，另一种是在线下不存在实体企业，仅在网上设立专卖店或设立专门销售特殊产品的销售平台。对于前一种情形下，与生产商情形没有什么两样，可以以其住所地和经营地作为确定审查机关的依据。而对于后者，则可以以设立网上商店企业的住所地或网站经营者的住所地判断广告主的位置，并以此确定审查管辖机关。

因此，特殊商品网络广告发布前审查机关确定的原则为：商品的生产者作为审查申请人时以特殊商品的生产者的住所地或经营地确定；当审查申请人不是特殊商品的生产者时，以申请人的住所地或经营地确定；住所地或经营地无法确定时，以为其提供网络连线服务的服务商的服务器所在地视为住所地或经营地确定。

8.2.5 开展网络广告的专项整治行动

网络广告整治是一项综合性的工作。对发布虚假违法广告情节严重、网站备案信息不真实或未备案的网站，工商（市场监管）部门要依法查处互联网违法广告；网络信息管理部门要加强对互联网新闻信息服务单位的日常管理，指导督促其严格遵守《广告法》，协调有关部门及时删除非法广告和信息，依法处置违法违规网站；通信管理部门要依据有关规定采取注销备案、通知相关互联网接入服务的提供商停止提供接入服务等措施。

2014年6月到9月，为打击网络广告传播中的违法行为，上海市工商局、市委宣传部、市网信办、市卫生计生委、市通信管理局、市文广影视局、市新闻出版局、市食品药品监管局等八部门联合开展整治互联网重点领域广告专项行动。以门户类网站、视频类网站、电子商务类网站、医疗药品信息服务类网站、医药企业及医疗机构自设网站为重点对象，以保健食品、保健用品、药品、医疗器械、医疗服务、消毒产品网络广告为重点内容，集中整治这些领域中的8类违法行为，取得非常好的效果。行动期间，上海市工商局共定向监测该市25家网站发布的各类广告351 485条，发现涉嫌违法广告681条次，条次监测违法率0.19%。巡查监测其他本市IP段网站发布的各类广告30 567条，发现涉嫌违法广告114条次，条次监测违法率0.37%。全系统立案查处互联网广告案件共计696件，罚没款总额1177.09万元，案件罚没均值2.39万元。立案数、罚没款和案件罚没均值较年初大幅增长。

实践证明，强化互联网重点领域广告监管执法，专项整治显得非常重要。它有利于前移广告审查关口，源头预防违法广告；有利于督促互联网的网站经营者建章立制，完善广告审查制度，开发违法广告关键字筛查程序，增强自我防范意识和能力；从而严厉打击和有力查处了违法广告行为，推动了广告法的全面贯彻与落实。

8.2.6 强化行业自律

网络广告业与其他的市场竞争一样需要行业自律，过度放纵只会使这一行业遭受损失。这个道理网络广告界的人士都很明白。这里所说的自律包含两层含义：一是网站和网络广告从业人员自身必须遵守广告法和相关法规，抵制不正当竞争和虚假、欺骗广告；二是他们应当在经营范围内，规制所托管的主页，一旦发现恶意广告行为，应追究管理人的法律责任。

目前，很多国家的网站已经联合起来，制定网络业共同遵守的约定和办法。在美国，有9

个著名的互联网信息安全行业组织,包括国际互联网协会(ISOC)、计算机应急响应协调中心(CERT/CC)、美国计算机职业者社会责任协会(CPSR)等。这些行业组织分别从信息安全的技术、教育培训、信息交流、从业资质认证、网络安全应急响应、从业人员社会责任等方面制定了许多详细的职业道德规范。在法国,互联网企业先后成立了"法国域名注册协会"、"互联网监护会"和"互联网用户协会"等机构。德国也设立有"国际性内容自我规范网络组织",以确保网络内容的安全性,尤其是对于未成年使用者的安全。日本制定了《Internet网络事业者伦理准则》,强调行业自律与法治相结合,使网络参与者的自律成为解决网络问题的重要方式。新加坡2001年由政府管理部门、互联网业界进行协商,并在对用户意见进行调查的基础上,建立了一套行业自律规范——《行业内容操作守则》,在此基础上构建了一个互联网业自律体系,鼓励互联网服务商制定自己的内容管理准则进行自我监管。

我国网络广告业也在原有广告协会的基础上,派生出互动网络分会,负责有关自律规范的工作。2007年6月,中国广告协会互动网络分会经国家工商行政管理总局和国家民政部的批准成立,并发布了《中国互动网络广告行业自律守则》。2014年3月该会又颁布了《中国互联网定向广告用户信息保护框架标准》,这是我国第一部涉及互联网用户隐私保护,规范互联网定向广告用户信息使用的行业标准。2015年3月,该会推出了《中国移动互联网广告标准》,该标准包含了《互联网数字广告基础标准》、《移动互联网广告监测标准》、《移动系统对接标准》三个部分,以移动互联网广告为基础,覆盖了部分PC系统、APP系统和数字视频。在研究过程中,不仅考虑了实际市场的需要,还广泛参阅了大量相关国际标准,与IAB、I-COM等国际互联网广告标准机构始终保持信息互通,确保了在我国市场的实用性和国际引领价值。

▶ 8.3 网络广告内容管理

网络广告内容管理,是指对网络广告内容及网络广告活动的管理,它是广告管理的一项专门工作。由于网络广告内容来源多、信息量大、影响范围广,甚至超越国界,因此对网络广告内容的管理十分重要。

对网络广告内容管理的根本目的是保障消费者的利益,防止误导,查处欺骗,净化网络空间;而网络广告内容管理的基本要求是促进公告内容的真实性、合法性和科学性。

1. 真实性

所谓真实性,就是网络广告推广和介绍的商品、服务或信息都是客观存在的,是真实的,而不是弄虚作假的。网络广告上如果"挂羊头卖狗肉",不仅影响面广,而且也是对客户精神上的欺骗和愚弄。为保护广大消费者的权益,必须在网络广告管理中强调真实性的重要性。

互联网信息服务提供者在网站上发布药品、医疗器械、农药、兽药、医疗、种子、种畜等商品的广告,以及法律、法规规定应当进行审查的其他广告,必须在发布前取得有关行政主管部门的审查批准文件,并严格按照审查批准文件的内容发布广告,审查批准文号应当列为广告内容同时发布。

互联网信息服务提供者在网站上发布出国留学咨询、社会办学、经营性文艺演出、专利技术、职业中介等广告,应当按照有关法律、法规、规章规定取得相关证明文件,并按照出证的内容发布广告。

2. 合法性

所谓合法性，就是要求网络广告在宣传商品、服务或信息的时候，不仅其内容和表现形式都是健康的，而且从法律上看，没有任何侵犯他人合法专利权、隐私权的行为。例如，广告中对商品的性能、功能、产地、用途、质量、成分、价格、生产者、有效期限、允诺等或者对服务的内容、提供者、形式、质量、价格、允诺等有表示的，应当准确、清楚、明白。广告中表明推销的商品或者服务附带赠送的，应当明示所附带赠送商品或者服务的品种、规格、数量、期限和方式。

与其他媒体的广告一样，网络广告也应遵守广告的基本准则，不得有下列情形：①
（1）使用或者变相使用中华人民共和国的国旗、国歌、国徽、军旗、军歌、军徽。
（2）使用或者变相使用国家机关、国家机关工作人员的名义或者形象。
（3）使用"国家级"、"最高级"、"最佳"等用语。
（4）损害国家的尊严或者利益，泄露国家秘密。
（5）妨碍社会安定，损害社会公共利益。
（6）危害人身、财产安全，泄露个人隐私。
（7）妨碍社会公共秩序或者违背社会良好风尚。
（8）含有淫秽、色情、赌博、迷信、恐怖、暴力的内容。
（9）含有民族、种族、宗教、性别歧视的内容。
（10）妨碍环境、自然资源或者文化遗产保护。
（11）法律、行政法规规定禁止的其他情形。

3. 科学性

所谓科学性，就是要求网络广告涉及的内容、观点、方法具有科学依据。网络广告中凡是属于专业性较强的内容，都应当经过规定程序的科学鉴定与审查，不得有人为臆造、违反科学的内容。

8.4 网络广告中的若干法律问题

8.4.1 违法广告行为及其法律责任

违法广告行为，是指在广告经营和广告发布活动中，违反广告管理法规规定所应承担责任的行为。违法广告行为的主体具有广泛性和不特定性，既可以是国家机关、社会团体、企事业单位，又可以是公民个人。

网络广告与传统媒体上的广告相比，只是载体的改变，因此，网络广告仍然要遵守传统法律框架下对广告内容的管理，仍然应当适用现行广告法进行规制。由于网络的开放性和无地域性，使网络广告的管理难度远远大于传统广告的管理，以致目前的网络广告处于一种失控的状态。在有关网络广告的法律法规没有出台之前，在网上发布广告应当遵守《中华人民共和国广告法》、《中华人民共和国产品质量法》、《中华人民共和国反不正当竞争法》等法律，遵守有关互联网的管理规定。另外，我国对于药品、医疗器械、烟酒、食品、化妆品等产品广告实行特

---

① 全国人大常委会. 中华人民共和国广告法[EB/OL]（2015-04-24）[2015-10-20]. http://www.gov.cn/xinwen/2015/04/25/content_2852914.htm.

殊管制，国家工商管理局和其他相关部门为此发布了相应规章，规定了这些广告发布的标准和规范，在涉及相应类别的广告时，也必须遵守这些规章，比如，国家工商局发布的《化妆品广告管理办法》、《药品广告审查标准》和《酒类广告管理办法》，《食品广告发布暂行规定》。

在网络广告发布过程中，网络公司或网站是广告经营者和发布者，不管是发布自己的广告，还是受托发布他人的广告，对于违反上述法律和规章中强制性规定，特别是禁止性规定的，如含有淫秽、迷信、恐怖、暴力、丑恶等内容，将承担直接行政责任和刑事责任。

网络广告出现的大量问题引起国家工商行政管理总局的高度重视。为规范互联网广告活动，促进互联网广告健康发展，保护消费者的合法权益，维护公平竞争的市场经济秩序，发挥互联网广告在社会主义市场经济中的积极作用，国家工商行政管理总局2015年7月公布了《互联网广告监督管理暂行办法（征求意见稿）》，公开向社会征求意见。各地也制定了一些针对网络广告管理的地方法规。比如，《北京网络广告管理暂行办法》已于2001年5月1日开始实施，《浙江省网络广告登记管理暂行办法》于2006年9月13日开始实施。

8.4.2 网络虚假违法广告法律规范

1. 网络虚假违法广告

《中华人民共和国广告法》（2015年）第三条和第四条规定，广告应当真实、合法，以健康的表现形式表达广告内容，符合社会主义精神文明建设和弘扬中华民族优秀传统文化的要求。广告不得含有虚假或者引人误解的内容，不得欺骗、误导消费者。广告主应当对广告内容的真实性负责。[①]

据此，违反这些规定，利用广告对商品或者服务做虚假宣传，欺骗和误导消费者的广告行为就构成虚假广告。

虚假事实包含与事实不符和夸大事实两个方面。虚假事实可能是所宣传虚假的商品或服务本身的性能、质量、技术标准等，也可能是虚假的政府批文、权威机构的检验证明、荣誉证书、统计资料等，还可能是不能兑现的允诺。就广告内容而言，网络广告增加了对网站本身的宣传。严格地讲，网站本身只是商业活动或服务的媒体或手段，而不是产品服务内容本身，但对于网站本身的不实宣传也构成网络环境下的虚假广告。有些网络公司急于扩大自身影响，引起公众注意，因而在广告中出现一些不当或违法宣传，如"中国第一"、"全国最大规模的中文网站"、"中国访问率最高和固定用户数量最多的网站"等，这些故意夸大自己的商品或服务的广告，或含有贬低他人商品或服务的内容的广告，都是网络虚假广告。

2010年1月国家工商行政管理总局会同其他11个部委发布的《2010年虚假违法广告专项整治工作实施意见》，对虚假违法广告做了更明确的界定：

（1）危害未成年人身心健康的非法涉性、低俗不良广告，以及扰乱公共秩序、影响社会稳定的严重虚假违法广告。

（2）以健康资讯节（栏）目名义和新闻报道形式变相发布的广告。

（3）网上非法"性药品"广告、性病治疗广告和低俗不良广告，互联网发布的虚假药品广告、互联网医疗保健和药品信息服务广告、利用互联网和手机媒体传播淫秽色情及低俗信息等。

[①] 全国人大常委会.中华人民共和国广告法[EB/OL]（2015-04-24）[2015-10-20].
http://www.gov.cn/xinwen/2015-04/25/content_2852914.htm.

案例

网络虚假广告案

2014年,上海市工商(市场监管)部门进一步加强广告监测、巡查和对虚假违法广告的查处力度,积极维护消费者合法权益,努力营造规范有序的广告市场环境,全年共查处各类虚假违法广告案件2 716件,处罚没款7 477万元,有效打击和控制了虚假违法广告行为。2015年3月,上海市工商局公布了12个典型虚假违法广告案例,其中,涉及互联网广告的就有5起,占典型虚假违法广告案例的41.6%(见表8-1)。[①]

表8-1　2014年上海市典型虚假违法广告案例(互联网广告)

序号	广告名称	类别	违法主体	发布媒介	主要违法表现及处罚结果
1	泰笛洗涤	洗衣收送服务	泰笛(上海)电子商务有限公司	视频网站	广告为吸引眼球,以两位年轻女性在运营中的上海地铁2号线上当众半裸更衣,其中配合更衣的递送衣物出现"泰笛洗涤"服务名称。该视频上传公众网站发布,其行为违反了《中华人民共和国广告法》,妨碍社会公共秩序和违背社会良好风尚,被工商部门依法处罚款47.5万元
2	上海西郊骨科医院	医疗服务	上海西郊骨科医院有限公司	手机网站	通过手机扫描二维码链接网站广告,其中宣称"上海西郊骨科医院成立于1956年,是一所集临床、教学、医疗、预防、保健、康复、科研为一体的现代化医院,是上海市首批指定医保定点医院,地处上海商业圈"。经查,其内容虚假,被工商部门依法处罚款13万元
3	学尔森教育	教育培训	上海学尔森文化传播有限公司	互联网站	宣称"学尔森教育,全国最大最专业的职业教育培训院校","全国学生68 367名获取中专、大专、本科文凭,学尔森学生量全国领先","学历教育报名无限制","读学历文凭,报学尔森学院","通过率全国第一,332 370名学尔森全国学员通过一级建造师考试","通过率全国第一,152 873名学尔森全国学员通过二级建造师考试","考建造师,读学尔森,在中国,每10 000名建造师有6 109名出自学尔森学院"。经查,均为杜撰,无事实依据,被工商部门依法处罚款4.5万元
4	虹桥宝龙城	房地产	上海宝龙康晟房地产发展有限公司	微信	通过微信公众号发布的标有虹桥宝龙城项目及周边标志性建筑的地理位置示意图中,对国家会展中心位置的描述以及对地铁17号线走向的描述与实际严重不符,构成虚假宣传,被工商部门依法处罚款1万元

[①] 上海市工商行政管理局.虚假违法广告公告[EB/OL](2015-03-10)[2015-10-20]. http://www.sgs.gov.cn/shaic/html/govpub/2015-03-10-0000009a201503090001.html.

续表

序号	广告名称	类别	违法主体	发布媒介	主要违法表现及处罚结果
5	大溪地诺丽果汁	食品	杭州土拨鼠营销策划有限公司	互联网站	宣称大溪地诺丽①系列果汁可治疗哮喘、癌症、风湿、关节痛、糖尿病和对癌症的治疗作用；能使过敏症症状减轻、关节炎症状改善、哮喘症状改善、癌症症状减轻、艾滋病毒症状减轻等二十五种症疾及其改善情况，并列举对过敏症状减轻有效率达到88%、关节炎症状改善有效率80%等。其广告使用医疗用语或者易与药品混淆的用语，被工商部门依法处罚款191.5万元

由于目前电子商务交易平台大多数是依靠广告支撑，因而采用各种方式吸引用户、扩大影响。某些网站用虚假广告欺骗和误导消费者的情况时有发生。上述案例为我们法律界和工商管理界提出了一个严峻问题，网络广告必须加强管制和规范。

2. 广告发布者的责任

根据《中华人民共和国广告法》第五十六条："发布虚假广告，欺骗、误导消费者，使购买商品或者接受服务的消费者的合法权益受到损害的，由广告主依法承担民事责任。""前款规定以外的商品或者服务的虚假广告，造成消费者损害的，其广告经营者、广告发布者、广告代言人，明知或者应知广告虚假仍设计、制作、代理、发布或者作推荐、证明的，应当与广告主承担连带责任。"②

因此，作为广告经营者和发布者，网站必须严格地依照法律和规则制作和发布广告，并尽职尽责地审查广告发布内容的真实性，否则一旦被认定明知或应知虚假而发布虚假广告，网站必须承担连带责任。网络公司还必须注意公示广告主的真实身份、地址等信息，免得在广告主销声匿迹后，自己承担全部责任。当然，网络公司的这种审查义务应当理解为形式审查，即广告发布者应当要求广告主提供合法、有效的证明文件和证书，并尽一定的合理义务，以确保所发布的广告信息的合法、真实、有效。

另外，根据《中华人民共和国广告法》第六十九条，广告主、广告经营者、广告发布者有下列侵权行为之一的，依法承担民事责任：③

（1）假冒他人专利的。
（2）贬低其他生产经营者的商品、服务的。
（3）在广告中未经同意使用他人名义或者形象的。
（4）其他侵犯他人合法民事权益的。

按照一般法律理念，如果网络公司（作为广告经营者或广告发布者）与广告主在这些侵权行为中存在共同的故意或存在过失，那么一旦发生侵权行为，网络公司则难逃干系。但是，由

---

① 诺丽（NONI）是一种野生小型开花灌木，属双子叶窗草科植物（Morinda Citrfolia）的果实。生长在热带。美洲、亚洲、澳洲、非洲都有其踪迹。其中以南太平洋波里尼西亚群岛及夏威夷群岛为主要产地。通常认为波里尼西亚大溪地（Tahitian）火山地区含丰富的火山灰，其所产诺丽质量最佳。
② 全国人大常委会. 中华人民共和国广告法[EB/OL]（2015-04-24）[2015-10-20]. http://www.gov.cn/xinwen/2015-04/25/content_2852914.htm.
③ 全国人大常委会. 中华人民共和国广告法[EB/OL]（2015-04-24）[2015-10-20]. http://www.gov.cn/xinwen/2015-04/25/content_2852914.htm.

于网站经营者的复杂性，网站经营者是否都处于广告的发布者的角色位置或是否双方都要承担责任，需要根据具体情况认定。

我国广告法规定的虚假广告行为的行政法律责任是行政处罚，表现为责令停止发布、公开更正消除影响、罚款、没收广告费用等。对于发布虚假广告的，由广告监督监管机关责令广告主停止发布、以等额广告费用在相应范围内公开更正以消除影响，并处以广告费用一倍以上五倍以下的罚款。

3. 网站经营者在广告发布中的责任

《中华人民共和国广告法》将广告法律关系的当事人分为三种：广告主、广告经营者和广告发布者。在网络环境下，广告法律关系的这三种角色却不易区分。正如前面提到的，在网站经营者把自己的产品或服务在自己的网上进行广告宣传情形下，网站经营者集广告主、广告经营者、广告发布者于一身，而在为他人发布广告的情形下，网站经营者既可能为广告发布者，也可能同时兼广告经营者。应当说，在前一种情形下，虚假广告和广告引起的侵权责任的责任承担变得简单了，均由网站经营者自己来承担。现在最有争议的是，网络广告经营者在网络广告中扮演什么角色。

根据国家工商总局《互联网广告监督管理暂行办法（征求意见稿）》[①]，网络广告经营者应当建立、健全互联网广告的承接登记、审核、档案管理制度；配备熟悉广告法规的广告审查人员；有条件的还应当设立专门机构，负责互联网广告的审查。网络广告经营者、发布者应当依据法律、行政法规查验有关证明文件，核对广告内容。对内容不符或者证明文件不全的广告，广告经营者不得提供设计、制作、代理服务，广告发布者不得发布。互联网信息服务提供者对于使用其互联网媒介资源的广告主、广告经营者、广告发布者，应当查验其营业执照以及与其商品或者服务相关的法律、行政法规规定的行政许可等经营资格证明文件，签订书面合同（含电子合同），并存档备查；对于在该互联网媒介资源直接显示的广告内容以及其他存储于本网站的广告信息，还应当履行本条前两款规定的互联网广告发布者的义务。

4. 虚假违法广告的监管

国家工商行政管理总局等12部委发布的《2010年虚假违法广告专项整治工作实施意见》提出了强化虚假违法广告监管的办法。[②]

1) 强化广告发布前审查把关

（1）规范媒体广告发布活动。加强媒体广告发布审查的行政指导，会同广告行业协会开展广告审查员广告法律法规培训，指导媒体单位建立健全广告业务承接登记、审核把关、档案管理等各项制度，依法订立广告代理、发布书面合同，并及时向媒体管理部门和主管、主办单位通报媒体单位落实广告发布审查制度的情况。

（2）落实媒体广告发布审查责任。监督媒体单位切实履行广告发布审查的法定责任，认真执行广播电视广告、报刊广告发布的有关规定和各项制度，严格按照法律要求查验有关证明文件，核实广告内容，强化媒体单位及有关人员依法审查发布广告的意识和责任。

[①] 国家工商总局.互联网广告监督管理暂行办法（征求意见稿）[EB/OL]（2015-07-01）[2015-11-25]. http://gzhd.saic.gov.cn:8283/login/login.html.
[②] 国家工商行政管理总局等.2010年虚假违法广告专项整治工作实施意见[EB/OL]（2010-02-21）[2015-10-20]. http://politics.people.com.cn/GB/1027/10993946.html.

（3）加强媒体广告内容导向管理。把广告内容作为新闻管理的重要组成部分，会同新闻媒体主管部门及时通报提醒媒体单位在广告发布中存在的苗头性、倾向性问题，积极推动媒体单位改进广告经营考核评价办法，引导和促进媒体坚持正确的广告导向，指导和监督媒体在广告活动中加强自律。

2）强化广告发布中动态监督

（1）加强广告日常监测检查。充分发挥广告监测的预警作用，完善监测工作机制，对日常监测中发现的违法广告，及时进行告诫、纠正，对问题严重的，立即责令停止发布。

（2）加强药品、保健食品、医疗器械广告发布企业的监督检查。加强药品、保健食品、医疗器械广告的监测，对严重违法广告涉及的企业实施重点监管，加大现场监督检查和产品质量抽查力度，对其发布违法广告的行为进行行政告诫，监督整改。

（3）加强医疗机构广告发布行为的监测监管。加大医疗广告的监测力度，将医疗广告监测结果纳入医疗机构日常管理指标，加强对医疗机构执业行为的监管，及时对发布违法广告的医疗机构进行警告、责令其限期整改。

（4）加强报刊广告审读工作。新闻出版行政部门要把广告内容纳入审读范围，及时发现和纠正报刊广告中存在的问题，要求报刊主管、主办单位切实履行管理职责，对发布违法广告问题严重的报刊，责成其主管、主办单位监督整改，停止发布违法广告。

（5）加强广播电视广告监听监看。广播影视行政部门要加强播出机构的监管，扩大监听监看范围，强化对药品、保健食品、医疗器械、医疗广告以及电视购物广告的监听监看，对违规违法广告的播出机构，及时进行诫勉谈话，通报批评，下达《违规播放广告整改通知单》，责令停播违规违法广告。

3）强化广告发布后依法查处

（1）充分发挥社会舆论监督作用，通过发布部门联合公告、广告监管机关公告、广告审查机关公告，采取典型广告案例曝光、违法广告案例点评、广告监管提示、涉嫌严重违法广告监测公告等形式，进一步加大社会公告力度，增强对发布虚假违法广告行为的威慑作用。

（2）加大对虚假违法广告的处罚力度，对多次发布虚假违法广告、屡罚屡犯的广告主、广告经营者、广告发布者，在依法处罚虚假违法广告的同时，要暂停其广告发布业务，直至取消广告发布资格，并建议有关部门追究媒体单位主管领导和有关责任人的责任。对广告经营者、广告主、广告发布者串通作假、隐瞒真实广告费、出具假证明等行为，要会同有关部门依法严厉查处。

（3）对医疗机构发布违法医疗广告受到两次警告仍拒不改正的，或者因违法发布医疗广告使患者受到人身伤害或遭受财产损失的，责令其停业整顿，或者吊销诊疗科目，直至吊销《医疗机构执业许可证》。

（4）将严重虚假违法广告涉及的药品、保健食品、医疗器械及相关企业，列入"黑名单"，及时采取暂停产品销售、撤销、收回、注销相关广告批准文号等处理措施。

（5）将报刊广告内容纳入日常监管和质量评估范围，对广告违法率居高不下、被监管部门多次公告曝光、刊登虚假违法广告问题严重的报刊，列入报刊违规记录，在报刊年度核验工作中予以缓验，责令限期整改；对整改成效不明显或者屡教不改的报刊，提请工商部门停止其广告发布权；对列入违规记录的报刊和报刊出版单位的主要负责人，不得入选政府主办的各类评奖和评优。

第8章 网络广告管理

（6）对群众多次举报、发布违法广告问题严重的广播影视播出机构，视情节情况分别给予暂停违规频道（率）商业广告播放、暂停频道（率）播出，直至撤销频道（率）、吊销《广播电视频道许可证》等处理，并追究播出机构主管领导和相关责任人的责任。

（7）对未取得互联网信息服务经营许可证或者未履行非经营性互联网信息服务备案手续，擅自从事互联网信息服务的互联网站，责令相关互联网接入服务提供商停止为其提供接入服务，并依法追究相关互联网接入服务提供商的责任。对经有关部门书面认定擅自从事药品、医疗器械、医疗保健等互联网信息服务，且备案信息不真实的互联网站，责令相关互联网接入服务提供商停止为其提供接入服务，并注销其非经营性互联网信息服务备案，同时列入网站管理"黑名单"。

（8）严厉打击发布虚假广告的犯罪行为，依法惩治利用互联网、手机媒体传播淫秽色情的犯罪行为人，会同工商部门查处为淫秽色情网站提供广告代理服务的网络广告商。

（9）及时删除和关闭网上非法"性药品"广告、性病治疗广告和低俗不良广告以及非法网站。

4）建立健全监管执法工作协调联动机制

（1）建立健全部门间监管信息反馈处理机制。进一步完善信息通报制度，建立部门间沟通渠道，实现监测数据共享和综合利用，及时将查办案件、处理相关媒体、处理相关企业及产品、撤销广告批准文号、采取强制措施等情况通告相关部门，对有关部门通报的监测情况和移送的广告案件，要采取有效措施，及时处理，跟踪督办，并向有关部门反馈查办落实情况。

（2）建立健全监管执法联动机制。加强部门间工作衔接，充分利用各自监管的职能和手段，采取行政处理、经济处罚、责任追究等多种措施，形成有效的综合监管合力，增强处罚措施的联动效能，协同查办严重虚假违法广告涉及的广告发布者、广告经营者、广告主。同时要进一步完善与公安机关对有关违法犯罪案件的移送程序，实现行政处罚与刑事追究的有效衔接。

（3）建立健全监督检查机制。加强对广告案件查办落实情况的监督检查，建立健全工作制度，强化执法监督，对推诿不办、压案不查以及行政处罚畸轻、执法不到位等行为，依照有关规定追究相关责任人的行政责任。构成犯罪的，移送司法机关追究刑事责任。

（4）建立和落实责任追究制。建立和落实新闻媒体单位发布虚假违法及不良广告行为领导责任追究制，对媒体单位不履行广告发布审查职责，致使严重虚假违法广告屡禁不止，违法率居高不下，造成恶劣社会影响及后果的，依照有关规定追究主管领导和相关责任人的责任。监察机关和纠风办要加强对有关行政机关依法行政、履行监管职责情况的监督检查，对疏于监管、执法不严等行为依法依纪处理。构成犯罪的，移送司法机关追究刑事责任。

5. 涉及虚假违法广告的损害保护

《中华人民共和国消费者权益保护法》第四十五条规定："消费者因经营者利用虚假广告或者其他虚假宣传方式提供商品或者服务，其合法权益受到损害的，可以向经营者要求赔偿。广告经营者、发布者发布虚假广告的，消费者可以请求行政主管部门予以惩处。广告经营者、发布者不能提供经营者的真实名称、地址和有效联系方式的，应当承担赔偿责任。""广告经营者、发布者设计、制作、发布关系消费者生命健康商品或者服务的虚假广告，造成消费者损害的，应当与提供该商品或者服务的经营者承担连带责任。""社会团体或者其他组织、个人在关系消费者生命健康商品或者服务的虚假广告或者其他虚假宣传中向消费者推荐商品或者服务，造成消费者损害的，应当与提供该商品或者服务的经营者承担连带责任。"[①]

8.4.3 网络广告与不正当竞争

1. 网络广告活动中的不正当竞争行为

《中华人民共和国反不正当竞争法》第九条第一款规定[②]："经营者不得利用广告或者其他方法，对商品的质量、制作成分、性能、用途、生产者、有效期限、产地等做引人误解的虚假宣传。"这意味着对自己产品或服务的虚假宣传，也是一种不正当竞争行为。虚假宣传包括两个方面，一方面是对自身产品的虚假宣传，另一方面是对他人产品的贬低或诋毁宣传。

1) 对自身产品或服务的误导宣传可能涉及七个方面

（1）产品制造过程或技术服务流程或技术安全性。

（2）产品或服务具有特殊的功能、目的、标准、等级或适用性。

（3）产品或服务的质量、数量或其他特性。

（4）商品或服务的来源或产地。

（5）对商品或服务所承诺的品质保证、提供的条件、售后服务等。

（6）产品或服务的价格或其价格的计算方式。

（7）产品的生产主体或经营主体。

2) 新的不正当竞争行为

利用网络广告进行不正当竞争，除了具有上述条文所列举的行为外，还具有自己独特的行为：

（1）利用超链接（Hyperlink）技术进行不正当竞争。利用超链接可以跳过他人站点的主页，直接访问站点的重要内容，或者将他人页面的内容作为自己页面的一部分，用户也就因而不能接触他人站点主页上的广告，从而造成他人的经济损失，这样还可以引诱用户阅读自己主页上的广告。

（2）通过抄袭、剽窃进行不正当竞争。这主要是抄袭、剽窃他人网站的设计思想、主页的排版布局、网页内容。这类抄袭固然有原封不动的照搬，但更常见的是类似于近似商标的行为，仅做小的修改，使浏览者误以为此网站为彼网站，以提高点击率，进行不正当竞争。

（3）利用关键字技术进行不正当竞争。投机者以关键字的方式把他人的驰名商标写入自己的网页。当浏览者利用搜索引擎搜索该关键词所属的网站时，投机者的网站和该驰名商标的网站便能一同显现。投机者以此来搭便车，提高点击率。

上述行为本身不是制作、发布网络广告的行为，不同于传统意义上的利用广告进行不正当竞争的行为，但它们却能够在事实上起到提高网络点击率的效果。所以应将这些新的不正当竞争行为归入利用网络进行不正当竞争的范围，利用反不正当竞争法加以解决。

[①] 全国人大常委会. 中华人民共和国消费者权益保护法[EB/OL]（2013-10-25）[2015-11-15]. http://www.npc.gov.cn/npc/xinwen/2013-10/26/content_1811773.htm.

[②] 全国人大. 中华人民共和国反不正当竞争法[EB/OL]（1993-12-01）[2015-10-20]. http://www.gov.cn/banshi/2005-08/31/content_68766.htm

案例

利用搜狗诉360不正当竞争案

2015年11月18日,搜狗公司诉奇虎360公司不正当竞争案于北京知识产权法院终审宣判,二审法院认定搜狗浏览器泄漏用户信息的内容属实,但360的宣传行为构成不正当竞争,判决360向搜狗赔偿10万元。

2013年11月,360公司发现搜狗浏览器存在漏洞,关系到用户支付宝、银行账户等信息。360公司通过360安全卫士官方微博、360安全卫士弹窗消息等手段对此消息进行了大肆传播。搜狗随即对360公司发起诉讼,称360诋毁搜狗浏览器产品声誉。

2015年2月5日,北京市海淀区人民法院一审判决,认为奇虎公司未证明漏洞确实存在,其发布信息之行为已超过向公众提示风险的必要,构成诋毁他人商誉,判令奇虎公司停止该行为,消除影响并赔偿30万元。

另外,360对他人的产品、服务进行评论或批评时,存在误导公众、损害商誉的行为。综上,法院认定360已对搜狗产品声誉产生负面影响,判决360构成不正当竞争。

在二审判决书中,北京知识产权法院称"通过相关操作步骤,操作者可以获得该搜狗浏览器所登录过网站的网址、用户名和密码,这一证据可以证明该版本的搜狗浏览器在使用中存在泄露用户信息的事实。"法院强调该操作是使用公证处的计算机、在公证员的见证下完成的。

在终审判决中,北京知识产权法院相比一审主要有两处改变:一是认定搜狗浏览器在案发时,存在泄露用户信息的内容属实,360公司提供的相关证据有效;二是将处罚金额改为10万元。

2. 网站经营者在网络竞争中的法律责任

竞争是获得繁荣和保证繁荣的最有效手段。只有竞争才能使消费者从经济发展中得到实惠。正当的网络竞争是以谋取有利的生存发展空间和高点击率为目的,以其他利害关系人为对手,在法律允许的范围内开展的网络活动。如果网站经营者滥用网络技术进行违反诚实信用原则或公认的商业道德的网络宣传,损害其他网站的利益,扰乱网络秩序,这种行为应属于不正当竞争行为,网站经营者对此要负主要的法律责任。

在某些情况下,网站经营者可能委托开发商或制作商来开发超链接技术、关键字技术的网站应用,但以此为理由要求开发商承担责任却是不正确的。一方面,在相当多的情况下,开发商不知道网站经营者要开发的具体内容,或者说,网站经营者要求开发商不能过多地了解网站的具体材料,这是正常的,也是合理的。这是开发商的性质所决定的,也是网站经营者为了有效地保护自己的商业秘密所产生的必然结果。另一方面,开发商在开发的过程中,会涉及诸多行业,如果要求其在制作之前对该网站进行研究分析,确定哪些材料不会导致不正当竞争,然后再去制作,也是不现实和不必要的。超链接、关键字等技术可以用于不同的目的、使用在不同的地方,由此产生的后果主要仍应由网站经营者负责。

8.4.4 网络广告中特殊问题

1. 关于网络垃圾邮件广告的法律问题

在传统的消费关系中,商家一般不会询问顾客的姓名、地址和月收入等,所以隐私保护也不属于消费者权益保护的内容。但是,基于互联网进行的个人电子商务活动则完全不同,网上消费者一般都需要向注册网站提供相关个人信息。然而,对于这些个人资料,不少网站并没有像事先承诺的那样采取措施,加以保密,有的甚至还擅自将用户信息出卖给其他网站,牟取暴利。

由于个人隐私的泄露,消费者被迫受到越来越多的免费广告垃圾邮件的骚扰。据中国互联网协会反垃圾邮件工作委员会的调查,2014年第一季度,中国电子邮箱用户平均每周收到垃圾邮件数量为11.4封,电子邮箱用户平均每周收到的邮件中,垃圾邮件占比例为38.2%。其中,垃圾邮件网站推广类占44.7%、旅游交通类占32.8%、房地产类占29.0%、教育培训类占23.7%、金融保险类占22.7%(见图8-1)。

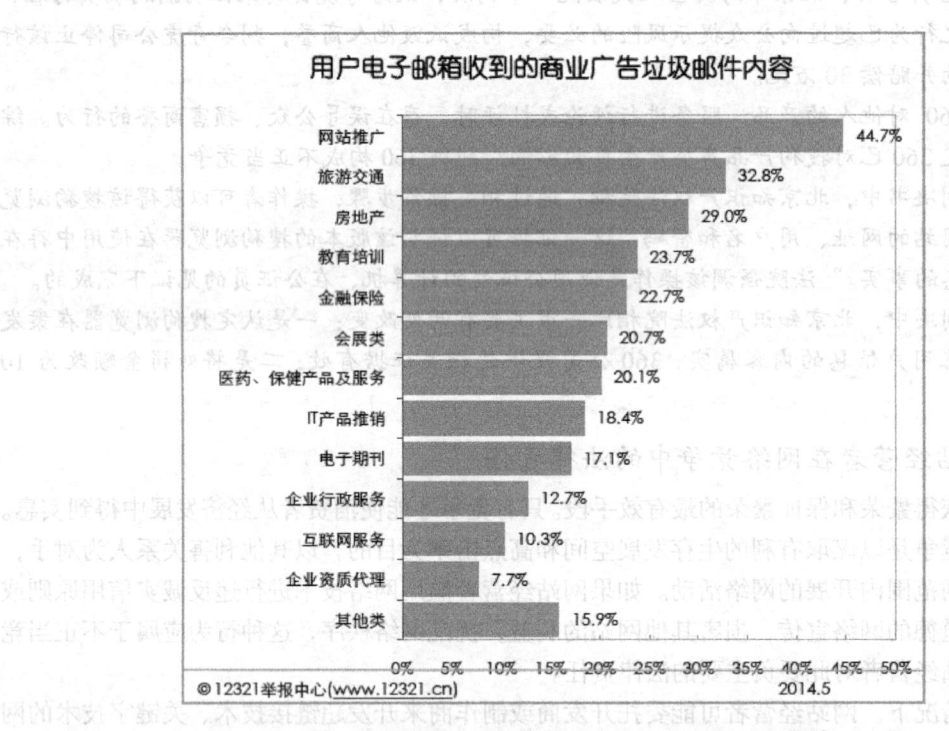

图8-1 2014年第一季度中国用户收到垃圾邮件比例[①]

为保障电子邮件收件人的合法权益,创造公平的市场竞争环境,促进网络经济健康发展,2006年2月,原中华人民共和国信息产业部发布了《互联网电子邮件服务管理办法》。该办法第十三条规定,任何组织或者个人不得故意隐匿或者伪造互联网电子邮件信封信息、未经互联网电子邮件接收者明确同意,向其发送包含商业广告内容的互联网电子邮件、发送包含商业广告内容的互联网电子邮件时,未在互联网电子邮件标题信息前部注明"广告"或者"AD"字样。第十四条同时规定:互联网电子邮件接收者明确同意接收包含商业广告内容的互联网电子邮件

[①] 中国互联网协会反垃圾邮件中心. 2014年第一季度反垃圾邮件状况调查报告发布[EB/OL](2014-07-03)[2015-11-15]. http://www.chinaemail.com.cn/blog/content/4215/.

后，拒绝继续接收的，互联网电子邮件发送者应当停止发送。双方另有约定的除外。互联网电子邮件服务发送者发送包含商业广告内容的互联网电子邮件，应当向接收者提供拒绝继续接收的联系方式，包括发送者的电子邮件地址，并保证所提供的联系方式在三十日内有效。[①]

2. 关于网络强迫广告的法律问题

在网民进入网页的时候，总有一些小的画面自动跳出来，它们大部分是跳出广告。对于一些较有吸引力的内容，还常常需要访问某网站广告主或赞助商的广告，浪费了网民的时间，侵犯了网民的权利。

网民是消费者，他们消费行为的直接受益人是电信部门和网站经营者。对于电信部门和 ISP 而言，普通网民的消费地位是毋庸置疑的。但网民与网站经营者之间能否构成消费者与经营者的关系，应当视网页的实际情况具体分析。如果网站经营者所制作的网页没有任何商业目的或者没有任何直接的商业目的，网站经营者不应承担经营者对消费者的义务。但如果网站经营者制作的网页纯粹是为了销售商品或者提供服务，如电子商务销售网站，此时网站经营者的目的非常明确，就是为网民提供商业服务。网民访问网站的目的也十分明确，就是到网站寻找消费机会。显然，此时的网民和网站经营者完全符合经营者和消费者的基本特征，他们之间的权利义务关系应受《中华人民共和国消费者权益保护法》的约束。该法第九条规定："消费者有权自主选择提供商品或者服务的经营者，自主选择商品品种或者服务方式，自主决定购买或者不购买任何一种商品、接受或者不接受任何一项服务。"该法第十条规定："消费者在购买商品或者接受服务时，有权获得质量保障、价格合理、计量正确等公平交易条件，有权拒绝经营者的强制交易行为。"[②]据此，网站经营者不能强迫网民在访问其网站时必须如何作为或者不作为。

3. 关于网络上的负面影响广告问题

西方国家由于具有网络技术上的优势和强大的经济实力，大力扩展其在网络上的文化霸权和文化影响力，以期确立起在网络空间上意识形态的主导地位。网上出版物 70%来自西方国家的现状，使第三世界或信息贫乏国家对这种霸权主义文化扩张深感忧虑。这种文化扩张在网络广告中也随时表现出来。例如，国内一些不法分子在网络上以广告为手段，为"法轮功"招魂。网络上这种没有硝烟的战争，要求我们不能放弃马列主义、毛泽东思想、邓小平理论、"三个代表"重要思想、科学发展观在网络广告上的思想指导地位，要坚定地维护国家利益，维护网络广告的正确方向，尽快建立、完善我国的网络管理法规，建立起一支网络技术精、政策水平高的网络警察队伍，强化对网络上可能出现具有负面影响的广告的处理。

4. 关于网络广告中的知识产权问题

依靠互联网进行的全球电子商务，时刻离不开各种商业信息在数据化网络环境中的传播和接受。无论是直接式还是间接式电子商务，买卖双方都必须获得充足的商品供求信息。在这一意义上，电子商务与传统的有形市场，并无本质区别。主要问题在于，数据化网络环境传送的信息可能与版权有关，如商务信息的版权、向公众传播权等。

商务信息的版权，无论以机器可读形式或其他任何形式，只要其内容经选编或整理形成智

---
① 工业和信息化部. 互联网电子邮件服务管理办法[EB/OL]（2006-02-20）[2015-11-15]. http://www.miit.gov.cn/n11293472/n11294912/n11296542/12165060.html.
② 全国人大常委会. 中华人民共和国消费者权益保护法[EB/OL]（2013-10-25）[2015-11-15]. http://www.npc.gov.cn/npc/xinwen/2013-10/26/content_1811773.htm.

力创造，均应予以版权保护。这种保护不延及创意或数据等资料本身，也不损害选编或整理中的数据本身已存在的版权。这完全符合《伯尔尼公约》第二条确立的版权保护基本原则，即版权保护只延及表达的形式，而不延及表达的创意。

向公众传播权问题，网络广告作品的作者应享有专有权，通过授权将其作品以有线和无线方式向公众传播，公众成员在其个人选定的地点和时间可获得这些作品。

5. 关于隐性广告问题

对商业广告而言，其存在的目的是向消费者介绍商品，使消费者了解该商品的销售、服务等具体情况，从而打开商品与服务的市场。基于商业广告的这一特性，《中华人民共和国广告法》第十四条就明文规定："广告应当具有可识别性，能够使消费者辨明其为广告。大众传播媒介不得以新闻报道形式变相发布广告。通过大众传播媒介发布的广告应当显著标明'广告'，与其他非广告信息相区别，不得使消费者产生误解。"

但网络广告的出现滋长了大量的隐性广告。所谓隐性广告，就是以非广告形式出现，采用公认的广告方式以外的手段，使广告观众产生误解的广告。比如，在网络评论中发布的广告，通过网上调查方式发布的广告，在商业网站主页上开辟专业论坛讨论企业产品与服务的性能、质量、功能之类的问题所做的广告，以网上新闻所做的广告，等等，都是较为典型的隐性广告。

尽管传统广告中也存在隐性广告，但与网络环境下的隐性广告相比，后者似乎具有更大的隐蔽性，更加不易识别和更容易误导消费者。有关这方面的问题需要根据网络广告的发展做出适当的规定。

▶▶ 思考题

1. 试述网络广告管理的难点。
2. 试述网络广告的监测机制。
3. 试述网络广告内容管理的基本要求。
4. 试论述虚假违法广告的监管。
5. 简述网络广告活动中的不正当竞争行为。
6. 在网络广告推广过程中如何保护消费者权益？

附录 A

中华人民共和国广告法[①]

（1994年10月27日第八届全国人民代表大会常务委员会第十次会议通过 2015年4月24日第十二届全国人民代表大会常务委员会第十四次会议修订）

第一章 总则

第一条 为了规范广告活动，保护消费者的合法权益，促进广告业的健康发展，维护社会经济秩序，制定本法。

第二条 在中华人民共和国境内，商品经营者或者服务提供者通过一定媒介和形式直接或者间接地介绍自己所推销的商品或者服务的商业广告活动，适用本法。

本法所称广告主，是指为推销商品或者服务，自行或者委托他人设计、制作、发布广告的自然人、法人或者其他组织。

本法所称广告经营者，是指接受委托提供广告设计、制作、代理服务的自然人、法人或者其他组织。

本法所称广告发布者，是指为广告主或者广告主委托的广告经营者发布广告的自然人、法人或者其他组织。

本法所称广告代言人，是指广告主以外的，在广告中以自己的名义或者形象对商品、服务作推荐、证明的自然人、法人或者其他组织。

第三条 广告应当真实、合法，以健康的表现形式表达广告内容，符合社会主义精神文明建设和弘扬中华民族优秀传统文化的要求。

第四条 广告不得含有虚假或者引人误解的内容，不得欺骗、误导消费者。

广告主应当对广告内容的真实性负责。

第五条 广告主、广告经营者、广告发布者从事广告活动，应当遵守法律、法规，诚实信用，公平竞争。

第六条 国务院工商行政管理部门主管全国的广告监督管理工作，国务院有关部门在各自的职责范围内负责广告管理相关工作。

县级以上地方工商行政管理部门主管本行政区域的广告监督管理工作，县级以上地方人民

[①] 全国人大常委会. 中华人民共和国广告法[EB/OL]（2015-04-24）[2015-10-20]. http://www.gov.cn/xinwen/2015-04/25/content_2852914.htm.

政府有关部门在各自的职责范围内负责广告管理相关工作。

第七条 广告行业组织依照法律、法规和章程的规定，制定行业规范，加强行业自律，促进行业发展，引导会员依法从事广告活动，推动广告行业诚信建设。

第二章 广告内容准则

第八条 广告中对商品的性能、功能、产地、用途、质量、成分、价格、生产者、有效期限、允诺等或者对服务的内容、提供者、形式、质量、价格、允诺等有表示的，应当准确、清楚、明白。

广告中表明推销的商品或者服务附带赠送的，应当明示所附带赠送商品或者服务的品种、规格、数量、期限和方式。

法律、行政法规规定广告中应当明示的内容，应当显著、清晰表示。

第九条 广告不得有下列情形：

（一）使用或者变相使用中华人民共和国的国旗、国歌、国徽，军旗、军歌、军徽；

（二）使用或者变相使用国家机关、国家机关工作人员的名义或者形象；

（三）使用"国家级"、"最高级"、"最佳"等用语；

（四）损害国家的尊严或者利益，泄露国家秘密；

（五）妨碍社会安定，损害社会公共利益；

（六）危害人身、财产安全，泄露个人隐私；

（七）妨碍社会公共秩序或者违背社会良好风尚；

（八）含有淫秽、色情、赌博、迷信、恐怖、暴力的内容；

（九）含有民族、种族、宗教、性别歧视的内容；

（十）妨碍环境、自然资源或者文化遗产保护；

（十一）法律、行政法规规定禁止的其他情形。

第十条 广告不得损害未成年人和残疾人的身心健康。

第十一条 广告内容涉及的事项需要取得行政许可的，应当与许可的内容相符合。

广告使用数据、统计资料、调查结果、文摘、引用语等引证内容的，应当真实、准确，并表明出处。引证内容有适用范围和有效期限的，应当明确表示。

第十二条 广告中涉及专利产品或者专利方法的，应当标明专利号和专利种类。

未取得专利权的，不得在广告中谎称取得专利权。

禁止使用未授予专利权的专利申请和已经终止、撤销、无效的专利作广告。

第十三条 广告不得贬低其他生产经营者的商品或者服务。

第十四条 广告应当具有可识别性，能够使消费者辨明其为广告。

大众传播媒介不得以新闻报道形式变相发布广告。通过大众传播媒介发布的广告应当显著标明"广告"，与其他非广告信息相区别，不得使消费者产生误解。

广播电台、电视台发布广告，应当遵守国务院有关部门关于时长、方式的规定，并应当对广告时长作出明显提示。

第十五条 麻醉药品、精神药品、医疗用毒性药品、放射性药品等特殊药品，药品类易制毒化学品，以及戒毒治疗的药品、医疗器械和治疗方法，不得作广告。

前款规定以外的处方药，只能在国务院卫生行政部门和国务院药品监督管理部门共同指定的医学、药学专业刊物上作广告。

附录 A　中华人民共和国广告法

第十六条 医疗、药品、医疗器械广告不得含有下列内容：

（一）表示功效、安全性的断言或者保证；

（二）说明治愈率或者有效率；

（三）与其他药品、医疗器械的功效和安全性或者其他医疗机构比较；

（四）利用广告代言人作推荐、证明；

（五）法律、行政法规规定禁止的其他内容。

药品广告的内容不得与国务院药品监督管理部门批准的说明书不一致，并应当显著标明禁忌、不良反应。处方药广告应当显著标明"本广告仅供医学药学专业人士阅读"，非处方药广告应当显著标明"请按药品说明书或者在药师指导下购买和使用"。

推荐给个人自用的医疗器械的广告，应当显著标明"请仔细阅读产品说明书或者在医务人员的指导下购买和使用"。医疗器械产品注册证明文件中有禁忌内容、注意事项的，广告中应当显著标明"禁忌内容或者注意事项详见说明书"。

第十七条 除医疗、药品、医疗器械广告外，禁止其他任何广告涉及疾病治疗功能，并不得使用医疗用语或者易使推销的商品与药品、医疗器械相混淆的用语。

第十八条 保健食品广告不得含有下列内容：

（一）表示功效、安全性的断言或者保证；

（二）涉及疾病预防、治疗功能；

（三）声称或者暗示广告商品为保障健康所必需；

（四）与药品、其他保健食品进行比较；

（五）利用广告代言人作推荐、证明；

（六）法律、行政法规规定禁止的其他内容。

保健食品广告应当显著标明"本品不能代替药物"。

第十九条 广播电台、电视台、报刊音像出版单位、互联网信息服务提供者不得以介绍健康、养生知识等形式变相发布医疗、药品、医疗器械、保健食品广告。

第二十条 禁止在大众传播媒介或者公共场所发布声称全部或者部分替代母乳的婴儿乳制品、饮料和其他食品广告。

第二十一条 农药、兽药、饲料和饲料添加剂广告不得含有下列内容：

（一）表示功效、安全性的断言或者保证；

（二）利用科研单位、学术机构、技术推广机构、行业协会或者专业人士、用户的名义或者形象作推荐、证明；

（三）说明有效率；

（四）违反安全使用规程的文字、语言或者画面；

（五）法律、行政法规规定禁止的其他内容。

第二十二条 禁止在大众传播媒介或者公共场所、公共交通工具、户外发布烟草广告。禁止向未成年人发送任何形式的烟草广告。

禁止利用其他商品或者服务的广告、公益广告，宣传烟草制品名称、商标、包装、装潢以及类似内容。

烟草制品生产者或者销售者发布的迁址、更名、招聘等启事中，不得含有烟草制品名称、商标、包装、装潢以及类似内容。

第二十三条 酒类广告不得含有下列内容：
（一）诱导、怂恿饮酒或者宣传无节制饮酒；
（二）出现饮酒的动作；
（三）表现驾驶车、船、飞机等活动；
（四）明示或者暗示饮酒有消除紧张和焦虑、增加体力等功效。

第二十四条 教育、培训广告不得含有下列内容：
（一）对升学、通过考试、获得学位学历或者合格证书，或者对教育、培训的效果作出明示或者暗示的保证性承诺；
（二）明示或者暗示有相关考试机构或者其工作人员、考试命题人员参与教育、培训；
（三）利用科研单位、学术机构、教育机构、行业协会、专业人士、受益者的名义或者形象作推荐、证明。

第二十五条 招商等有投资回报预期的商品或者服务广告，应当对可能存在的风险以及风险责任承担有合理提示或者警示，并不得含有下列内容：
（一）对未来效果、收益或者与其相关的情况作出保证性承诺，明示或者暗示保本、无风险或者保收益等，国家另有规定的除外；
（二）利用学术机构、行业协会、专业人士、受益者的名义或者形象作推荐、证明。

第二十六条 房地产广告，房源信息应当真实，面积应当表明为建筑面积或者套内建筑面积，并不得含有下列内容：
（一）升值或者投资回报的承诺；
（二）以项目到达某一具体参照物的所需时间表示项目位置；
（三）违反国家有关价格管理的规定；
（四）对规划或者建设中的交通、商业、文化教育设施以及其他市政条件作误导宣传。

第二十七条 农作物种子、林木种子、草种子、种畜禽、水产苗种和种养殖广告关于品种名称、生产性能、生长量或者产量、品质、抗性、特殊使用价值、经济价值、适宜种植或者养殖的范围和条件等方面的表述应当真实、清楚、明白，并不得含有下列内容：
（一）作科学上无法验证的断言；
（二）表示功效的断言或者保证；
（三）对经济效益进行分析、预测或者作保证性承诺；
（四）利用科研单位、学术机构、技术推广机构、行业协会或者专业人士、用户的名义或者形象作推荐、证明。

第二十八条 广告以虚假或者引人误解的内容欺骗、误导消费者的，构成虚假广告。
广告有下列情形之一的，为虚假广告：
（一）商品或者服务不存在的；
（二）商品的性能、功能、产地、用途、质量、规格、成分、价格、生产者、有效期限、销售状况、曾获荣誉等信息，或者服务的内容、提供者、形式、质量、价格、销售状况、曾获荣誉等信息，以及与商品或者服务有关的允诺等信息与实际情况不符，对购买行为有实质性影响的；
（三）使用虚构、伪造或者无法验证的科研成果、统计资料、调查结果、文摘、引用语等信息作证明材料的；

（四）虚构使用商品或者接受服务的效果的；

（五）以虚假或者引人误解的内容欺骗、误导消费者的其他情形。

第三章 广告行为规范

第二十九条 广播电台、电视台、报刊出版单位从事广告发布业务的，应当设有专门从事广告业务的机构，配备必要的人员，具有与发布广告相适应的场所、设备，并向县级以上地方工商行政管理部门办理广告发布登记。

第三十条 广告主、广告经营者、广告发布者之间在广告活动中应当依法订立书面合同。

第三十一条 广告主、广告经营者、广告发布者不得在广告活动中进行任何形式的不正当竞争。

第三十二条 广告主委托设计、制作、发布广告，应当委托具有合法经营资格的广告经营者、广告发布者。

第三十三条 广告主或者广告经营者在广告中使用他人名义或者形象的，应当事先取得其书面同意；使用无民事行为能力人、限制民事行为能力人的名义或者形象的，应当事先取得其监护人的书面同意。

第三十四条 广告经营者、广告发布者应当按照国家有关规定，建立、健全广告业务的承接登记、审核、档案管理制度。

广告经营者、广告发布者依据法律、行政法规查验有关证明文件，核对广告内容。对内容不符或者证明文件不全的广告，广告经营者不得提供设计、制作、代理服务，广告发布者不得发布。

第三十五条 广告经营者、广告发布者应当公布其收费标准和收费办法。

第三十六条 广告发布者向广告主、广告经营者提供的覆盖率、收视率、点击率、发行量等资料应当真实。

第三十七条 法律、行政法规规定禁止生产、销售的产品或者提供的服务，以及禁止发布广告的商品或者服务，任何单位或者个人不得设计、制作、代理、发布广告。

第三十八条 广告代言人在广告中对商品、服务作推荐、证明，应当依据事实，符合本法和有关法律、行政法规规定，并不得为其未使用过的商品或者未接受过的服务作推荐、证明。

不得利用不满十周岁的未成年人作为广告代言人。

对在虚假广告中作推荐、证明受到行政处罚未满三年的自然人、法人或者其他组织，不得利用其作为广告代言人。

第三十九条 不得在中小学校、幼儿园内开展广告活动，不得利用中小学生和幼儿的教材、教辅材料、练习册、文具、教具、校服、校车等发布或者变相发布广告，但公益广告除外。

第四十条 在针对未成年人的大众传播媒介上不得发布医疗、药品、保健食品、医疗器械、化妆品、酒类、美容广告，以及不利于未成年人身心健康的网络游戏广告。

针对不满十四周岁的未成年人的商品或者服务的广告不得含有下列内容：

（一）劝诱其要求家长购买广告商品或者服务；

（二）可能引发其模仿不安全行为。

第四十一条 县级以上地方人民政府应当组织有关部门加强对利用户外场所、空间、设施等发布户外广告的监督管理，制定户外广告设置规划和安全要求。

户外广告的管理办法，由地方性法规、地方政府规章规定。

第四十二条 有下列情形之一的，不得设置户外广告：

（一）利用交通安全设施、交通标志的；

（二）影响市政公共设施、交通安全设施、交通标志、消防设施、消防安全标志使用的；

（三）妨碍生产或者人民生活，损害市容市貌的；

（四）在国家机关、文物保护单位、风景名胜区等的建筑控制地带，或者县级以上地方人民政府禁止设置户外广告的区域设置的。

第四十三条 任何单位或者个人未经当事人同意或者请求，不得向其住宅、交通工具等发送广告，也不得以电子信息方式向其发送广告。

以电子信息方式发送广告的，应当明示发送者的真实身份和联系方式，并向接收者提供拒绝继续接收的方式。

第四十四条 利用互联网从事广告活动，适用本法的各项规定。

利用互联网发布、发送广告，不得影响用户正常使用网络。在互联网页面以弹出等形式发布的广告，应当显著标明关闭标志，确保一键关闭。

第四十五条 公共场所的管理者或者电信业务经营者、互联网信息服务提供者对其明知或者应知的利用其场所或者信息传输、发布平台发送、发布违法广告的，应当予以制止。

第四章 监督管理

第四十六条 发布医疗、药品、医疗器械、农药、兽药和保健食品广告，以及法律、行政法规规定应当进行审查的其他广告，应当在发布前由有关部门（以下称广告审查机关）对广告内容进行审查；未经审查，不得发布。

第四十七条 广告主申请广告审查，应当依照法律、行政法规向广告审查机关提交有关证明文件。

广告审查机关应当依照法律、行政法规规定作出审查决定，并应当将审查批准文件抄送同级工商行政管理部门。广告审查机关应当及时向社会公布批准的广告。

第四十八条 任何单位或者个人不得伪造、变造或者转让广告审查批准文件。

第四十九条 工商行政管理部门履行广告监督管理职责，可以行使下列职权：

（一）对涉嫌从事违法广告活动的场所实施现场检查；

（二）询问涉嫌违法当事人或者其法定代表人、主要负责人和其他有关人员，对有关单位或者个人进行调查；

（三）要求涉嫌违法当事人限期提供有关证明文件；

（四）查阅、复制与涉嫌违法广告有关的合同、票据、账簿、广告作品和其他有关资料；

（五）查封、扣押与涉嫌违法广告直接相关的广告物品、经营工具、设备等财物；

（六）责令暂停发布可能造成严重后果的涉嫌违法广告；

（七）法律、行政法规规定的其他职权。

工商行政管理部门应当建立健全广告监测制度，完善监测措施，及时发现和依法查处违法广告行为。

第五十条 国务院工商行政管理部门会同国务院有关部门，制定大众传播媒介广告发布行为规范。

第五十一条 工商行政管理部门依照本法规定行使职权，当事人应当协助、配合，不得拒绝、阻挠。

第五十二条 工商行政管理部门和有关部门及其工作人员对其在广告监督管理活动中知悉的商业秘密负有保密义务。

第五十三条 任何单位或者个人有权向工商行政管理部门和有关部门投诉、举报违反本法的行为。工商行政管理部门和有关部门应当向社会公开受理投诉、举报的电话、信箱或者电子邮件地址，接到投诉、举报的部门应当自收到投诉之日起七个工作日内，予以处理并告知投诉、举报人。

工商行政管理部门和有关部门不依法履行职责的，任何单位或者个人有权向其上级机关或者监察机关举报。接到举报的机关应当依法作出处理，并将处理结果及时告知举报人。

有关部门应当为投诉、举报人保密。

第五十四条 消费者协会和其他消费者组织对违反本法规定，发布虚假广告侵害消费者合法权益，以及其他损害社会公共利益的行为，依法进行社会监督。

第五章 法律责任

第五十五条 违反本法规定，发布虚假广告的，由工商行政管理部门责令停止发布广告，责令广告主在相应范围内消除影响，处广告费用三倍以上五倍以下的罚款，广告费用无法计算或者明显偏低的，处二十万元以上一百万元以下的罚款；两年内有三次以上违法行为或者有其他严重情节的，处广告费用五倍以上十倍以下的罚款，广告费用无法计算或者明显偏低的，处一百万元以上二百万元以下的罚款，可以吊销营业执照，并由广告审查机关撤销广告审查批准文件、一年内不受理其广告审查申请。

医疗机构有前款规定违法行为，情节严重的，除由工商行政管理部门依照本法处罚外，卫生行政部门可以吊销诊疗科目或者吊销医疗机构执业许可证。

广告经营者、广告发布者明知或者应知广告虚假仍设计、制作、代理、发布的，由工商行政管理部门没收广告费用，并处广告费用三倍以上五倍以下的罚款，广告费用无法计算或者明显偏低的，处二十万元以上一百万元以下的罚款；两年内有三次以上违法行为或者有其他严重情节的，处广告费用五倍以上十倍以下的罚款，广告费用无法计算或者明显偏低的，处一百万元以上二百万元以下的罚款，并可以由有关部门暂停广告发布业务、吊销营业执照、吊销广告发布登记证件。

广告主、广告经营者、广告发布者有本条第一款、第三款规定行为，构成犯罪的，依法追究刑事责任。

第五十六条 违反本法规定，发布虚假广告，欺骗、误导消费者，使购买商品或者接受服务的消费者的合法权益受到损害的，由广告主依法承担民事责任。广告经营者、广告发布者不能提供广告主的真实名称、地址和有效联系方式的，消费者可以要求广告经营者、广告发布者先行赔偿。

关系消费者生命健康的商品或者服务的虚假广告，造成消费者损害的，其广告经营者、广告发布者、广告代言人应当与广告主承担连带责任。

前款规定以外的商品或者服务的虚假广告，造成消费者损害的，其广告经营者、广告发布者、广告代言人，明知或者应知广告虚假仍设计、制作、代理、发布或者作推荐、证明的，应当与广告主承担连带责任。

第五十七条 有下列行为之一的,由工商行政管理部门责令停止发布广告,对广告主处二十万元以上一百万元以下的罚款,情节严重的,并可以吊销营业执照,由广告审查机关撤销广告审查批准文件、一年内不受理其广告审查申请;对广告经营者、广告发布者,由工商行政管理部门没收广告费用,处二十万元以上一百万元以下的罚款,情节严重的,并可以吊销营业执照、吊销广告发布登记证件:

(一)发布有本法第九条、第十条规定的禁止情形的广告的;

(二)违反本法第十五条规定发布处方药广告、药品类易制毒化学品广告、戒毒治疗的医疗器械和治疗方法广告的;

(三)违反本法第二十条规定,发布声称全部或者部分替代母乳的婴儿乳制品、饮料和其他食品广告的;

(四)违反本法第二十二条规定发布烟草广告的;

(五)违反本法第三十七条规定,利用广告推销禁止生产、销售的产品或者提供的服务,或者禁止发布广告的商品或者服务的;

(六)违反本法第四十条第一款规定,在针对未成年人的大众传播媒介上发布医疗、药品、保健食品、医疗器械、化妆品、酒类、美容广告,以及不利于未成年人身心健康的网络游戏广告的。

第五十八条 有下列行为之一的,由工商行政管理部门责令停止发布广告,责令广告主在相应范围内消除影响,处广告费用一倍以上三倍以下的罚款,广告费用无法计算或者明显偏低的,处十万元以上二十万元以下的罚款;情节严重的,处广告费用三倍以上五倍以下的罚款,广告费用无法计算或者明显偏低的,处二十万元以上一百万元以下的罚款,可以吊销营业执照,并由广告审查机关撤销广告审查批准文件、一年内不受理其广告审查申请:

(一)违反本法第十六条规定发布医疗、药品、医疗器械广告的;

(二)违反本法第十七条规定,在广告中涉及疾病治疗功能,以及使用医疗用语或者易使推销的商品与药品、医疗器械相混淆的用语的;

(三)违反本法第十八条规定发布保健食品广告的;

(四)违反本法第二十一条规定发布农药、兽药、饲料和饲料添加剂广告的;

(五)违反本法第二十三条规定发布酒类广告的;

(六)违反本法第二十四条规定发布教育、培训广告的;

(七)违反本法第二十五条规定发布招商等有投资回报预期的商品或者服务广告的;

(八)违反本法第二十六条规定发布房地产广告的;

(九)违反本法第二十七条规定发布农作物种子、林木种子、草种子、种畜禽、水产苗种和种养殖广告的;

(十)违反本法第三十八条第二款规定,利用不满十周岁的未成年人作为广告代言人的;

(十一)违反本法第三十八条第三款规定,利用自然人、法人或者其他组织作为广告代言人的;

(十二)违反本法第三十九条规定,在中小学校、幼儿园内或者利用与中小学生、幼儿有关的物品发布广告的;

(十三)违反本法第四十条第二款规定,发布针对不满十四周岁的未成年人的商品或者服务的广告的;

(十四)违反本法第四十六条规定,未经审查发布广告的。

医疗机构有前款规定违法行为，情节严重的，除由工商行政管理部门依照本法处罚外，卫生行政部门可以吊销诊疗科目或者吊销医疗机构执业许可证。

广告经营者、广告发布者明知或者应知有本条第一款规定违法行为仍设计、制作、代理、发布的，由工商行政管理部门没收广告费用，并处广告费用一倍以上三倍以下的罚款，广告费用无法计算或者明显偏低的，处十万元以上二十万元以下的罚款；情节严重的，处广告费用三倍以上五倍以下的罚款，广告费用无法计算或者明显偏低的，处二十万元以上一百万元以下的罚款，并可以由有关部门暂停广告发布业务、吊销营业执照、吊销广告发布登记证件。

第五十九条 有下列行为之一的，由工商行政管理部门责令停止发布广告，对广告主处十万元以下的罚款：

（一）广告内容违反本法第八条规定的；

（二）广告引证内容违反本法第十一条规定的；

（三）涉及专利的广告违反本法第十二条规定的；

（四）违反本法第十三条规定，广告贬低其他生产经营者的商品或者服务的。

广告经营者、广告发布者明知或者应知有前款规定违法行为仍设计、制作、代理、发布的，由工商行政管理部门处十万元以下的罚款。

广告违反本法第十四条规定，不具有可识别性的，或者违反本法第十九条规定，变相发布医疗、药品、医疗器械、保健食品广告的，由工商行政管理部门责令改正，对广告发布者处十万元以下的罚款。

第六十条 违反本法第二十九条规定，广播电台、电视台、报刊出版单位未办理广告发布登记，擅自从事广告发布业务的，由工商行政管理部门责令改正，没收违法所得，违法所得一万元以上的，并处违法所得一倍以上三倍以下的罚款；违法所得不足一万元的，并处五千元以上三万元以下的罚款。

第六十一条 违反本法第三十四条规定，广告经营者、广告发布者未按照国家有关规定建立、健全广告业务管理制度的，或者未对广告内容进行核对的，由工商行政管理部门责令改正，可以处五万元以下的罚款。

违反本法第三十五条规定，广告经营者、广告发布者未公布其收费标准和收费办法的，由价格主管部门责令改正，可以处五万元以下的罚款。

第六十二条 广告代言人有下列情形之一的，由工商行政管理部门没收违法所得，并处违法所得一倍以上二倍以下的罚款：

（一）违反本法第十六条第一款第四项规定，在医疗、药品、医疗器械广告中作推荐、证明的；

（二）违反本法第十八条第一款第五项规定，在保健食品广告中作推荐、证明的；

（三）违反本法第三十八条第一款规定，为其未使用过的商品或者未接受过的服务作推荐、证明的；

（四）明知或者应知广告虚假仍在广告中对商品、服务作推荐、证明的。

第六十三条 违反本法第四十三条规定发送广告的，由有关部门责令停止违法行为，对广告主处五千元以上三万元以下的罚款。

违反本法第四十四条第二款规定，利用互联网发布广告，未显著标明关闭标志，确保一键关闭的，由工商行政管理部门责令改正，对广告主处五千元以上三万元以下的罚款。

第六十四条 违反本法第四十五条规定，公共场所的管理者和电信业务经营者、互联网信息服务提供者，明知或者应知广告活动违法不予制止的，由工商行政管理部门没收违法所得，违法所得五万元以上的，并处违法所得一倍以上三倍以下的罚款，违法所得不足五万元的，并处一万元以上五万元以下的罚款；情节严重的，由有关部门依法停止相关业务。

第六十五条 违反本法规定，隐瞒真实情况或者提供虚假材料申请广告审查的，广告审查机关不予受理或者不予批准，予以警告，一年内不受理该申请人的广告审查申请；以欺骗、贿赂等不正当手段取得广告审查批准的，广告审查机关予以撤销，处十万元以上二十万元以下的罚款，三年内不受理该申请人的广告审查申请。

第六十六条 违反本法规定，伪造、变造或者转让广告审查批准文件的，由工商行政管理部门没收违法所得，并处一万元以上十万元以下的罚款。

第六十七条 有本法规定的违法行为的，由工商行政管理部门记入信用档案，并依照有关法律、行政法规规定予以公示。

第六十八条 广播电台、电视台、报刊音像出版单位发布违法广告，或者以新闻报道形式变相发布广告，或者以介绍健康、养生知识等形式变相发布医疗、药品、医疗器械、保健食品广告，工商行政管理部门依照本法给予处罚的，应当通报新闻出版广电部门以及其他有关部门。新闻出版广电部门以及其他有关部门应当依法对负有责任的主管人员和直接责任人员给予处分；情节严重的，并可以暂停媒体的广告发布业务。

新闻出版广电部门以及其他有关部门未依照前款规定对广播电台、电视台、报刊音像出版单位进行处理的，对负有责任的主管人员和直接责任人员，依法给予处分。

第六十九条 广告主、广告经营者、广告发布者违反本法规定，有下列侵权行为之一的，依法承担民事责任：

（一）在广告中损害未成年人或者残疾人的身心健康的；
（二）假冒他人专利的；
（三）贬低其他生产经营者的商品、服务的；
（四）在广告中未经同意使用他人名义或者形象的；
（五）其他侵犯他人合法民事权益的。

第七十条 因发布虚假广告，或者有其他本法规定的违法行为，被吊销营业执照的公司、企业的法定代表人，对违法行为负有个人责任的，自该公司、企业被吊销营业执照之日起三年内不得担任公司、企业的董事、监事、高级管理人员。

第七十一条 违反本法规定，拒绝、阻挠工商行政管理部门监督检查，或者有其他构成违反治安管理行为的，依法给予治安管理处罚；构成犯罪的，依法追究刑事责任。

第七十二条 广告审查机关对违法的广告内容作出审查批准决定的，对负有责任的主管人员和直接责任人员，由任免机关或者监察机关依法给予处分；构成犯罪的，依法追究刑事责任。

第七十三条 工商行政管理部门对在履行广告监测职责中发现的违法广告行为或者对经投诉、举报的违法广告行为，不依法予以查处的，对负有责任的主管人员和直接责任人员，依法给予处分。

工商行政管理部门和负责广告管理相关工作的有关部门的工作人员玩忽职守、滥用职权、徇私舞弊的，依法给予处分。

有前两款行为，构成犯罪的，依法追究刑事责任。

第六章 附则

第七十四条 国家鼓励、支持开展公益广告宣传活动，传播社会主义核心价值观，倡导文明风尚。

大众传播媒介有义务发布公益广告。广播电台、电视台、报刊出版单位应当按照规定的版面、时段、时长发布公益广告。公益广告的管理办法，由国务院工商行政管理部门会同有关部门制定。

第七十五条 本法自 2015 年 9 月 1 日起施行。

附录 B

互联网广告监督管理暂行办法[①]

(征求意见稿)
国家工商行政管理总局
2015 年 7 月 1 日

第一条 为规范互联网广告活动，促进互联网广告健康发展，保护消费者的合法权益，维护公平竞争的市场经济秩序，发挥互联网广告在社会主义市场经济中的积极作用，依据《中华人民共和国广告法》、《中华人民共和国消费者权益保护法》、《中华人民共和国反不正当竞争法》、《互联网信息服务管理办法》等相关法律、法规的有关规定，制定本办法。

第二条 以互联网（含移动互联网）为媒介实施的商业广告活动依照本办法管理。

第三条 本办法所称互联网广告，是指通过各类互联网网站、电子邮箱，以及自媒体、论坛、即时通信工具、软件等互联网媒介资源，以文字、图片、音频、视频及其他形式发布的各种商业性展示、链接、邮件、付费搜索结果等广告。

在互联网发布的有关商品或者服务的信息，除依照国家标准或行业惯例要求该类商品或服务应当标注的商品的实物图形、送达方式、包装性质的文字说明、图片等标识信息以外，其他文字、图形、画面等，符合商业广告特征的，为互联网广告。药品、医疗等国家法律、行政法规有专门规定的，依照其专门规定。

广告代言人在互联网推荐商品或者服务的信息，是互联网广告。

第四条 本办法所称互联网广告经营者，是为广告主提供互联网广告设计、制作、代理服务的自然人、法人或者其他组织。

本办法所称互联网广告发布者，是指为广告主或者广告主委托的互联网广告经营者，在自有或者他人互联网媒介资源发布广告的自然人、法人或者其他组织。

本办法所称广告代言人，是指广告主以外的，在互联网广告中对商品、服务作推荐、证明的自然人、法人或者其他组织。

第五条 符合下列情形之一的广告主、广告经营者、广告代言人、互联网信息服务提供者，同时为互联网广告发布者：

（1）对互联网广告内容具有最终修改权、决定权的；

[①] 国家工商总局. 互联网广告监督管理暂行办法（征求意见稿）[EB/OL]（2015-07-01）[2015-11-25]. http://gzhd.saic.gov.cn:8283/login/login.html.

（2）发布存储于本网站的广告信息的网站经营者；

（3）在自设网站自行发布广告的广告主；

（4）本办法第十二条规定的利用他人互联网媒介资源，发布存储于本网站的广告信息的广告经营者；

（5）通过微博、论坛、即时通信工具等各类互联网自媒体资源为商品或者服务作推荐、证明的广告代言人。

第六条 互联网广告经营者、发布者，应当办理工商登记注册，并在其互联网媒介资源的明显位置加载工商登记的相关信息。

从事互联网广告经营、发布的自然人，应当通过第三方有资质的广告经营者开展广告活动，并向第三方广告经营者提交其姓名、地址、有效身份证明、有效联系方式等真实身份信息。具备登记注册条件的，依法办理工商登记。

第七条 从事互联网广告活动的各方当事人应当依法订立书面合同（含电子合同）。

第八条 广告主应当对广告内容的真实性负责。

广告主自行或者委托他人设计、制作、代理、发布互联网广告，应当具有或者提供与其身份资格、商品或者服务、广告内容相关的真实、合法、有效的证明文件。

第九条 广告主利用自有互联网媒介资源发布其生产经营的商品或者服务的广告，应当符合下列要求：

（1）依法取得工商行政管理机关核发的营业执照，以及法律、行政法规规定的与商品或者服务相关的行政许可证明文件；

（2）广告所介绍的商品或服务应当符合法律、行政法规和部门规章的规定。

（3）利用自有互联网媒介资源通过他人互联网媒介资源发布广告的，该资源经营者应当是符合本办法第四、五、十二条规定的互联网广告经营者或者发布者。不得通过违法违规的网站发布广告。

第十条 互联网广告经营者、发布者应当建立、健全互联网广告的承接登记、审核、档案管理制度；配备熟悉广告法规的广告审查人员；有条件的还应当设立专门机构，负责互联网广告的审查。

互联网广告经营者、发布者应当依据法律、行政法规查验有关证明文件，核对广告内容。对内容不符或者证明文件不全的广告，广告经营者不得提供设计、制作、代理服务，广告发布者不得发布。

互联网信息服务提供者对于使用其互联网媒介资源的广告主、广告经营者、广告发布者，应当查验其营业执照以及与其商品或者服务相关的法律、行政法规规定的行政许可等经营资格证明文件，签订书面合同（含电子合同），并存档备查；对于在该互联网媒介资源直接显示的广告内容以及其他存储于本网站的广告信息，还应当履行本条前两款规定的互联网广告发布者的义务。

对已经发布的互联网广告，广告经营者、广告发布者和互联网信息服务提供者应当保存广告样件、合同和证明文件。保存时间应为自该广告最后一次发布之日起两年。

广告经营者、广告发布者、互联网信息服务提供者应当公布其从事互联网广告活动的收费标准和收费办法。

第十一条 广告主通过他人互联网媒介资源发布广告的，在进行对购买行为有实质性影响或者影响消费者基本权益的广告内容修改时，应当以书面形式或其他可被确认的方式通知为其提供服务的互联网广告经营者和互联网信息服务提供者。

互联网信息服务提供者对明知或者应知广告主已自行修改并涉嫌违法违规的广告应当采取有效的技术措施，停止广告接入服务。

互联网信息服务提供者对自行发现的、公众举报的、广告监管机关提示告诫的虚假违法广告，应及时核查、屏蔽或者停止广告接入服务。

第十二条 互联网广告经营者可以利用他人的网站、网页、软件、视频等互联网媒介资源经营、发布互联网广告，并承担相应法律责任。

上款情形中，发布存储于自有互联网媒介资源的广告信息的，是该互联网广告的经营者和发布者；未存储完整广告信息仅在发布时调用、推送广告的，是该部分未存储的广告内容的互联网广告经营者和互联网信息服务提供者，广告主是该部分广告内容的互联网广告发布者。

互联网广告经营者通过本条第一款方式经营、发布广告，应当履行以下义务：

（1）实名登记本条第一款互联网媒介资源所有者的身份信息、联系方式、网站备案号等有关信息，并对登记信息进行审核；登记时应当与对方约定，对方的上述信息发生变更时，应当及时告知；

（2）在广告及链接或者互联网终端显示的广告区域上清晰标明自身作为广告经营者或者发布者的身份，使消费者能够辨别广告来源；

（3）不得通过违法违规的网站发布广告；

（4）发布的广告不违反国家法律法规和本办法的规定。

第十三条 在电子邮箱、即时通信工具等互联网私人空间发布广告的，应当在广告页面或者载体上为用户设置显著的同意、拒绝或者退订的功能选择。不得在被用户拒绝或者退订后再次发送电子邮件等广告。

通过移动互联网终端以电子邮件、即时通信信息发送广告的，在用户同意或者拒绝接收广告的选项内，还应设置同意或者拒绝接收广告的时间选项，不得在用户设定的拒绝接收的时间发送广告。与用户另有约定的除外。

第十四条 利用互联网发布广告，不得影响用户正常使用网络。在互联网页面以弹出等形式发布的广告，应当显著标明关闭标志，确保一键关闭。同一设备24小时内登录网站一级域名及其子域名，应在第二次出现弹出形式广告时提供暂时屏蔽该网站所有弹出广告的选项。

不得以伪装关闭等欺骗方式诱使用户点击广告内容。

第十五条 鼓励支持互联网广告经营者、发布者创新经营模式，提升服务水平，推动互联网广告发展。

互联网广告活动中不得有下列形式的不正当竞争行为：

（1）利用浏览器等各类软件、插件，对他人正当经营的各类广告采取拦截、过滤、覆盖等限制措施；

（2）利用通信线路、网络设备以及插件、软件、域名解析等方式劫持网络传输数据，篡改或者遮挡他人正当经营的各类广告；

（3）以虚假流量、恶意植入数据、恶意点击等方式改善自身排名或者损害他人正当利益、贬低他人商业信誉的行为；

（4）以结盟、联盟等方式限制他人进入某一市场或经营领域；

（5）使用他人商标、企业名称作为文字链接广告、付费搜索广告的关键字、加入网站页面或源代码提高搜索度，诱使消费者进入错误网站；

（6）法律、行政法规禁止的其他不正当竞争行为。

第十六条 通过门户或综合性网站、专业网站、电子商务网站、搜索引擎、电子邮箱、即时通讯工具、互联网私人空间等各类互联网媒介资源发布的广告，应当具有显著的可识别性，使一般互联网用户能辨别其广告性质。

付费搜索结果应当与自然搜索结果有显著区别，不使消费者对搜索结果的性质产生误解。

以电子邮件、即时通信信息等形式发送的广告应当在发件人和标题部分明示邮件、信息的来源和性质，使消费者在打开邮件、信息之前即能获悉其广告性质。

自然人以收费或者免费使用商品、服务等有偿方式在互联网推荐商品或者服务时，应当使普通互联网用户能够清楚了解该种有偿关系，识别其作为广告代言人或者不同于普通互联网用户的身份。

第十七条 法律、行政法规规定禁止生产、销售的商品或者提供的服务，以及禁止发布广告的商品或者服务，任何单位或者个人不得在互联网上设计、制作、代理、发布广告。

医疗、药品、医疗器械、农药、兽药、保健食品广告等法律、行政法规规定须经广告审查机关进行审查的特殊商品或者服务的广告，未经审查批准，不得在互联网上发布。

第十八条 禁止利用互联网发布处方药、烟草的广告。

各类网站不得采用任何形式链接处方药生产销售企业、烟草生产销售企业自有网站、网页，搜索引擎网站不得为此类网站、网页提供付费搜索广告服务。

第十九条 对于涉嫌违法的互联网广告活动，由本办法规定的广告发布者所在地工商行政管理机关处理。

对同一违法互联网广告，两个以上工商行政管理机关对相关广告主或者广告经营者、广告发布者、广告代言人都有管辖权的，由最先立案的工商行政管理机关同案管辖。

工商行政管理机关异地管辖相关广告活动当事人有困难的，可以将违法情况及其相关证据材料移交相关地方的工商行政管理机关处理。

互联网信息服务提供者违反《广告法》第四十五条或者本办法第十一条规定，对明知或者应知的利用其信息平台发布违法广告未予制止的，由其所在地工商行政管理机关处理。

第二十条 工商行政管理机关对涉嫌违反《广告法》和本办法的互联网广告，可以依照《广告法》第四十九条，按照法定程序，采用技术手段对广告主、广告经营者、广告发布者和互联网信息服务提供者的互联网媒介资源进行调查、检查，查看、调取、复制有关的广告信息和网站后台数据。

广告主、广告经营者、广告发布者和互联网信息服务提供者对于上述调查、检查应予协助、配合，提供相关的技术支持或者排除技术障碍，不得拒绝、阻挠或者设置技术障碍。

第二十一条 工商行政管理部门可以采取下列方式之一对互联网广告进行调查取证：

（1）监管机关与当事人双方采取拷屏、页面另存、直接照相等办法确认互联网广告内容后，当场打印并签字；

（2）委托公证机构公证；

（3）委托具有法定的电子证据鉴定资格的第三方机构提取确认相关证据；

（4）符合法律、行政法规规定的其他取证方式。

互联网广告的证据，应当包括广告内容样件和网址、IP 地址、域名、源代码等与该广告唯一对应的发布路径。

第二十二条　工商行政管理机关应当向社会公开受理投诉、举报互联网违法广告的电话、信箱或者电子邮件地址，应当自收到投诉、举报之日起七个工作日内，作出是否立案的处理决定，并告知投诉、举报人。

第二十三条　违反本办法第六条的规定，未依法取得互联网广告经营者、发布者资格在互联网发布虚假违法广告的，依照《无照经营查处取缔办法》以及企业登记管理有关规定，由广告发布者所在地、网站域名备案地的工商行政管理机关依照有关规定查处。对不具备真实备案信息和未经主管部门许可的，移送相关主管部门按照有关规定处理。

第二十四条　违反本办法第七条至第十八条规定经营、发布互联网广告的，《广告法》有规定的，依照规定予以处罚。《广告法》没有具体规定，《反不正当竞争法》、《消费者权益保护法》等相关法律、法规有规定的，依照其规定予以处罚。《广告法》和其他法律、法规没有具体规定的，对负有责任的广告主、广告经营者、广告发布者、互联网信息服务提供者，处以一万元以下罚款；有违法所得的，处以违法所得三倍以下但不超过三万元的罚款。涉嫌犯罪的，移交公安机关处理。

第二十五条　本办法自 2015 年 9 月 1 日起施行。此前国家工商行政管理总局发布的行政规章中关于互联网广告管理的规定与本办法不一致的，以本办法为准。

附录 C

中国互动网络广告行业自律守则[①]

中国广告协会互动网络委员会
2007 年 6 月 26 日

第一章 总则

第一条 为促进广告行业的自我约束，维护广告市场的秩序和互联网用户的合法权益，促进我国互联网广告行业健康和谐发展，制定本守则。

第二条 广告主、网络广告经营者、网站及其他参与网络广告活动
本守则的公司及个人，在广告活动中应自觉遵守行业自律守则的规定。

第三条 中国广告协会互动网络委员会（以下简称"互动网络委员会"）作为的执行机构，负责组织守则的实施。

第二章 自律内容

第四条 网络广告应当符合《广告法》及其他法律法规的有关规定。

第五条 网络广告应当符合社会主义精神文明建设的需要，有利于维护社会公共秩序和树立良好的社会风尚，弘扬健康民族文化。

第六条 网络广告应当尊重妇女和有利于儿童的身心健康，并正确引导大众消费。不适合未成年人的商品和服务，不应使用未成年人的形象和名义制作广告。

第七条 尊重互联网用户知情权和选择权，维护网络用户的正当权益，不得利用信息的不对等而进行错误的引导。

第八条 网络广告对商品或者服务的功效、性质和条件等内容有表示的，应当准确、客观，的，应当提供有效的证明文件。

第九条 广告主之间且能够被科学的方法所证实，不得有任何夸大；涉及商品的成分、含量及其他数据、统计资料应通过公平的方式开展竞争，不得利用网络广告进行不正当的市场营销，或干扰、损害他人合法的广告活动。

第十条 网络广告经营者应尊重他人的劳动及知识产权，不得设计、制作在商品和服务的功能、承诺等方面使人误解的广告，尊重他人的劳动与知识产权。

[①] 中国广告协会互动网络委员会. 中国互动网络广告行业自律守则[EB/OL]（2007-06-13）[2015-11-25]. http://www.iac-i.org/zlgy.html.

第十一条 网络广告经营者和发布者应当认真履行广告的审查义务。网络广告中使用代言人的，应遵守各类广告法律、法规和行业自律守则的要求。

第十二条 网络广告经营者和发布者在提供软件安装服务时，应明确提示用户并经用户许可，反对强制或欺瞒安装，反对无法卸载或恶意删除。坚决反对恶意广告弹出、恶意捆绑、窃取用户信息等恶意软件行为。

第十三条 自觉接受社会监督，加强行业自律。

第三章 守则的执行

第十四条 互动网络委员会对网络广告纠纷的投诉进行协调处理，并提供广告法律、法规的咨询。互动网络委员会会员单位之间发生争议时，应通过协商方式解决，也可以请求互动网络委员会进行调解处理。

第十五条 对于涉嫌违反法律、法规和行业自律守则的网络广告，任何机构和个人均有权向互动网络委员会投诉和举报。互动网络委员会经调查核实后，作出批评、自律劝告、通报等相关处理意见，督促其限期整改。逾期未予整改、情节严重的，互动网络委员会将通过新闻媒体向社会披露。

第四章 附则

第十六条 本守则的修订，须经互动网络委员会副理事长级委员单位提议且过半数同意，最终解释权归互动网络委员会。

附录 D

中国网络营销（广告）效果评估准则[①]

中国互联网协会网络营销工作委员会
2009 年 6 月 18 日

一、中国网络广告营销效果数据分析指标包括广告展示量、广告点击量、广告到达率、广告二跳率、广告转化率共五个，每个指标的定义是：

（一）广告展示量（Impression）
1. 指标名称
广告展示量
2. 指标定义
广告每一次显示，称一次展示。
3. 指标说明
统计周期通常有小时、天、周和月等，也可以按需设定。
被统计对象包括 flash 广告、图片广告、文字链广告、软文、邮件广告、视频广告、富媒体广告等多种广告形式。
展示量一般为广告投放页面的浏览量。
广告展示量的统计是 CPM 付费的基础。
4. 指标应用
展示量通常反映广告所在媒体的访问热度。

（二）广告点击量（Click）
1. 指标名称
广告点击量
2. 指标定义
网民点击广告的次数，称为广告点击量。
3. 指标说明
统计周期通常有小时、天、周和月等，也可以按需设定。
被统计对象包括 flash 广告、图片广告、文字链广告、软文、邮件广告、视频广告、富媒体

[①] 中国互联网协会网络营销工作委员会.中国网络营销（广告）效果评估准则（意见稿）[EB/OL]（2009-06-18）[2015-10-20]. http://baike.haosou.com/doc/8050611-8367592.html.

广告等多种广告形式。

广告点击量与产生点击的用户数（多以 cookie 为统计依据）之比，可以初步反映广告是否含有虚假点击。

广告点击量与广告展示量之比，称为广告点击率，该值可以反映广告对网民的吸引程度。

广告点击量统计是 CPC 付费的基础。

4. 指标应用

广告点击量通常反映广告的投放量。

（三）广告到达率（Reach Rate）

1. 指标名称

广告到达率

2. 指标定义

网民通过点击广告进入被推广网站的比例。

3. 指标说明

统计周期通常有小时、天、周和月等，也可以按需设定。

被统计对象包括 flash 广告、图片广告、文字链广告、软文、邮件广告、视频广告、富媒体广告等多种广告形式。

广告到达量与广告点击量的比值称为广告到达率，广告到达量是指网民通过点击广告进入推广网站的次数。

4. 指标应用

广告到达率通常反映广告点击量的质量，是判断广告是否存在虚假点击的指标之一。

广告到达率也能反映广告着陆页的加载效率。

（四）广告二跳率（2nd-Click Rate）

1. 指标名称

广告二跳率

2. 指标定义

通过点击广告进入推广网站的网民，在网站上产生了有效点击的比例。

3. 指标说明

统计周期通常有小时、天、周和月等，也可以按需设定。

被统计对象包括 flash 广告、图片广告、文字链广告、软文、邮件广告、视频广告、富媒体广告等多种广告形式。

广告带来的用户在着陆页面上产生的第一次有效点击称为二跳，二跳的次数即为二跳量。

广告二跳量与广告到达量的比值称为二跳率。

4. 指标应用

广告二跳率通常反映广告带来的流量是否有效，是判断广告是否存在虚假点击的指标之一。

广告二跳率也能反映着陆页面对广告用户的吸引程度。

（五）广告转化率（Conversion Rate）

1. 指标名称

广告转化率

2. 指标定义

附录 D 中国网络营销（广告）效果评估准则

通过点击广告进入推广网站的网民形成转化的比例。

3. 指标说明

统计周期通常有小时、天、周和月等，也可以按需设定。

被统计对象包括 flash 广告、图片广告、文字链广告、软文、邮件广告、视频广告、富媒体广告等多种广告形式。

转化是指网民的身份产生转变的标志，如网民从普通浏览者升级为注册用户或购买用户等。转化标志一般指某些特定页面，如注册成功页、购买成功页、下载成功页等，这些页面的浏览量称为转化量。广告用户的转化量与广告到达量的比值称为广告转化率。

广告转化量的统计是进行 CPA、CPS 付费的基础。

4. 指标应用

广告转化率通常反映广告的直接收益。

二、上述定义所涉及的广告术语和技术统计方法

（一）术语

1. CPM（Cost Per Thousand Impressions）：每千次展示费用。根据每 1 000 个广告展示量收费。
2. CPC（Cost Per Click）：每次点击的费用。根据广告点击量收费。
3. CPA（Cost Per Action）：每次行动的费用。根据广告转化收费，如按每张订单、每个注册用户收费。
4. CPS（Cost Per Sale）：按广告带来的销售额收费。

（二）技术统计方法

1. Web 日志分析模式

Web 日志分析模式是指通过分析 Web 服务器日志来获取流量的来源，从而判断用户是否来自广告，并追踪广告用户在网站上进行的操作。当互联网用户在浏览器中打开某一网页时，Web 服务器接受请求，在 Web 日志中为这个请求创建一条记录（数据一般包括：页面的名称、IP 地址、客户的浏览器及日期时间戳）。

该模式采用 Web 日志分析，不需要额外在网站上添加代码，不易造成数据缺失。但该模式主要以服务器端数据为分析依据，而不管客户端的情况如何，容易造成数据不准确。且当数据量较大时，很难实时分析数据。

2. JavaScript 标记模式

JavaScript 标记模式是指通过在被统计对象网站的网页上（包括静态页面、动态页面和基于浏览器的视频播放窗口等）嵌入 JavaScript 监测代码的方式，获取互联网用户访问被统计对象网站的信息。互联网用户使用浏览器访问被统计页面时，会同时向监测服务器发送统计信息，监测服务器汇总接收到的浏览器请求数量，统计被监测网站或广告的流量数据。

JavaScript 标记模式有利于获取被统计对象网站的全样本（所有被用户访问过的网页和用户在被统计对象网站上的所有访问行为）细节数据。当被统计对象网站数量和行业分布具有一定的规模后，此种模式获取的数据也可以反映互联网行业中观和宏观状况。

中国互联网协会网络营销工作委员会
二零零九年六月

附录E
上海市大众传播媒介和行业广告信用评价办法[①]

（2014年12月29日修订版）
上海市工商局广告监测中心

第一条 为推进上海广告诚信建设，进一步规范广告活动，根据国家工商总局和上海市工商局关于建立和完善广告信用监管体系的要求，制定本办法。

第二条 本办法所称广告信用评价包括本市主要大众传播媒介广告信用评价和主要行业广告信用评价。

第三条 广告信用评价是指依托广告监测平台数据，根据设定的本市主要大众传播媒介和主要行业广告信用等级计算标准，分别形成媒介和行业广告信用指数，确定广告信用等级分类，对本市大众传播媒介和主要行业广告信用状况进行客观评价。

第四条 上海市广告监测中心负责实施广告信用评价工作，形成广告信用评价报告，定期对外公布广告信用评价结果。

第五条 列入广告信用等级评价范围的媒介为上海市广告监测中心监测的本市报纸、期刊、广播频率、电视频道、主要互联网站等大众传播媒介。

第六条 大众传播媒介广告信用等级评价内容由监测到的违法广告数（包括轻微违法、一般违法和严重违法）、广告监测违法率（包括条次违法率、版面/时长违法率，互联网站仅适用条次违法率）和公益广告发布数三项指标构成，实行分值制，基准分为100分。

第七条 大众传播媒介广告信用等级评价分值，系根据统计学相关系数分析原理，以前三个年度广告监测数据样本为基础确定相关系数。

大众传播媒介广告信用等级评价分值由以下结构分值组成：

（一）违法广告数分值占50%，其中轻微违法分值占10%，一般违法分值占20%，严重违法分值占20%。

违法广告数最高扣分不超过50分，其中轻微违法扣分最高不超过10分，一般违法扣分最高不超过20分，严重违法扣分最高不超过20分。

[①] 上海市工商局广告监测中心. 上海市大众传播媒介和行业广告信用评价办法[EB/OL]（2014-12-29）[2015-11-25]. http://www.sgs.gov.cn/shaic/html/govpub/2014-12-31-0000009a201412310004.html.

附录 E 上海市大众传播媒介和行业广告信用评价办法

（二）广告监测违法率分值占 40%，其中条次违法率分值占 20%，版面（时长）违法率分值占 20%。

违法率最高扣分不超过 40 分，其中条次违法率扣分最高不超过 20 分，版面（时长）违法率扣分最高不超过 20 分。

互联网媒介不计算版面（时长）违法率，其条次违法率分值占 40%，最高扣分不超过 40 分。

（三）公益广告发布数分值占 10%，加分、扣分最高均不超过 10 分。

依据中共中央宣传部、中央文明办、国家互联网信息办公室、工业和信息化部、国家工商总局、国家新闻出版广电总局《关于进一步做好"讲文明树新风"公益广告宣传的通知》（文明办〔2014〕5 号）要求：广播电台（广播频率）每日公益广告播出数量不少于 6 条次；电视台（电视频道）每日公益广告播出数量不少于 10 条次；省（区、市）和省会、副省级城市党报、晚报、都市报日常版面 12 版（含）以上的，每月刊登公益广告总量不少于 6 个整版，其他各级党报、晚报、都市报和行业报每月刊登公益广告总量不少于 4 个整版；时政类期刊每期至少刊登公益广告 1 个页面；其他大众生活、文摘类期刊每两期至少刊登公益广告 1 个页面；新闻网站、经营性网站在首页固定位置至少发布 1 条公益广告。

公益广告发布数分值以上述规定的公益广告发布量化标准为基础，计算各媒介公益广告发布数相应得分分值。

第八条　根据得分分值将大众传播媒介广告信用分为五个等级，90 分以上（含 90 分）为 A 级媒体，80 分（含 80 分）-90 分为 B 级媒体，70 分（含 70 分）-80 分为 C 级媒体，60 分（含 60 分）-70 分为 D 级媒体，60 分以下为 E 级媒体。

第九条　列入广告信用等级评价范围的行业为广告投放量较大、社会关注度较高的主要商品或者服务行业。行业类别名称以国家工商总局《商品与服务广告分类标准》为准。

第十条　主要行业广告信用等级评价内容由监测中涉及的违法广告数（包括轻微违法、一般违法和严重违法）、广告监测条次违法率两项指标构成，实行分值制，基准分为 100 分。

第十一条　主要行业广告信用等级评价分值，系根据统计学相关系数分析原理，以前三个年度广告监测数据为样本确定相关系数。

主要行业广告信用等级评价分值由以下结构分值组成：

（一）违法广告数分值占 60%。其中轻微违法分值占 10%，扣分最高不超过 10 分；一般违法分值占 25%，扣分最高不超过 25 分；严重违法分值占 25%，扣分最高不超过 25 分。

（二）广告监测条次违法率分值占 40%，扣分最高不超过 40 分。

第十二条　根据得分分值将主要行业广告信用分为五个等级，90 分以上（含 90 分）为 A 级行业，80 分（含 80 分）-90 分为 B 级行业，70 分（含 70 分）-80 分为 C 级行业，60 分（含 60 分）-70 分为 D 级行业，60 分以下为 E 级行业。

第十三条　上海市广告监测中心于每年的首月，形成上一年度本市大众传播媒介和主要行业广告信用评价报告，依据广告信用指数对本市主要大众传播媒介和主要行业进行广告信用等级评价。

第十四条　本市大众传播媒介和主要行业年度广告信用等级评价结果同时提供上海市工商局门户网站（www.sgs.gov.cn）、上海广告监督管理网（www.shad.gov.cn）、"上海工商"政务微博、"上海广告监管"微信公众号和主要新闻媒体向社会公布。

第十五条 广告信用评价报告定期报送上海市工商局,供上海市工商局参考广告信用等级评价结果,采取相应的分类管理措施。

广告信用评价报告同时抄送国家工商总局、市整治虚假违法广告专项行动联席会议成员单位和上海市广告协会。

第十六条 广告信用等级评价结果仅供本市工商部门和其他有关部门、行业组织作为管理参考依据,不得用于大众传播媒介单位的商业宣传。

第十七条 本市主要大众传播媒介和行业广告信用等级标准由上海市广告监测中心制定和公布,同时向上海市工商局报备。

第十八条 上海市广告监测中心可根据监测需要适时调整纳入广告信用等级评价的媒介和行业的范围。

第十九条 本办法自2015年1月1日起施行。

参考文献

[1] 阿伦斯，维戈尔德，阿伦斯. 当代广告学（第11版）[M]. 丁俊杰，等译. 北京：人民邮电出版社，2010.

[2] 维尔斯，等. 广告学：原理与实务（第7版）（英文版）[M]. 何辉，改编. 北京：中国人民大学出版社，2009.

[3] 周琳，夏永林. 网络广告（第二版）[M]. 西安：西安交通大学出版社，2014.

[4] 艾瑞网. 中国网络广告行业年度监测报告. [EB/OL]（2015-04-17）[2010-02-20]. http://report.iresearch.cn/uploadfiles/reports/635657430780468750.pdf.

[5] 易观智库. 中国网络广告市场年度综合报告 2015 [R/OL]（2015-06-11）[2015-10-20]. http://www.analysys.cn/report/detail/9473.html.

[6] 李宝元. 广告学教程（第三版）[M]. 北京：人民邮电出版社，2010.

[7] 陈培爱. 广告学概论[M]. 北京：高等教育出版社，2014.

[8] 杨海军，杨明，徐明文. 现代广告学[M]. 开封：河南大学出版社，2007.

[9] 蔡嘉清. 广告学教程（第三版）[M]. 北京：北京大学出版社，2009.

[10] 胡晓云，张健康. 现代广告学[M]. 杭州：浙江大学出版社，2007.

[11] 屠忠俊. 网络广告教程[M]. 北京：北京大学出版社，2004.

[12] 吴柏林. 广告学原理[M]. 北京：清华大学出版社，2014.

[13] 冯晖，费明胜，樊建锋，等. 网络广告实务[M]. 北京：中国水利水电出版社，2009.

[14] 栾港，于湛波. 现代广告理论与实务[M]. 哈尔滨：哈尔滨工业大学出版社，2010.

[15] 何修猛. 现代广告学[M]. 上海：复旦大学出版社，2010.

[16] 吴柏林. 广告策划实务与案例[M]. 北京：机械工业出版社，2009.

[17] 郑欣. 空间的分割——新媒体广告效果研究[M]. 北京：中国传媒大学出版社，2008.

[18] Jim Sterne. Web广告指南[M]. 谢建军，等译. 杭州：浙江科学技术出版社，1999.

[19] 杨建华. 广告学原理[M]. 广州：暨南大学出版社，1999.

[20] 傅汉章，邝铁军. 广告学[M]. 广州：广东高等教育出版社，1999.

[21] 刘林清. 现代广告学[M]. 北京：经济管理出版社，2005.

[22] 涂小琼. 广告学全书[M]. 北京：中国社会出版社，2005.

[23] 李德成. 网络广告法律制度初论[M]. 北京：中国方正出版社，2000.

[24] 杨坚争. 电子商务基础与应用（第九版）[M]. 西安：西安电子科技大学出版社，2015.
[25] 王刚. 网络广告与传统媒体广告之比较[J]. 广告导报，2000（8）.
[26] 康瑾. 交叉学科视角下的广告学术研究——2000—2009 年 CSSCI 期刊广告文献分析[J]. 国际新闻，2010（9）：94-99.
[27] 付泉. 网络广告发展现状及创新分析[J]. 大江周刊，2010（6）：25-26.
[28] 唐英，朱娜. 网络广告生态习性及环境治理[J]. 当代传播，2015（5）：87-89，95.
[29] 林承铎，杨彧苹. 网络广告监管法律问题研究[J]. 华北电力大学学报（社会科学版），2012（5）：49-55.
[30] 柴华方. 网络广告传播的交互性研究[J]. 新闻爱好者，2010（9）：80-81.
[31] 吴宪霞. 网络口碑营销策略探究[J]. 市场研究，2010（11）：38-39.
[32] 毕继东. 网络口碑传播理论基础研究[J]. 当代经济管理，2010（10）：9-12.
[33] 李金英. 网络广告存在的问题及其对策探析[J]. 中国市场，2010（36）：110-112.
[34] 刘寅斌，马贵香. 我国网络广告监管创新模式研究[J]. 科技管理研究，2010（16）：30-33.